OS 12 DESAFIOS DO EMPREENDEDOR

OS 12 DESAFIOS DO EMPREENDEDOR

Um mini-MBA para o século XXI

PAULO DE VILHENA

Título original: *Os 12 Desafios do Empreendedor*
Um mini-MBA para o século XXI

Autor: Paulo de Vilhena

Edição: Sabedoria Alternativa — Projetos de consultoria à medida na área da edição. Este livro foi publicado em regime de "Edição de Autor": O autor é o único responsável pela originalidade, autoria e veracidade da obra e é o proprietário legítimo de todos os direitos deste livro.
Para saber mais: **www.sabedoriaalternativa.pt**
sabedoriaalternativa@gmail.com
Julho de 2018

Foto da capa: Sandra Leite

Revisão: Joana Ambulate

***Design* da capa e paginação:** João Valado

Gráfica: Guides Artes Gráficas

ISBN: 978-989-54045-5-1

Depósito Legal: 444030/18

***Website* do autor:**
Para mais informações e para obter mais exemplares deste livro por favor contactar: www.paulodevilhena.com

Tudo o que faço na vida faço-o porque sinto que não tenho o direito de ser menos do que um exemplo brilhante para os meus filhos. E isso, na minha opinião, passa por ser a melhor pessoa que for capaz de ser e por ser um membro o mais válido possível desta sociedade. Sei que nem sempre consigo estar no nível que exijo a mim próprio, mas não paro de tentar e de subir a fasquia. Um dos melhores contributos que sei dar à sociedade é o conhecimento que levo aos empreendedores, para que estes apresentem melhores resultados.

Este livro, como tudo aquilo que concretizo, dedico-o aos meus filhos, que são a minha grande inspiração, e a todos os que saem da sua zona de conforto para se estabelecerem por conta própria, determinados a viver com o resultado do que, de facto, produzem, correndo riscos, de modo a criar mais valor para a nossa sociedade, através de empregos, impostos e mercado que criam para outros empreendedores.

Índice

Introdução

ANTES DE decidir estabelecer-me por conta própria e tornar-me empresário, tive dez anos de carreira corporativa na banca. Nesse período, testemunhei em primeira mão as taxas de insucesso dos negócios e empresários, tendo a oportunidade de lidar de perto e, ao mesmo tempo, aprender sobre os padrões de comportamento que correspondiam a esses resultados. Da mesma forma, comparava-os com os padrões comportamentais dos empreendedores que eram mais bem-sucedidos.

Em 2010, e já depois de seis anos como consultor e *coach* empresarial, comecei a lecionar um curso a que chamei de mini-MBA e que, mais tarde, precisamente em 2012, deu origem à obra *O Livro Secreto do Crescimento dos Negócios*.

Nos últimos dez anos, passaram pelo curso mais de 500 empreendedores e o livro esgotou a sua 1.ª edição de 3 mil unidades.

A editora responsável pela publicação foi vendida durante o lançamento do livro, o que contribuiu para este nunca ter sido comercialmente defendido no mercado. Assim, desde 2013, deixou de ser possível a quem queria saber mais sobre as minhas ideias relacionadas com o crescimento empresarial conhecê-las no formato escrito.

De 2012 até hoje, continuei a acompanhar empreendedores no crescimento das suas atividades, desde profissionais liberais a empresas multinacionais, e continuei a ensaiar e a apurar os conteúdos que havia deixado no livro e que ensinava no curso.

Houve alturas em que ponderei reeditar *O Livro Secreto do Crescimento dos Negócios*, mas acabei por decidir escrever um novo, uma vez que, após seis anos e 200 livros, já não sou a mesma pessoa e o livro seria diferente.

Optei por escrever algo que, na minha opinião, além de ser mais rico em conteúdos, era também mais leve na sua estrutura e, por consequência, mais fácil de ler. Quis também que este livro fosse mais abrangente no seu público-alvo, não se dirigindo apenas a empresários, mas também a todos os que, tendo uma costela empreendedora, assumem o desafio de se posicionarem por conta própria.

Neste livro, partilho o que, quase 25 anos a lidar com empreendedores, aprendi serem os seus desafios principais. Desde as questões mais básicas e que se prendem com o processo de criação das suas empresas nas áreas técnicas que melhor dominam e que os impelem depois a fazer o trabalho, em vez de gerirem a sua atividade. Ao entendimento do que é, de facto, fazer crescer uma empresa.

Aos diferentes desafios que nos surgem durante a vida de uma empresa e que se traduzem em padrões de tomada de decisão obrigatoriamente diferentes. Às questões relacionadas com o *marketing* e a gestão de vendas e, principalmente, a integração destas duas áreas.

Também me debrucei sobre o tema da produtividade, assim como no entendimento fundamental das principais decisões estratégicas a tomar, para assegurar um crescimento sustentável no longo prazo.

Não termino sem antes analisar, de uma maneira fácil e que todos possam entender, a importância da compreensão das demonstrações financeiras como uma forma de os empreendedores perceberem se estão ou não no caminho certo. E isto depois de ter refletido sobre os temas de sistematização da atividade, execução consistente das equipas e a sua liderança.

Como diria em linguagem futebolística, neste livro coloquei toda a "carne no assador". Tudo o que ao longo da minha carreira aprendi ser importante para fazer crescer uma empresa. Tudo o que ensaiámos nas centenas de clientes que apoiámos ao longo destes anos. Todos os segredos, todos os sistemas e todos os detalhes serão revelados nas próximas páginas.

Desafio 1

O que faz crescer uma empresa

CONTA-SE QUE Einstein, por vezes, repetia os exames da sua cátedra em Física. Um dos seus alunos tê-lo-á interpelado, e afirmou que quem já tinha tentado o exame no semestre anterior estava em vantagem relativamente aos colegas. O inventor da teoria da relatividade terá respondido: "Não entendo a sua questão. As perguntas podem ser as mesmas, mas as respostas já são todas diferentes!"

Estou seguro de que este livro poderá alterar a vida da sua empresa e, consequentemente, a sua própria vida de um modo que jamais imaginou. Isso só será possível se se envolver inteiramente com o programa de crescimento empresarial que lhe apresento.

Este é o resultado de anos de trabalho na banca de investimentos e de intervenção direta em empresas. Além da aprendizagem recolhida em todos os livros de negócios que li, que pelas minhas contas devem ser cerca de 500, e nas formações internacionais que frequentei. Para tal, também contribuiu a minha formação académica de MBA pela Universidade Católica Portuguesa.

O crescimento de uma empresa (que se pode traduzir no aumento do património do investidor, aumento do valor da própria empresa e aumento do desenvolvimento e realização pessoal e económica de todos os que nela trabalham) não é algo que acontece na vida de alguns privilegiados. Todos conhecemos, inclusive, empresários que receberam o seu negócio por herança e conseguiram melhorar os níveis de rendimento e o valor da empresa, enquanto outros a conduzem rapidamente à falência. Não se trata em nenhum dos casos de uma questão de sorte ou azar.

A menos que nos confrontemos com situações sociais gravemente diferenciadas (o que acontece pontualmente ao longo da história), há regularidades e padrões no modo de pensar e agir, como gestor, empresário e responsáveis pelos resultados da nossa empresa. São resultados previsíveis e fáceis de diagnosticar, usando as ferramentas propostas neste livro. Se implementar estas ferramentas e as analisar regularmente, estará sempre a tempo de corrigir algum desvio aos objetivos que estabeleceu, ou às expetativas que, ainda que de modo informal, foi criando.

Nunca como hoje assistimos a alterações sociais e económicas tão rápidas. Isso significa que necessitamos de, regularmente, parar para pensar e não nos deixarmos cair na tentação das respostas fáceis e das histórias que contamos a nós próprios para validar tudo o que andámos a fazer até agora.

> Peço-lhe que releia este livro despido de ideias feitas. Se sentir que o livro põe em causa o que fez até hoje, então, seguramente está no caminho certo.

Se continuar a fazer exatamente tudo como costuma fazer, sentindo-se demasiado confortável, poderá não estar a dar hipótese às ideias novas que aqui proponho ou poderá estar a ler apenas aquilo que serve para confortar o seu ego.

A nossa natureza impele-nos constantemente a tentarmos validar as coisas que fizemos até hoje. É como se a nossa identidade dependesse disso. Mas gostava que conseguisse ler este livro despido de todos esses preconceitos.

O meu objetivo, enquanto autor, é dizer o máximo de coisas possível com as quais o leitor discorde, em que nunca tenha pensado ou que o choquem de qualquer outra forma. Quantas mais coisas diferentes do que tem como verdadeiro eu lhe consiga transmitir, maior a probabilidade de aprender o que precisa para fazer crescer a sua empresa.

Isto não quer dizer, obviamente, que deve tomar como verdadeiro ou definitivo tudo o que aqui lhe transmitir. Se lhe peço que dê uma oportunidade a todas as minhas ideias, também lhe peço que as questione mantendo o espírito crítico. No final do livro decida quais lhe vão, ou não, servir...

Tudo o que achamos que sabemos é o "assassino" do que poderíamos aprender se estivermos abertos às novas ideias propostas.

Quem julga que sabe não pensa, não discute.

A atitude mais produtiva que podemos ter perante o que nos é estranho é: "Que interessante! Porque será que esta pessoa pensa assim?"

Se não dermos hipótese a ideias distintas das nossas, não há nada que possamos aprender. Normalmente esta atitude traduz-se em fórmulas verbais bem nossas conhecidas. Se der consigo a ler e a pensar "Sim, mas...!", é tempo de se colocar alerta, pois poderá estar a ler este livro apenas à procura de justificações para aquilo que já faz, e não com a mente aberta à mudança de paradigmas de pensamento, que é o mesmo que dizer à mudança na forma como olha para a realidade.

As novas ideias tiram-nos da nossa zona de conforto e a segurança do conhecido é uma das necessidades básicas que o ser humano defende até ao limite, mesmo colocando em risco de vida a sua empresa.

> Vamos dar uma hipótese a novas ideias não as rejeitando à partida.

Pode até já ter lido outros livros meus ou participado em formações, mas já nada será igual: antes de mais porque o autor por trás do livro não parou de ler, de conhecer empresários, analisar empresas e de amadurecer o seu modo de ver e pensar a cada dia que passa. Por outro lado, dificilmente a sua equipa ou o cenário económico e social se mantiveram os mesmos.

Dizia o filósofo Heraclito que: "Nunca nos banhamos nas mesmas águas de um mesmo rio." É assim na vida pessoal e de uma forma muito mais impactante na vida empresarial, em que as variáveis são muitas. Sempre que possível tente mudar de lugar enquanto estiver a ler, ou altere as horas de leitura, para dar hipótese a que as ideias do livro sejam assimiladas de diferentes perspetivas. Sublinhe uma ideia que faça sentido para si e peça a um companheiro, familiar ou colaborador que a comente. Percecionamos a realidade a partir das nossas crenças e esse é o primeiro véu que nos impede de ver o que precisa de ser feito para mudarmos na direção dos nossos objetivos.

1. **Levar uma Empresa de A a Z**

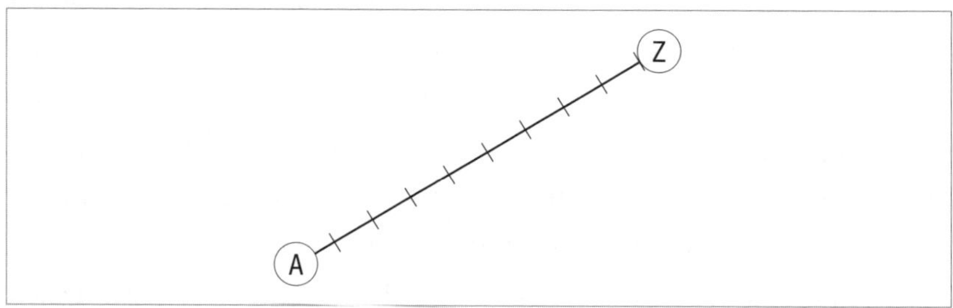

Fonte: Autor

O meu foco na mudança resulta do facto de os empresários que me procuram desejarem alterar os resultados da sua empresa. São pessoas que têm o seu negócio num determinado ponto, que aqui designaremos por ponto A, e querem conduzi-lo até outro ponto, que vamos nomear por Z, e procuram os serviços da minha empresa, um projeto cuja missão consiste em ajudar as empresas a crescerem.

Penso que este projeto, no qual acredito profundamente, se inspira na minha filosofia de vida, naquilo que sou como ser humano e na minha paixão pelo desporto.

Fui um atleta de alta competição e aos 18 anos já era um tenista com *ranking* profissional (ATP - Associação de Tenistas Profissionais). Nesse momento decisivo, optei por abandonar o desporto de competição e fazer a minha licenciatura, sendo que depois de a terminar e após provas de seleção rigorosas, fui escolhido para trabalhar num banco. A partir daí fiz dez anos de carreira corporativa, quase sempre na banca de gestão de patrimónios, ou seja, de fortunas, tendo terminado essa mesma carreira no Luxemburgo, num dos maiores bancos mundiais com a responsabilidade do mercado ibérico. A minha função consistia em gerir o património de multimilionários. Os empresários com os quais trabalhei foram uma lição de vida. Todos eram extraordinariamente bem-sucedidos, cujas fortunas tinham sido os próprios a construir, passo a passo. Após uma análise cuidadosa, eu ajudava-os a decidir se deveriam comprar empresas ou partes delas para os seus portefólios.

A minha função consistia em reconhecer os padrões de sucesso e insucesso de empresas. Aprendi a conhecer as corporações por dentro e a tentar perceber bem cedo o que iria acontecer com o seu futuro, a reconhecer os padrões de sucesso e insucesso e a diagnosticar o seu percurso. Após dez anos de trabalho, cargos de direção e uma carreira internacional, decidi correr atrás dos meus sonhos e criar a minha própria empresa. Em 2004, acumulei a esta vivência, que tinha sido colocada ao meu alcance, uma maior profundidade técnica. Sentia necessidade de aprofundar conceitos e discutir ideias. Por isso, dei a mim próprio um ano sabático para fazer um MBA e em 2005 senti que a minha vocação era ajudar outras empresas a crescer, ao mesmo tempo que concretizava os meus próprios projetos.

Os empresários que me procuram fazem-no porque pretendem levar as suas empresas a um nível mais elevado. As expetativas iniciais não variam muito: pedem ajuda para os desafios que irão colocar a sua empresa num nível superior.

A minha resposta costuma conduzir a dois caminhos:

1. O primeiro caminho consiste em pedir ao empresário o plano que leva a sua empresa do ponto A ao ponto Z. A resposta é invariavelmente: "Não há plano!" Até hoje nunca me aconteceu ter-me sido apresentado um plano escrito. Isto mesmo quando se trata de empresas de grandes dimensões, com as quais já tive o privilégio de trabalhar.

As minhas expetativas não são as de me apresentarem um plano altamente complexo, com 500 páginas feitas por um MBA de Harvard. Apenas duas ou três folhas, eventualmente manuscritas, com as ideias que o empresário acreditasse que tinha de materializar num determinado período para conduzir a empresa de um ponto ao outro, já me deixariam satisfeito.

> Este é um fator inevitável: nós precisamos de um plano.
> Um plano de crescimento ou um plano de negócio.

Neste plano tem de estar definido o que é para nós o ponto Z (o que nem sempre está claro), quais as tarefas e a que ritmo temos de andar para chegar a Z. Trata-se simplesmente de organizar as nossas ideias no papel.

2. O segundo percurso consiste em ajudar o empresário a clarificar o que está em jogo quando se trata de fazer crescer uma empresa. Invariavelmente, quando pergunto: "O que é para si fazer crescer a sua empresa?", obtenho como resposta: "Preciso de aumentar o volume das vendas!" Mas trata-se de um erro conceptual tremendo. Isto porque o crescimento de uma empresa não pode ser confundido com o crescimento das vendas da empresa.

> Apesar de o crescimento de vendas fazer parte do crescimento da empresa, o crescimento da empresa não se esgota no crescimento das vendas.

Existem muitos casos nos quais fazer crescer as vendas implica fazer crescer o problema. Se o modelo de negócio não estiver bem organizado (pensado desde a génese até ao momento final, passando por todas as suas fases), aumentar as vendas pode tornar-se um fenómeno idêntico ao de alimentar um cancro.

É esta a analogia de um dos meus grandes mentores, Keith Cunningham[1], e para a qual sempre me alertou. Se um negócio tem um problema e nós fazemos crescer as vendas, podemos estar a aumentar o problema.

É fundamental perceber que o plano de crescimento de um negócio não pode reduzir-se ao aumento de vendas, mas ter em conta o desenvolvimento equilibrado da empresa nas suas quatro vertentes fundamentais.

O que significa fazer crescer uma empresa?

Se o nosso objetivo consiste em fazer crescer a empresa, é decisivo ter uma noção clara do significado desta premissa, uma vez que o nosso plano deve contemplar exatamente isso.

As vendas são então o primeiro ponto a considerar, mas nenhum empresário tem uma empresa para vender muito. O aumento do volume de vendas serve essencialmente para alimentar os outros vetores fundamentais do negócio.

Uma empresa é criada para gerar lucro, o que é diferente de apenas vender. Muitas empresas aumentam significativa e consistentemente as suas vendas por um largo período e nunca aprendem a transformá-las no derradeiro propósito da atividade empresarial.

1. NA. Autor norte-americano de vários livros de negócios e considerado uma referência no ensino da gestão.

Se a nossa empresa não gerar lucros, não estamos a concretizar o derradeiro motivo da sua existência. Uma empresa que não tem lucro é como um ser vivo sem oxigénio: não há a mínima hipótese de sobrevivência. E, no entanto, há empresários que apresentam algum desconforto quando se fala dos lucros das suas empresas.

Pode parecer um absurdo abrir uma empresa e ter a visão do lucro como uma coisa perniciosa. Mas isto acontece, pois faz parte dos ensinamentos herdados de uma visão judaico-cristã, que nos acompanha a muitos desde a infância.

> Se não temos em vista o lucro, então devemos optar por criar outro tipo de organização que não uma empresa.

Se não o conseguirmos interpretar como positivo, em absoluto, o lucro só deverá ser entendido como algo neutro. A forma de o atingir ou o que com ele fazemos é que poderá ser pernicioso.

O lucro é a razão de ser da empresa. Daí o nosso plano de negócio ter de prever, não só o crescimento das vendas, mas também a transformação de uma percentagem das vendas em lucro. Esta percentagem deverá ser crescente ao longo do tempo. Isto na medida em que o aumento de lucro representa um claro indicador da saúde da nossa empresa.

No entanto, o crescimento de uma empresa não se esgota na geração do lucro. Porque o lucro é apenas uma figura teórica. É um conceito contabilístico. Trata-se apenas, de uma forma simplista, da diferença entre as faturas que emitimos e as faturas que nos emitem. Não podemos pagar as nossas contas com lucro. Certamente, se chegar ao supermercado com o carrinho cheio e disser ao operador de caixa: “Eu não tenho dinheiro para pagar, mas a minha empresa tem lucros extraordinários. Aceita uma parte do lucro para pagar a conta?”, seguramente irá ouvir que não é possível e que terá de lá ir com dinheiro. Assim, para a nossa própria sobrevivência e a da nossa empresa, também temos de aprender a transformar os lucros em fluxo de caixa.

É possível uma empresa ter lucro e não ter fluxo de caixa. Existem empresas que vendem muito, alcançam um sucesso visível em transformar as vendas em lucro, pagam impostos elevados sobre esses lucros mensuráveis e, mesmo assim, não têm dinheiro nas suas contas bancárias.

Este é muitas vezes o drama de muitos empresários das PME (Pequenas e Médias Empresas) quando o contabilista lhes apresenta as demonstrações financeiras anuais e o cálculo do respetivo IRC. Acontece com frequência haver impostos para pagar, porque há lucro, mas, nem há dinheiro em caixa, nem o empresário o gastou. Como é óbvio, a culpa não é do contabilista, mas sim do nosso modelo de negócio e da forma como o administramos, que não assegura a transformação do lucro em fluxo de caixa. É preciso não confundir lucro com fluxo de caixa (*cash flow*). O lucro é a promessa do *cash flow*, mas não forçosamente a sua materialização. O lucro é uma teoria contabilística, o *cash flow* é dinheiro no banco!

O crescimento de uma empresa não se reduz, no entanto, ao aumento das vendas, à transformação destas em lucro e deste último em *cash flow*, mas consiste na criação de valor.

> A derradeira razão de existir de uma empresa é a criação de valor financeiro.

O sucesso de um negócio

A medida de sucesso de uma empresa é sinónimo do valor que alguém pagaria por ela se estivesse disposto a comprá-la. Mesmo que nunca pensemos em vendê-la, temos de ter presente que uma outra forma de o empresário remunerar o seu investimento consiste em vender a empresa que criou.

Apesar de, em alguns países, quando alguém diz que vai vender uma empresa surgir de imediato a questão: "O que é que não está a correr bem?", a pergunta deveria ser exatamente a contrária. Se o valor da nossa empresa se identifica com o quanto alguém pagaria por ela se desejássemos vendê-la, deve ser vendida quando está tudo a correr muito bem, uma vez que é neste momento que obteremos um montante superior. O cálculo do valor de uma empresa faz-se a partir dos lucros e fluxos de caixa futuros, descontados para o presente. Isso significa que o seu valor tenderá a aumentar na medida em que aumentamos as vendas e garantimos a sua transformação em lucro e este, por sua vez, em *cash flow*. Ou seja, na medida da dimensão, consistência e previsibilidade do ciclo do crescimento do negócio.

Em síntese e conceptualmente, até que haja alguém disposto a pagar alguma coisa pela sua empresa, ela não terá grande valor.

> O sucesso de uma empresa não se mede pelo estilo de vida do gestor executivo.

A tendência de alguns empresários ou gestores executivos, não somente das PME, mas também de grandes empresas, consiste em confundir o sucesso da empresa com o estilo de vida de que usufruem devido à existência da mesma.

Temos de ter bem presente que o sucesso de uma empresa não se mede pelo automóvel que conduzimos; pelos restaurantes que frequentamos; pelo tipo de férias que fazemos; pelas bebidas azuis com guarda-sóis que tomamos em praias paradisíacas; pelas malas Louis Vuitton; pelos sapatos Louboutin nem pelos relógios Rolex que usamos.

E, no entanto, temos assistido nas últimas décadas a empresários que levam um estilo de vida incrível e assim que o mercado se retraiu um pouco, muitos deles tiveram muitas dificuldades para pagar as contas, outros faliram e nem sequer fazem parte da história para poderem contá-la. É quando a economia se retrai que se detetam as insuficiências de todas as empresas. Ou como diz Warren Buffett[2]: "É quando a maré desce que se vê quem estava a nadar nu."

Não entender que o mercado funciona em ciclos como as estações do ano é uma ingenuidade. O inverno chega sempre!

Embora este ciclo seja óbvio e conhecido por qualquer estudante de Gestão, muito poucos no dia a dia pensam nele. Por vezes, julgamos que isso só acontece nas PME e que é falta de conhecimento dos seus gestores. Mas não é verdade.

Há grandes corporações com fracos desempenhos, refletidos na sua cotação bolsista, porque os executivos que as gerem levaram um estilo de vida multimilionário, destruindo o valor da empresa. E os acionistas destas empresas veem os seus investimentos (às vezes poupanças de uma vida de trabalho, no caso dos pequenos acionistas) esfumarem-se, enquanto os seus gestores e administradores, que parecem não entender o ciclo vendas, lucro e fluxo de caixa, continuam o seu estilo de vida milionário.

Este ciclo é o básico da gestão empresarial, mas há muitos executivos que não o têm em conta de uma forma consistente. Assim, a seta do fluxo de caixa, ao invés de estar a apontar para a seta das vendas, sai para uma mansão de luxo, um Rolls-Royce Phantom, um jato privado... Não tenho nada contra vidas de luxo, exceto se o estilo de vida fantástico que tiver for feito à custa do valor da empresa.

> A nossa riqueza enquanto empresários é medida pelo valor da nossa empresa e não pelo nosso estilo de vida pessoal. O nosso nível de vida tem de estar em concordância com o valor que criamos para a nossa empresa.

2. NA. É um investidor e filantropo americano. É o principal acionista, presidente do conselho e diretor executivo da Berkshire Hathaway.

Do meu ponto de vista, esta é uma das regras básicas da governança corporativa:

O fluxo de caixa gerado numa empresa serve para reinvestir na empresa, na medida em que as suas oportunidades de crescimento absorvam esse fluxo de caixa.

Isto deve acontecer enquanto for possível à empresa absorver esse fluxo de caixa. Há situações em que as oportunidades de crescimento da empresa já não conseguem absorver o fluxo de caixa gerado, ou não o conseguem rentabilizar a uma taxa igual ou superior à que os acionistas alcançam noutras oportunidades. Este é o momento em que as empresas devem começar a pagar dividendos, a distribuir dinheiro pelos sócios (acionistas).

É decisivo compreender que, enquanto as vendas absorverem o fluxo de caixa, se o empresário o retirar para sustentar o seu consumo pessoal, está a destruir o valor da empresa, ou seja, está a destruir o seu próprio património.

Em suma, o fluxo de caixa de uma empresa deve servir para investir nas vendas da corporação, enquanto esta absorver o fluxo de caixa. Trocar fluxo de caixa por estilo de vida é sempre uma gratificação imediata, que só resulta no curto prazo. Estes empresários poderão viver como ricos durante um curto período de tempo, mas, no longo prazo, o seu património pagará caro.

Esta será a base das decisões criadoras de valor para a empresa e é uma dinâmica essencial em qualquer plano de crescimento. O único critério para tomar uma decisão deve ser:

Esta decisão cria ou destrói valor?

Não há nenhuma decisão neutra numa empresa. Qualquer compra que faça para uma empresa pode criar ou destruir valor. Para levarmos isto ao limite, vou apresentar um exemplo aparentemente inocente: a opção sobre a compra do papel higiénico que escolhemos para usar na empresa.

Essa decisão vai ter um impacto nas vendas, lucro e até no fluxo de caixa. Pode gastar-se menos em papel higiénico, no imediato, mas seguramente estarão a imaginar as consequências, inconfessáveis por escrito, de um papel higiénico de má qualidade, áspero, incómodo. Seguramente deixaremos muitos colaboradores insatisfeitos. Quem sabe não começarão a ausentar-se mais da empresa para frequentar espaços mais agradáveis a este nível das necessidades básicas. Esperemos que este exemplo seja útil para que possa sentir profundamente que nenhuma decisão é inócua dentro de uma empresa.

> O que uma empresa vale depende da consistência, dimensão e previsibilidade do seu ciclo de crescimento: a capacidade para aumentar o seu volume de vendas, a percentagem das vendas que transforma em lucro e o seu fluxo de caixa, e reinvestir no aumento das suas vendas.

Dada a importância fundamental do ciclo do crescimento da empresa, poderemos pensar que o papel do empresário ou do gestor consiste em executar este ciclo. Mas defendo que não é isso que deve acontecer. O trabalho do empresário deve passar por:

- Desenhar o plano;
- Liderar a sua equipa na execução consistente desse plano.

O princípio que leva alguém a investir na criação de uma empresa é o de ser remunerado de forma direta, não só pelas suas horas de trabalho, mas também pelas de terceiros. O princípio formal da empresa consiste no depósito do capital social e constituição da sociedade, mas o princípio conceptual baseia-se na organização de uma estrutura que permita ao empresário remunerar-se, não só pelas suas horas de trabalho, mas também pelas da sua equipa de colaboradores.

Quando formamos uma empresa as funções já existem, sem ter uma ideia de quem viremos a contratar para as poder desempenhar. Temos de contar com funções como a técnica ou operacional, a função comercial, a função de *marketing* e a função financeira, a de recursos humanos, etc. Se no imediato não pudermos contratar alguém para as desempenhar, essas tarefas pertencem-nos a nós, empresários. E esta realidade não deve ser entendida com leveza, uma vez que se o fizermos haverá tarefas cruciais que não estarão a ser executadas.

Este é um risco comum, pois muitas vezes dedicamo-nos às tarefas que mais gostamos ou àquelas que dominamos, esquecendo ou desvalorizando as demais.

O mito do empreendedor

O mito do empreendedor consiste na ideia, que geralmente se tem, de que quem cria uma empresa, quem se estabelece por conta própria, é um empreendedor. Mas acredito que é raro que seja assim que as coisas acontecem.

Quem funda uma empresa é frequentemente um técnico. Muitas vezes um técnico insatisfeito! Normalmente um técnico "extraordinário", acima da média. É, por exemplo, o caso de um fantástico *chef* de cozinha, que se fartou de trabalhar para os outros e decide montar o seu próprio negócio. O negócio será sem dúvida um restaurante. No dia em que o restaurante abre, este *chef* irá para a cozinha fazer o trabalho técnico subjacente ao negócio. O mesmo acontece no caso do cabeleireiro "extraordinário".

O que costumo ensinar quando me pedem ajuda para criar uma empresa é fazer o desenho do organograma, em abstrato, como imaginamos o negócio na sua fase de maturidade. Alerto sempre para a importância de este ser desenhado na perspetiva do negócio e não a pensar nas pessoas que gostaríamos de colocar a desempenhar as funções.

> A empresa tem como finalidade servir o mercado e não deve ser criada para atribuir funções a pessoas com as quais pensamos poder contar. Por seu lado, o organograma deve ser criado em função do negócio.

2. **Exemplo de Organograma Funcional**

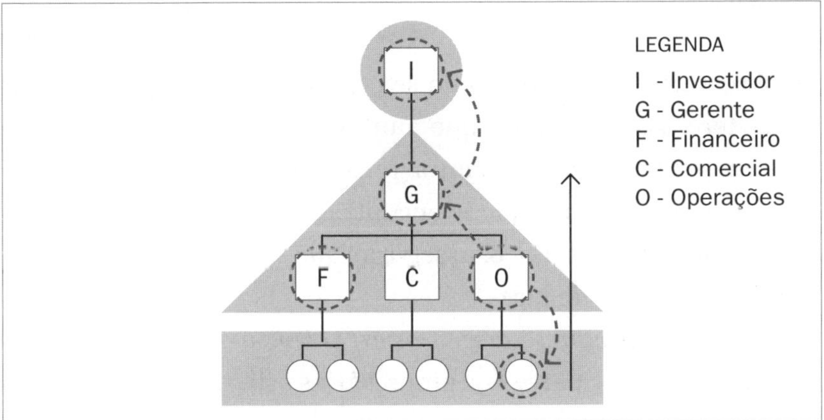

Fonte: Autor

Funções de gestão

Depois de estabelecido o organograma e com a empresa em funcionamento, devemos recrutar pessoas preparadas para as diversas funções, à medida que o empresário, mesmo sendo o tal técnico excelente, deverá ir subindo no esquema.

Na maior parte das PME, ninguém assume as funções de gestão, enquanto o empresário está na função operacional. Muitos julgam que é o contabilista que está a fazer este trabalho. E o contabilista é avaliado por parte de muitos destes empresários pelo montante dos impostos que a empresa paga.

Muitas vezes os proprietários destas empresas consideram que o contabilista é melhor quanto menos impostos tiverem de pagar. O diretor financeiro, por seu lado, é avaliado pelo lucro e fluxo de caixa. Quanto mais lucro e fluxo de caixa, mais impostos teremos de pagar. Uma coisa é não termos de pagar impostos que não precisamos de pagar, outra é o montante de impostos que pagamos. Até porque os impostos servem para construir escolas, hospitais, estradas... e necessitamos desses recursos.

> Uma outra lição de Warren Buffett é que qualquer decisão económica que seja tomada unicamente por motivos fiscais não é inteligente.

Se observarmos a forma como se constituem e organizam estas PME, teremos de concluir que muitas estão em autogestão. Não estão a ser geridas, mas sim a tornar-se operacionais. Operar consiste em considerar que se encontram clientes, se fecham vendas, se oferece um serviço, assegurar que se pedem referências e se faz o ciclo todo de novo.

Gerir uma empresa exige pensar! O tempo da gestão é o tempo de pensar. A maior parte dos empresários está tão ocupada a "fazer", que não tem tempo para pensar.

Numa empresa grande, que seja uma meritocracia, quem chega ao topo é o que pensa melhor, o que toma melhores decisões, que faz melhores escolhas e que é capaz de ser mais produtivo num tempo menor do que os outros. O tempo mais bem pago deve ser o tempo de tomar decisões. É o tempo atribuído ao gerente nas sociedades por quotas ou ao presidente do Conselho de Administração nas sociedades anónimas.

Ainda que, do ponto de vista executivo, as funções máximas sejam as que acabámos de sublinhar, é de importância decisiva entender que, da perspetiva da governança, estas funções respondem ao(s) investidor(es). Ainda que este(s) não apareça(m) no organograma, é importante tê-lo(s) em conta. Isto até porque geralmente, nas PME, o gerente e o investidor são a mesma pessoa e isso causa muitas vezes um problema. Com frequência, entram em conluio e quem ganha normalmente é o gestor, que pode acabar por destruir o valor da empresa para ter um estilo de vida acima do que seria possível. O grande desafio é que quando são a mesma pessoa, a figura do investidor esquece-se de exigir resultados e a remuneração do seu investimento.

Se o derradeiro desafio é o crescimento do valor da empresa, esta deve ser preparada para não depender do empreendedor que a criou, pois enquanto isso acontecer não tem um grande valor.

Não tem grande valor porque no dia em que essa pessoa desaparecer, a empresa deixa de fazer sentido. Fazer crescer a empresa consiste em prepará-la para que um dia possamos ser os investidores. Mesmo que o empresário não pretenda nunca largar a função executiva de gestão, deve preparar a empresa como se isso fosse acontecer. Em rigor, está a prepará-la para poder crescer e assegurar a previsibilidade dos fluxos de caixa futuros. A empresa deve estar apta para a sucessão. E o investidor, ainda que entenda acumular a função de gestor, tem de exigir ou o aumento de valor ou dividendos, porque senão a empresa não está a cumprir o seu papel. No longo prazo, estes erros, que muitas vezes resultam apenas de uma falta de análise mais profunda, pagam-se muito caro.

Voltemos ao organograma da Figura 2 (página 27). Se o empresário técnico, por exemplo, o cozinheiro, tem de estar no nível técnico, o negócio cresce apenas até ao limite das horas que ele próprio tem disponíveis. Grande parte das PME, por exemplo, não cresce mais porque precisa do empresário para assegurar uma série de funções na parte de baixo do organograma. Isto tem muito que ver com o perfil do empresário.

Pensemos nas compras. O empreendedor julga que é o único que sabe negociar as compras. O mesmo acontece quando se trata de vendas importantes: "Eu sou o único que consegue negociar bem com estes clientes!" E a história repete-se quando se trata de assegurar a entrega, ou fazer a caixa, ou movimentar a conta bancária. Isto leva a que muitos empresários tenham um horário de dez a 12 horas por dia e depois de 14 e a seguir deixam de ter sábados e depois domingos e depois férias, até ao momento em que não aguentam e um dos dois falha: o empresário ou a empresa. Ou ambos, o que é muito comum.

> Uma empresa assim organizada cresce até ao limite de horas que o empresário tenha para dar. Há empresários que até decidem que a empresa não pode sair do seu controlo.

Normalmente, são os que afirmam que gostam da empresa pequena, dentro dos limites que conseguem controlar. No entanto, eu não sei se estes empresários têm alternativa. Isto porque tudo tem um ciclo de vida, como na natureza. E, segundo as leis da natureza, tudo o que não está a crescer está a morrer. Pode morrer mais depressa ou mais devagar, mas no dia em que colocámos um teto no crescimento da empresa, estamos a assinar a sua certidão de óbito.

Do ponto de vista da execução, o empresário deve estar no topo do organograma, desenhar um plano e liderar uma equipa. Apesar de o nosso ego adorar que nos sintamos importantes e tudo dependa de nós, no caso de um empresário, este deve contrariar o ego. O empresário é um criador e um coordenador ou líder. Este é o seu grande desafio.

E este aspeto é axial por duas razões fundamentais:

1. Por um lado, ir delegando as operações não passa sequer por uma opção do empresário que quer ver crescer a sua empresa, porque o próprio crescimento (e até a sobrevivência) da empresa depende disso. Isto porque quando se esgotam as horas disponíveis na agenda do empresário (técnico), o negócio deixa de crescer;

2. Por outro lado, o verdadeiro trabalho do empreendedor deve ser o de pensar. Planear o crescimento do negócio e prepará-lo nesse sentido.

Num cenário perfeito, o nosso trabalho como empresários consiste em planear e controlar os resultados. Numa corporação, a posição mais bem remunerada é a da pessoa mais elevada no organograma: o gerente, o diretor-geral, o presidente. Podemos questionar o motivo, uma vez que do ponto de vista operacional muitas vezes não tem praticamente qualquer intervenção.

O motivo de as coisas acontecerem deste modo reside no facto de ser a mais qualificada para pensar e tomar decisões, ter uma visão futura da empresa e prepará-la para o seu crescimento ao mesmo tempo que lidera a equipa na sua execução consistente.

Um empresário que passa a maior parte do tempo, ou todo o seu tempo, a executar ou a operar, ocupado em funções do nível mais baixo do organograma, deverá e acabará por ser remunerado como técnico e não pelo valor que acrescentaria como empreendedor. Mas o cerne do problema não é este. A gravidade desta situação resulta de não estar ninguém a desempenhar as tarefas mais elevadas.

O grande desafio do empresário é ocupar uma posição mais elevada no organograma. Isto não acontece de um dia para o outro. O "gestor" que exerce a função de técnico necessita de preparar a empresa para que tal seja possível. Para subir no organograma é necessário que construa um sistema para executar as ações que lhe estavam atribuídas de uma forma o mais eficaz possível. Esta tarefa deve então ser delegada, competindo ao gestor apenas a função de controlo.

Voltemos ao caso do *chef* de cozinha. Em primeiro lugar, ele escreve todos os processos de organização e funcionamento da cozinha, as receitas todas, depois treina alguém na sua execução (delegação) e a sua tarefa consiste em controlar a(s) pessoa(s) que treinou. Delegar não é sinónimo de abdicar.

Em resumo, temos de criar um sistema para que a função seja feita mesmo quando estejamos ausentes. Para tal, treinamos alguém no sistema e controlamos. Devemos fazer isto para todas as funções e assim estamos a preparar a empresa para que possa funcionar sem nós. É nesse momento que maximizamos o seu valor, porque não depende da nossa presença mas sim de sistemas. Só nesta fase a empresa pode crescer a sério.

Pensemos na McDonald's. Ao afirmar-se que o mercado é o dono da McDonald's, isso significa que este não é conhecido. A propriedade do capital está dispersa por uma série de entidades e muitas delas são fundos de investimento. O mesmo acontece com a Coca-Cola e grande parte das grandes empresas mundiais. Não se pode dizer que haja um proprietário: são os acionistas que pedem contas à administração.

A "disfunção tripolar" do gestor

Na minha opinião, o gestor necessita de assumir três personalidades. A capacidade de equilibrar estas três personalidades é a condição decisiva que dita o futuro da empresa.

1. Primeira personalidade: Empreendedor

A primeira personalidade é a do empreendedor. Esta personalidade é a que desenha o futuro da empresa. A temporalidade do empreendedor é o tempo do futuro. Um terço do nosso tempo enquanto empreendedores devemos passá-lo no futuro, a desenhar o modelo de empresa que desejamos ver concretizada. A questão essencial que o empresário deve colocar a si próprio é: "Quando este projeto for perfeito, que tipo de empresa será?", que se deve desdobrar nas seguintes:

- Qual a sua dimensão?
- Quais os mercados onde vai estar?
- Que produtos vende?
- Quantos são os colaboradores?
- Como é a liderança?
- Como são os sistemas?

A grande preocupação desta personalidade é visualizar a empresa no futuro, mesmo que o empreendedor saiba que esta visão possa, eventualmente, não ser sequer atingida no seu período executivo.

2. Segunda personalidade: Técnico

A personalidade técnica vive no presente. É aquela que assegura que estamos a vender, que estamos a entregar e a fazer nas melhores condições o trabalho técnico subjacente à atividade da empresa.

Há uma parte nossa, pelo menos no início, que tem de estar no presente a assegurar que tudo está a correr bem. Não podemos é ser cem por cento técnicos, porque isso mata a empresa.

3. Terceira personalidade: Gestor

A personalidade gestora vive no passado. Viver no passado consiste em recolher e tratar informação daquilo que aconteceu e usar essa informação para tomar decisões. O gestor tem de estar a olhar para os números, para os indicadores, de que falaremos mais à frente.

Entender este desdobramento de personalidades e o equilíbrio que é necessário entre elas é o fator decisivo da gestão. Como pudemos observar, duas destas personalidades apenas têm como função "pensar".

Warren Buffett costuma afirmar que uma das razões para os empresários e os executivos não serem bem-sucedidos é não passarem tempo suficiente a pensar.

> Os empresários não passam tempo suficiente no passado nem no futuro, pois estão ocupados com questões técnicas, e estão focados em concretizar a atividade operacional.

Se queremos fazer crescer a nossa empresa, devemos arranjar rapidamente condições para fazer a escalada no organograma.

Mas mesmo quando isso não é possível e ainda estamos a operar, esse trabalho não pode ser descurado.

O meu trabalho com várias empresas passa muitas vezes por um diagnóstico, que tende a ser muito semelhante. Quando questiono os empresários, quase nunca conhecem os indicadores. Quando atiram com um número, trata-se quase sempre de uma estimativa e não de um indicador.

Por vezes, alguns empresários perguntam-me sobre a fragilidade deste tipo de atuação, em que o empresário se foca em planear depois de ter preparado técnicos para a função operacional, e afirma que formar pessoas implica sempre correr o risco de as perder. No entanto, é maior o custo de formar e perder as pessoas do que o custo de não as formar e elas permanecerem a trabalhar para si. Veremos mais adiante (Desafio 10) como reter os nossos melhores recursos.

O produto do negócio é o negócio

Fazer crescer uma empresa não é um *sprint*, é uma maratona! Como vimos, fazer crescer uma empresa consiste em aumentar o seu valor no longo prazo.

Daí o caráter imprescindível da existência de um plano e do recurso às distintas personalidades do gestor. O plano exige um conhecimento dos resultados do passado que permitam desenhar etapas para o futuro, enquanto asseguramos o funcionamento consistente da empresa no presente. Isto sem perder o foco na ideia de que a nossa empresa tem de oferecer valor ao mercado. O que é decisivo para o sucesso de uma empresa é o próprio negócio e o modo como este oferece valor ao mercado.

O determinante para o empresário é trabalhar o negócio, porque é aí que reside o valor da empresa. O papel do empresário não é o trabalho na empresa, mas trabalhar a empresa.

Trabalhar o negócio exige a criação consistente de uma reputação. Este é um processo lento, cujos dividendos não são apenas financeiros. Estes traduzem-se na autoestima e na autoimagem da pessoa por trás do empresário. Uma das qualidades essenciais de um gestor, que faz parte da sua inteligência emocional, deverá ser a capacidade de adiar a gratificação imediata.

Ser capaz de adiar a gratificação é um dos caminhos para criar uma reputação valiosa. Em cada venda, entrega e transação com o cliente temos de ter em conta o custo que uma atitude menos cuidada poderá ter. E não só ao nível económico! Desde o exemplo para os que connosco colaboram até ao nosso autorrespeito, o valor da reputação é inestimável.

O grande desafio de um empresário consiste em cuidar do seu negócio, em cada unidade como se ela pudesse ser vendida.

É esse o ensinamento que podemos retirar com um exemplo de um restaurante anónimo de refeições rápidas dos EUA concebido por dois irmãos: Richard e Maurice. Ray Kroc, um vendedor de *milkshakes*, de 52 anos, intrigado com o elevado número de encomendas que recebia deste espaço, decidiu visitá-lo e conheceu os irmãos McDonald. O espaço dos irmãos McDonald estava sempre lotado e o vendedor pôde perceber que a preocupação com a limpeza, a qualidade e o serviço, sempre sem falhas e exatamente igual, eram responsáveis pelo sucesso deste negócio. O restaurante funcionava como se fosse uma máquina. Ray Kroc teve de imediato a visão de que este negócio, sistematizado nos mais ínfimos pormenores, poderia ser replicado um número ilimitado de vezes. E assim surgiu a McDonald's, a maior cadeia de restaurantes do mundo. E o modelo de *franchising*! Isto porque Ray Kroc percebeu que neste caso o produto não era a comida, mas sim o negócio.

Um tipo de negócio que funcione numa perfeição total em termos de sistemas, e seja impecavelmente consistente, não precisa de ninguém excecional para ser operado.

O produto de uma pequena ou média empresa não é aquilo que vende. É a própria empresa. Mesmo que nunca pensemos em vender a empresa, ou fazer um *franchising*, o que é importante é que as nossas unidades e os nossos trabalhadores operem um sistema impecavelmente ordeiro, que possa ser replicado vezes sem conta. Este é o princípio da alavancagem. Com o mesmo esforço podemos fazer cada vez mais.

O grande desafio do negócio consiste em o empresário entender que o produto do seu negócio não é aquilo que vende, mas sim o próprio negócio. E é aí que ele tem de trabalhar. Trabalhar uma unidade da sua empresa como se ela fosse ser vendida.

O que implica que a empresa pode operar sem o empresário estar implicado diretamente. A empresa tem de funcionar de uma forma autónoma. Apesar de ser ele a controlá-la, poderá subsistir por si só. É assim que continuamos a ver a McDonald's. São restaurantes impecáveis do ponto de vista do sistema: o serviço é sempre rápido e o hambúrguer sai sempre igual, seja na Índia, em Portugal ou no Brasil.

Um sistema deste tipo tem de ser desenhado para criar valor para todos os *stakeholders*, ou seja, todos os que intervêm ou têm interesses na empresa. Tem de estar desenhado para criar valor para o dono da empresa, os empregados e os fornecedores. O desenho tem de ter em conta que deve entregar dividendos aos acionistas; consistência de emprego, remuneração e possibilidade de crescimento aos empregados; e, por fim, um bom relacionamento com os fornecedores, o que implica que as contas sejam bem pagas e pagas atempadamente.

> A nossa empresa tem de ser desenhada para não precisar da nossa presença. Ela só cresce (e não parará de crescer) se não ficar dependente de nós.

Além dos *stakeholders* anteriormente referidos, é essencial não esquecer o mercado. A empresa tem de estar estruturada para transmitir valor ao mercado. Quando equacionamos esta possibilidade, normalmente pensamos no produto que a empresa vende ou no serviço que presta. Mas não podemos ser tão redutores. É o próprio negócio e a forma como interage com o mercado que produz valor. Isto porque podemos servir um ótimo hambúrguer e provocar uma péssima experiência ao cliente. O empregado pode ser desagradável, deixar cair comida em cima do cliente, o local não estar nas melhores condições de higiene, etc. Por isso já ouvimos muitas vezes os nossos amigos dizerem "Nunca mais lá entrei!" e quando perguntamos: "A comida não era boa?", escutamos com perplexidade "Era excelente! Mas nunca mais lá volto…", e segue-se uma enumeração de queixas relacionadas com o serviço. Todos já conhecemos empresas com excelentes "produtos" que fecharam.

Nem sempre o melhor "produto" é aquele que ganha.

O produto, hoje em dia, envolve toda a interação da empresa com o mercado. Este depende da forma como agimos com as pessoas. O determinante para uma empresa são as experiências emocionais que proporciona.

Neste campo, um dos fatores essenciais é a consistência. É vital sabermos com o que podemos contar. Essa é a grande lição da McDonald's. O produto e o serviço são sempre iguais.

Mesmo que o hambúrguer em si não seja o melhor do mundo, pode-se sempre contar com a rapidez, a higiene, um Happy Meal para as crianças, etc. Esta é uma lição de consistência que se transformou em milhões. Em qualquer parte do mundo, mesmo que não conheça a gastronomia local, nem a língua, comer um hambúrguer no McDonald's funciona como a sensação de familiaridade. Sabemos sempre com o que podemos contar. Daí que o verdadeiro negócio da McDonald's nem sequer seja o hambúrguer.

O primeiro negócio da McDonald's são as melhores localizações imobiliárias do mundo, em segundo lugar está o negócio dos *franchisings* e só em terceiro lugar vender o hambúrguer.

O produto é o negócio desenhado para aliviar uma frustração no mercado. Temos de entender o que o mercado quer e preencher esse vazio. Há que preencher o vazio que reside na diferença entre o que o mercado quer e o que o mercado tem.

A seguir vamos entender o ciclo de vida de uma empresa, e as suas várias etapas.

Propostas de reflexão

1. Está apenas preocupado com as vendas, ou também se concentra em gerar uma determinada margem de lucro e um montante de fluxo de caixa operacional?
2. Privilegia o seu estilo de vida ou o lucro da sua empresa?
3. Toma decisões na sua empresa apenas por motivações económicas ou também por justificações fiscais?
4. Quais os seus critérios de reinvestimento do fluxo de caixa operacional?
5. Se tivesse de se classificar, como se dividiria entre empreendedor, gestor e técnico?

Desafio 2

Entender o ciclo de vida de uma empresa

Nas empresas, como em tudo na vida, o sucesso não é fruto do acaso ou da conjugação aleatória de determinados fatores. O sucesso é previsível e, mais do que isso, é um efeito gerado a jusante pela organização, e a montante por uma série de causas numa determinada ordem. E este é um fator que muitas pessoas tendem a negligenciar.

Da mesma forma que se for cozinhar um determinado prato não me posso limitar a reunir num tacho um conjunto de ingredientes, colocar ao lume e esperar que tudo saia bem, também no crescimento de um negócio não só existe uma série de ingredientes a respeitar, como há um processo específico, ou seja, uma certa ordem.

Para telefonar a alguém necessito dos números certos, mas também que estejam na ordem correta. Se tiver os números certos, mas com dois fora do lugar, já não consigo realizar a chamada.

No entanto, qualquer um pode cozinhar se tiver a receita e dominar os processos. Acredito que pode fazer crescer um negócio depois de aprender o processo através do qual isso se consegue, conhecer os passos a dar e, muito importante, dá-los na ordem certa. Neste livro, pretendo debruçar-me sobre esse processo. Podemos dizer de alguma maneira que se trata de um livro de receitas.

O que pretendo é dar ao leitor uma metodologia e o conhecimento adicional de que necessitará, eventualmente, para fazer prosperar os seus resultados empresariais.

Os princípios do sucesso são universais e podem ser replicados em qualquer estrutura ou organização, e encontram até paralelo na própria natureza. Além disso, acredito que o sucesso é o caminho natural de qualquer projeto.

Devemos, acima de tudo, evitar os erros, pois quanto menos nos enganarmos, maior a probabilidade de as coisas correrem bem.

Para que estes princípios funcionem a nosso favor, é necessário conhecê-los. A primeira coisa de que devemos ter consciência é que o nosso negócio, como qualquer outra coisa na natureza, terá um ciclo de vida.

A gestão desse ciclo de vida é absolutamente crítica para que ele se alongue o mais possível. E, ainda mais importante, para que ele se prolongue em fase ascendente e/ou no topo pelo maior período no tempo que for conseguido.

Quando terminei o meu MBA, na Universidade Católica Portuguesa, vi-me munido de um elevado conhecimento sobre gestão de empresas e de uma série de ferramentas absolutamente estruturantes. Somando isso à minha experiência profissional como gestor de fortunas e, por consequência, como estudioso dos padrões de sucesso nas empresas, sentia-me de facto muito bem preparado. Mas quando tive os primeiros convites para apoiar empresários no crescimento das suas empresas, percebi que ainda me faltava qualquer coisa.

Tinha aprendido muito sobre lucro e *cash flow*, recursos humanos, quatro P's, cinco forças, seis sigmas, estratégia, modelos de preço e muitos outros temas, mas faltava-me perceber como todas estas coisas se podiam ligar num modelo ou num sistema, com princípio, meio e fim, que nos conduzisse ao caminho do sucesso e nos mantivesse lá pelo mais longo período de tempo possível. E como podíamos replicar este modelo em vários negócios e indústrias de forma a muitos o poderem usar.

Sentia que me tinham dado ferramentas para ser bem-sucedido na aceleração de resultados empresariais e que com isso vinha também a expetativa da materialização desse sucesso. O que não tinha aprendido ainda era como ligar e combinar todas estas coisas de forma a atingir e manter este sucesso empresarial de um modo consistente. Faltava-me a ligação entre as ferramentas, e principalmente entre as ferramentas e os resultados pretendidos.

> Assim, aquilo que podemos considerar como decisões corretas na gestão de um negócio depende muito da fase de vida em que a empresa está. Ou seja, depende do ciclo de vida do negócio.

Os estágios ascendentes no ciclo de vida de uma empresa são a luta inicial, a diversão e a adolescência. A este percurso de expansão, segue-se o momento da maturidade, no qual a empresa conquista o apogeu. Seria desejável que a empresa permanecesse sempre neste estágio. Mas muitas corporações, por motivos passíveis de diagnóstico (e contornáveis se o empresário estiver atento aos sinais), passam para as fases de declínio, que se concretizam no outono, na rotina e na morte do negócio.

Como veremos, aquilo que pode ser a melhor decisão numa determinada altura poderá ser uma péssima opção noutro momento.

Para tomar a melhor decisão é determinante ter a perceção rigorosa da fase em que a nossa empresa está, porque a qualidade das decisões que tomamos depende sempre do momento do ciclo de vida em que esta se encontra. E também é importante termos presente que a fase do ciclo em que a empresa está não depende da data em que foi constituída, ou seja, do número de anos que tem.

Há empresas que atingem a maturidade em muito poucos anos e outras que sobrevivem décadas praticamente sem sair da luta inicial. As fases do ciclo de vida podem oscilar para trás e para diante, não existindo qualquer razão para que uma empresa não possa durar para sempre.

Nem todas as empresas fazem todo o percurso. Há algumas que ficam paralisadas numa determinada posição e depois avançam ou morrem. É importante ter presente que, nas empresas, como nos seres humanos, não há saltos nos estádios de desenvolvimento até à maturidade ou apogeu, com exceção para o caso de um avanço direto para o desaparecimento. Embora, distintamente da evolução cognitiva das pessoas, nas empresas, as diferenças temporais podem ser muitas entre os diferentes negócios.

3. O Ciclo de Vida da Empresa que se Vai Repetindo e Completando Pouco a Pouco nos Distintos Momentos

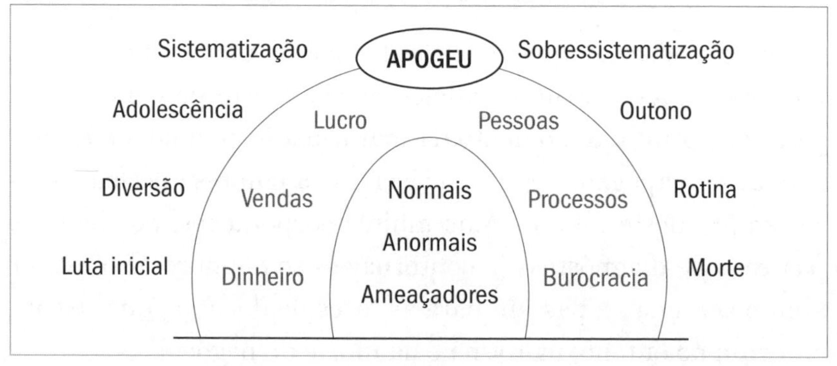

Fonte: Autor

Vamos agora analisar com mais profundidade as sete fases do ciclo de vida de uma empresa.

Luta inicial

A primeira fase de uma empresa designo-a por luta inicial, pois trata-se de uma fase muito difícil para o empresário, que exige uma luta diária para manter o negócio vivo. É um momento crítico, que muitas empresas não conseguem ultrapassar. Segundo o livro de Michael E.Gerber, *The E Myth Revisited*, cerca de 80 por cento das empresas não passam dos cinco primeiros anos e, em muitos casos, este período coincide com a fase da luta inicial. Existem muitas (cerca de 40 por cento) que não resistem ao primeiro ano de vida.

Do meu ponto de vista, existem dois desafios a ter em conta quando uma empresa se encontra na fase da luta inicial:

- O primeiro consiste na preocupação em ter o dinheiro necessário para a manter em funcionamento, nomeadamente para pagar todas as despesas. Isto, porque estamos num momento de procura de um nicho de mercado e a viver do dinheiro que financiou a empresa quando esta foi criada. Dinheiro este que foi gerado fora da corporação e que, por isso, qualificamos como dinheiro das atividades de financiamento da empresa. Trata-se, neste momento, de alcançar a estabilidade financeira antes que os recursos iniciais se esgotem. Atingir esta estabilidade implica fazer o cruzamento das linhas do dinheiro de financiamento e do dinheiro operacional o mais cedo que for possível.

> O dinheiro operacional é dinheiro que resulta da atividade operacional da empresa, ou seja, das suas vendas: do que compramos ou que produzimos e depois vendemos, ou dos serviços que prestamos e pelos quais cobramos.

Este dinheiro é, portanto, gerado pela própria empresa. A primeira grande preocupação neste momento do percurso empresarial consiste em atingir o ponto crítico, aquele em que as nossas vendas se equiparam aos custos. Ou dito de outra forma, o ponto a partir do qual começa a gerar-se lucro.

4. **Fluxo de Caixa de Financiamento e Fluxo de Caixa Operacional**

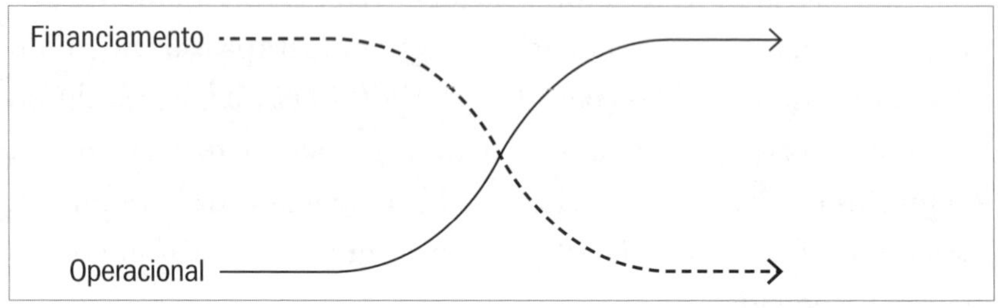

Fonte: Autor

- O outro grande desafio da luta inicial consiste em encontrar o seu lugar no mercado. Encontrar um nicho de mercado que se interesse pela proposta de valor. Esta é uma conquista que exige uma concentração absoluta.

> O empresário deve ter o seu espírito de análise e a argúcia bem apurados para ir adaptando a sua proposta de valor inicial ao mercado.

Por vezes, a ideia inicial do negócio que pretendemos criar está tão enraizada que corremos o risco de ser intransigentes e não escutar o que o mercado está a tentar dizer. Estar apaixonado pelo projeto é essencial, pois confere ao empresário uma energia para suportar os reveses que muitas vezes surgem nos momentos iniciais, mas há que ter flexibilidade para corresponder às necessidades do mercado.

Não se trata de fazer vencer a nossa ideia inicial a todo o custo, numa atitude egocêntrica: "Eu sei o que os meus clientes precisam!" Trata-se antes de se colocar numa atitude de humildade e entender qual o modo mais rentável de servir os outros.

É nesta altura que devemos seguir algumas das características dos empreendedores de sucesso. Focarmo-nos nos resultados é essencial.

Muitas vezes, na montagem de um negócio vejo as pessoas focadas em aspetos que não são os mais relevantes. Ótimas instalações, *designs* fantásticos, preocupação excessiva com a imagem, etc. E quanto mais acesso existe a financiamento exterior, mais complacentes nos vamos tornando com estas coisas.

Recorde-se de que deve ter claro que tudo aquilo em que investe deve ter um impacto inquestionável nas vendas. Construir um negócio próspero nem sempre é compatível com massagens ao ego e/ou mostrar aos outros um sucesso que ainda não existe.

Manter a estrutura o mais magra possível, com os custos muito controlados e estar focado nos resultados e no ciclo do crescimento do negócio pode ser decisivo.

Temos dois desafios principais nesta fase:

1. Por um lado, assegurar que há sempre dinheiro suficiente para continuarmos em frente;
2. Conquistar de forma sustentada um espaço para a existência do nosso negócio, que deve ser materializado sob a forma de um mercado.

Mantenha as suas instalações o mais humildes possível. Compre em segunda mão o que puder. Infelizmente, o que não falta é material de escritório usado, mas em ótimas condições, de empresas que não tiveram o mesmo sucesso que procura para si.

É nesta altura que devemos também escolher a flexibilidade. Ir adaptando a nossa proposta de valor ao que o mercado quer, por oposição a estarmos apaixonados pela solução que imaginámos e que nos torna intransigentes.

Preparar um plano de negócios é fundamental, pois mesmo que não o consultemos com muita frequência, o ato de o prepararmos será decisivo porque nos obriga a testar uma série de pressupostos. Recomendo sempre que sejamos conservadores no nosso plano, nomeadamente em questões como o volume de vendas nos meses iniciais e em relação ao financiamento. A sobrevivência da sua empresa vai depender disso. Não facilite!

Fase de diversão

Na fase seguinte, entramos naquilo que designo por fase de diversão. Este é um momento muito agradável e toda a vida da empresa se organiza em torno do departamento de vendas. O departamento de vendas é a vedeta da empresa!

Por vezes, quando as empresas estão a viver esta experiência, os empresários nem sequer querem perceber muito bem o que acontece com receio de estragar o encantamento desta fase. Compreenda-se ou não o que se está a passar, em cada mês as vendas são superiores às do mês anterior.

Nesta altura, o jogo é só sobre vender mais. Há que ter em conta que a diversão também pode assumir o significado de distração, manobra que pode desviar a atenção de um determinado ponto que deve ser focado.

Não podemos descurar que esta inclinação da curva de vendas mascara todas as ineficiências da empresa. O facto de cada vez se faturar mais do que no mês anterior leva a que exista sempre dinheiro na conta bancária e qualquer ineficiência que possa existir não vai ser percebida.

Como o dinheiro não falta, porque há sempre mais dinheiro do que o que é gasto em custos, poderão existir ineficiências que não são detetadas até que tenha lugar um abrandamento forte nas vendas.

Nesta fase, é típica a criação de algumas gorduras. Para alimentar o forte crescimento da curva de vendas é necessário fazer um forte investimento, o que, cruzado com uma fase de pouca maturidade empresarial, pode acarretar algumas ineficiências.

Deve ter isso em atenção ainda que não seja, de todo, aconselhável travar esse fenómeno.

A curva de vendas precisa de ser alimentada. Poderá sempre emagrecer a empresa mais à frente. Só não pode perder o bom senso e a atenção. Saiba o que está a fazer. Travar a curva de vendas por falta de investimento pode, a prazo, levar-nos de volta à luta inicial, perder quota de mercado para uma eventual concorrência que mais tarde seja difícil de conquistar e limitar a nossa capacidade de financiar o crescimento futuro. Então é natural e até saudável que a sua empresa engorde um pouco desde que não perca o controlo desse processo.

Este ambiente de forte crescimento das vendas é favorável ao sobredesenvolvimento de alguns egos. Se atentarmos no histórico do quotidiano de qualquer empresa, nesta fase, veremos que há sempre alguns colaboradores que se destacam notoriamente no que diz respeito aos índices de produtividade. Sendo esta uma fase em que todas as pessoas se focam no departamento de vendas, é a altura propícia à criação de vedetas ou estrelas, que normalmente são os vendedores responsáveis pelo crescimento significativo da empresa. Convém aqui recordar o efeito do princípio de Pareto, segundo o qual 80 por cento das consequências advêm de 20 por cento das causas, que aplicado às vendas não é mais do que afirmar que 20 por cento dos vendedores fazem 80 por cento das vendas. Estes comerciais tendem a comportar-se como *prima donnas* reclamando junto da gestão algum tratamento preferencial.

Tenha em atenção de que reconhecer-lhes esse poder pode ser extremamente nocivo para a sua liderança. Trate-os muito bem, mas nunca deixe que ninguém possa pensar ser mais importante do que o próprio projeto.

Por vezes, este protagonismo é reclamado pelo próprio empresário que se identifica com o sucesso do projeto empresarial. Esta é uma fragilidade a ter em conta uma vez que, quando o vedetismo se funde com o ego inflado do empresário que se sente o único responsável por toda a circunstância favorável, se corre o risco de não ser reconhecido o imprescindível papel dos demais colaboradores.

Mais tarde ou mais cedo o ressentimento por esta falta de reconhecimento manifestar-se-á, com consequências menos positivas. Recorde-se também de que uma empresa depende e deve depender da sua equipa e não de si própria.

Além deste risco inicial, nesta fase é também importante estar atento a duas fragilidades que podem ocorrer:

1. A primeira tem lugar quando a empresa é criada com um elevado financiamento. Neste caso não entenda financiamento como dívida, quero apenas dizer que foi colocado na empresa mais dinheiro do que eventualmente seria necessário, o que coloca a gestão numa zona de conforto perigosa. O facto de a empresa não necessitar rapidamente de vender para fazer face às suas responsabilidades pode levar à ilusão de que se está na diversão, enquanto no fundo se está na luta inicial. Ao não estar consciente da situação real dentro da empresa, pensando que esta já se encontra num verdadeiro período de diversão, os responsáveis podem tomar decisões erradas, que se traduzirão, mais tarde ou mais cedo, em resultados dramáticos;

2. A segunda fragilidade está relacionada com os gastos. É fácil, num momento de elevado crescimento das vendas, cair-se na ilusão de que será sempre assim, que o ritmo de crescimento se vai manter infinitamente. Esta esperança irrealizável é frequentemente responsável por tomadas de decisão que comprometem a manutenção da empresa.

> O empresário esquece-se de que depois do verão vem sempre o outono. Daí, este momento, aparentemente tão leve, ser muitas vezes responsável pela ameaça da sobrevivência da empresa.

O entusiasmo cego é responsável, muitas vezes, ou pelo exagero nos investimentos ou pelo consumo pessoal dos recursos da empresa por parte dos gestores. O dinheiro abundante e fácil de ganhar é muitas vezes gasto irresponsavelmente, em vez de estar a financiar o crescimento futuro do negócio.

Em suma, como em outras experiências na vida, a diversão sem análise cuidada e responsável pode comprometer a sobrevivência de uma empresa.

Fase da adolescência

A entrada na adolescência é correlativa do nível de crescimento alcançado na etapa de diversão. Pode considerar-se que a empresa entra na adolescência quando a curva de vendas, por alguma razão, abranda. O aumento das vendas tem um impacto decisivo na organização da empresa: são necessários mais colaboradores, um montante mais elevado de ativos, um outro nível de investimento, recurso a mais fornecedores, entre outras coisas, e com isto aumenta a complexidade da gestão e das operações.

Com o abrandamento da curva de vendas todas as ineficiências que passaram despercebidas emergem e este é um momento perturbador, tal como quando se trata da nossa própria adolescência, com todas as crises de identidade que a caraterizam. Nunca se está preparado para a experiência da adolescência, quer na vida quer na empresa.

Um dos fenómenos que carateriza esta fase, resultante do abrandamento do crescimento das vendas, é a tomada de consciência de que é a altura de depurar os excessos que surgiram no momento da diversão, com a expansão descomedida das vendas.

Em linguagem simples, a empresa engordou, há que alterar a focalização e emagrecê-la.

Com o aumento da complexidade da empresa e da sofisticação dos processos, são outros os desafios que acontecem na adolescência. A especificidade deste período, que o diferencia da fase anterior, está relacionada com a passagem do foco das vendas para o lucro.

Apesar de as vendas ainda serem um fator muito importante, no sentido de nutrir a expansão do negócio, o lucro deverá agora tornar-se a personagem principal. O jogo de construir um negócio de sucesso não é só sobre vendas, como parecia na fase anterior, mas é também sobre lucro. O jogo do lucro, frequentemente, é aprendido na adolescência.

O sucesso de um negócio, sem considerar o que possa parecer à primeira vista, está diretamente dependente da capacidade que os gestores têm de traduzir o volume de vendas em lucro.

A falta de consciência de que o jogo empresarial não é apenas sobre vendas, mas também sobre lucro, é a responsável pelo fracasso de muitos negócios. Este é um fenómeno frequente nas PME. As pessoas começam a reconhecer ineficiências e começam a tentar responder com mais vendas. Esta atitude vai apenas fazer aumentar o problema. A maior parte dos empresários tende a atirar vendas para cima de todos os desafios da empresa, sendo que, para a maioria desses desafios as vendas, além de não serem a solução, podem até aumentar o problema.

A fase da adolescência é um momento que exige alguma preparação/formação dos responsáveis, devido à sofisticação alcançada. É um momento em que muitas empresas entram em situações difíceis, na medida em que aumenta a complexidade dos processos. A sua superação para uma etapa superior depende da capacidade para introduzir, na empresa, sistemas, de uma forma progressiva e consistente.

O exemplo da sistematização

A sistematização do negócio é o que permite a toda a organização lidar com a complexidade e possibilita a sua passagem para o apogeu. Sem se passar, no momento da adolescência, pela sistematização da empresa, não é possível esta superação. Recorde-se de que estes saltos qualitativos não dependem do número de anos de um negócio. Há empresas que nunca atingem o apogeu, enquanto outras o alcançam num espaço de tempo muito curto.

Há muitos receios associados à ideia de implementação de sistemas. O principal está ligado à limitação da liberdade ou flexibilidade da empresa. A esta somam-se os receios da desumanização e o da incompreensão por parte do mercado. Todavia, sistematizar é um caminho incontornável para que uma empresa progrida. Não há alternativa possível, uma vez que o crescimento acarreta consigo a complexidade, e este é o modo possível de lhe fazer face e otimizar os processos.

Neste momento, os desafios são enormes e variados: há que tomar decisões que mexem com a estrutura organizacional e, por outro lado, é necessário aplicar eficazmente o que resultou destas difíceis tomadas de decisão.

É nesta altura que se reconhece o sentido do nome atribuído a esta fase de desenvolvimento de uma empresa: adolescência. Isto, na medida em que, nesta etapa, surge frequentemente uma crise de identidade organizacional, que leva mesmo alguns gestores a interrogarem-se sobre as suas capacidades na prossecução dos objetivos que se propuseram.

> É fundamental rever o organograma e, provavelmente, restruturá-lo. Nos casos em que este nunca foi desenhado, esta tarefa impõe-se como uma necessidade premente.

Na medida em que a empresa se complexifica, devido ao aumento do volume de vendas, este é o momento no qual os departamentos se restruturam em separado. Organizam-se autonomamente, com uma estrutura interna própria. Ou seja, a operacionalização e a entrega autonomizam-se do processo de vendas e os comerciais sentem que precisam de pressionar o departamento de vendas para que as entregas sejam feitas com celeridade.

Os comerciais, cientes do seu valor no resultado final dos processos, muitas vezes tornam-se exigentes e sentem necessidade de controlar as operações, exercendo grande pressão para que sejam feitas as entregas. As tensões são um risco constante!

Assim, uma das tarefas essenciais do gestor consistirá, neste momento, na otimização dos processos comunicacionais e na mediação eficaz entre os distintos departamentos, nomeadamente a aproximação entre o departamento comercial e a distribuição do produto.

A adolescência é um período de enorme exigência, implicando, além da criação de sistemas, a formação e o treino de uma equipa para operar os sistemas.

Apogeu

Superados os inúmeros desafios pelos quais a empresa passa na adolescência, atinge-se o apogeu. Gosto de definir o apogeu como uma espécie de céu empresarial. Ou seja, este é o momento de sonho que todas as empresas almejam.

Equilíbrio é a palavra certa para caraterizar esta fase. Isto, na medida em que há uma estabilidade harmoniosa no processo de sistematização: os sistemas nem se encontram em falta, nem estão em excesso.

Esse momento reconhece-se pelo facto de existir ainda um relativo crescimento de vendas (com alguma projeção, embora não tão acentuado como na fase de diversão). Além deste crescimento sólido, muitas vezes acima dos dez por cento ao ano, a empresa mantém a capacidade de aumentar as suas margens de lucro. Outro aspeto diferenciador deste momento consiste na capacidade de converter a margem do lucro em fluxo de caixa. Observa-se uma grande capacidade de desenhar planos e objetivos e manter a equipa a executar esses planos.

Em resumo, o apogeu é a fase na qual se definem os objetivos de uma forma consistente e em que estes são atingidos. Neste momento, é possível ver com clareza qual o processo reflexivo ou de planeamento que conduziu a empresa ao sucesso em que se encontra e os gestores procuram mantê-lo num horizonte de longo prazo. Como já foi referido, nesta fase, o crescimento de vendas mantém um nível elevado e há uma capacidade visível de o rentabilizar. Concluindo, dá-se uma harmonia gratificante entre o crescimento e a rentabilidade do negócio.

O que podemos inferir destes resultados visíveis é que a organização está alinhada. O equilíbrio entre estruturas, sistemas, processos e pessoas é visível e tudo parece fluir. Ou seja, tudo o que se desenha e planeia afigura-se concretizável.

> A missão principal da fase do apogeu deverá consistir em focar a sua atenção inteiramente nas pessoas. Se neste momento os gestores cuidarem das pessoas, o apogeu poderá manter-se sem fim à vista.

Há que ter em mente que centrar a atenção nas pessoas não é sinónimo de descurar os sistemas. Apenas o foco do olhar otimizador, devido ao fluir das operações, se deslocou um pouco dos processos para as pessoas por trás destes, uma vez que elas são as responsáveis por este estado de graça alcançado pela organização.

Focar-se nas pessoas não consiste só em liderá-las na execução consistente do plano. Cuidar das pessoas implica responder às seguintes necessidades:

- Mostrar-lhes perspetivas de progresso na carreira, no interior da empresa. Isto não é forçosamente sinónimo de aumentar os salários ou os rendimentos, mas passa, antes

de mais, pela concretização de valores relacionados com a autoestima e os sentimentos de realização pessoal através da sua atividade. Um dos aspetos determinantes neste domínio é aumentar a responsabilidade do colaborador;
- Proporcionar formação, treino e *coaching*.

Há que conhecer profundamente o que faz as pessoas mover-se e ajudá-las a percorrer este caminho. O gestor neste momento deve desenvolver a sua empatia e colocá-la ao serviço dos seus colaboradores para que nada ensombre este momento paradisíaco no qual se encontra o seu negócio.

O foco nas pessoas está intimamente relacionado com o cuidar da cultura da empresa. Uma organização não pode manter-se sem o reconhecimento de um conjunto de valores comuns e a sua tradução em comportamentos.

É especialmente importante clarificar a cultura da empresa e assegurar que, além de conhecer os valores empresariais, todos se sentem responsáveis pela sua prossecução.

Uma empresa é um organismo vivo que caminha segundo um projeto. Para se manter viva é importante que todas as pessoas que aí trabalham se sintam parte deste projeto. Só sentindo que fazem parte dele e que com ele evoluem é que poderão dar o melhor de si. Por outras palavras, poderão criar uma cultura de disciplina, pedir e dar contas das suas atividades e exigir elevados padrões de responsabilidade a si e aos outros.

Se esta vivência da cultura da empresa estiver disseminada, a preocupação com os resultados deixa de ser algo exterior ou da competência do gestor e é assumida como uma tarefa de todos.

Se todos os colaboradores partilharem dos valores da empresa, vive-se um ambiente de trabalho íntegro no qual todos são autónomos, sentem que o seu mérito é reconhecido e podem comprometer-se com o seu desenvolvimento como profissionais e progredir.

Se continuarmos a cuidar de todos os departamentos e da sua sistematização de uma forma consistente, e a esta focalização juntarmos a preocupação do alinhamento das pessoas com a cultura da empresa, não existirá nenhum tipo de razão para que a empresa saia da sua fase de apogeu.

No entanto, isso pode acontecer e a empresa pode resvalar em qualquer um dos sentidos: ou regredir para a fase anterior, a adolescência, ou deslizar para a fase do outono.

O fator crítico responsável por este fenómeno negativo consiste normalmente na sobressistematização. Quando quem gere a empresa se foca na operacionalização e sobrevaloriza os sistemas, normalmente, retira aos colaboradores a capacidade criativa e inovadora e o estado de graça em que a empresa se encontrava deixa de se poder manter.

Outono

Queda é o conceito que carateriza o outono. Na natureza, é o momento do cair da temperatura e das folhas. Fenómeno semelhante acontece nas organizações. Quando entram numa fase de outono, assiste-se à diminuição das vendas, das margens, do fluxo de caixa, etc.

Se analisarmos o processo em pormenor, vemos que o fenómeno é gradual: primeiro assiste-se a um significativo abrandamento das vendas, depois a uma pressão que leva à redução das margens de lucro, que por sua vez irá traduzir-se numa menor capacidade de gerar fluxo de caixa.

É comum, nesta fase, a gestão entrar em negação e ignorar que a empresa, há pouco tão promissora, está a entrar numa curva descendente.

Aquilo que conduz uma empresa ao outono é o mesmo que a conduziu ao apogeu, mas feito em excesso, ou seja, é a sobressistematização feita em detrimento da participação, envolvimento e contribuição dos colaboradores.

Ao considerar-se os sistemas ou os processos mais importantes do que as pessoas e a sua criatividade, o outono empresarial torna o negócio semelhante a alguém que caminha em esforço numa passadeira rolante: nunca sai do lugar.

Uma empresa no outono é uma organização focada em processos, na qual há muito esforço sem o progresso correspondente. Uma organização em que a informação e a forma se tornaram mais valorizadas do que a ação e o conteúdo.

O sentimento generalizado nesta fase é o de que as pessoas precisam de respirar, soltar-se e anseiam por desafios novos. Começam a ouvir-se algumas vozes dos colaboradores a afirmar que deram tudo pela empresa e sentem que não há reconhecimento ou que estão bloqueados, que naquele lugar já não há espaço para o progresso.

Também é frequente, neste período, os melhores profissionais, os que foram os principais responsáveis pelo crescimento da empresa, predisporem-se a abandonar a organização. Muitas vezes o fenómeno prende-se com o facto de serem pessoas que estão habituadas a obter resultados muito acima da média, criativos, que têm uma necessidade interior de fazer a diferença.

Uma vez que a focalização nos processos as impede de agirem e alcançarem realização, que é o mesmo que dizer, se a burocracia processual da empresa não lhes permite obter resultados diferenciadores, estes colaboradores começam a sentir que aquele lugar não é para eles. Nem sempre estes profissionais conseguem ter consciência do que se está a passar, mas há um sentimento interior que os leva a abandonar aquele lugar de trabalho. As pessoas, tal como o negócio, sentem que estão a caminhar na passadeira.

Nada deste fenómeno se passa sem sintomas. O outono é uma fase que se carateriza pelo emergir de más notícias. Mas como a gestão prefere não as reconhecer e escondê-las, o momento define-se mais por conversas surdas que vão minando a cultura da empresa e consequentemente o espírito de equipa e a qualidade na execução dos processos.

Todo este percurso negativo pode ser revertido se os gestores pararem para pensar, forem argutos no diagnóstico da fase em que se encontra a empresa, reorientarem o seu foco para as pessoas e reduzirem o nível processual responsável pela sobressistematização. Se tal não acontecer antecipadamente e a gestão não souber reativar as condições que levaram a organização ao apogeu, o negócio está condenado à descida no ciclo de vida.

Um risco que se pode correr resulta de os gestores diagnosticarem mal ou considerarem que o problema está no processo, concentrando-se em colocar ainda mais sistematização numa organização já sobressistematizada. O raciocínio é o de que se foram os sistemas que nos levaram ao apogeu, mais sistemas levar-nos-ão de volta.

Há que ter em conta que o que conduz uma empresa ao apogeu não são os sistemas, mas sim a capacidade de planear e seguir um planeamento e uma linha de reflexão.

Os sistemas de uma empresa estão sempre subordinados a um modo de pensar e à excelência dos profissionais. Se isso não for tido em conta, e se aumentar a sistematização, acentua-se a queda e a empresa entra na rotina.

A rotina

A rotina, como o próprio nome indica, é uma fase de repetição da qual se encontram afastados todos os processos criativos. A primazia é conferida aos processos e a empresa torna-se semelhante a uma máquina burocrática. Tudo é processo. Daí que, nesta fase empresarial, não se assiste apenas à saída dos "supercolaboradores", uma vez que qualquer colaborador acima da média também abandona a empresa.

Nesta altura, apenas ficam na empresa aqueles que não estão motivados, não desejam responsabilidades acrescidas e não estão comprometidos com os seus resultados. São colaboradores completamente alheios a qualquer tipo de inovação e criatividade.

Numa empresa que entrou na rotina, os clientes e a proposta de valor tornam-se irrelevantes.

No meu caso, que me dedico à investigação e ao diagnóstico empresarial, a experiência confirma que, nesta fase, se encontram muitas empresas da segunda e terceira gerações. Ou seja, empresas que continuam presas ao passado, a repetir fórmulas que resultaram de modo brilhante em tempos idos, mas não estão adequadas às circunstâncias atuais. A análise do mercado e mesmo os interesses dos clientes tornaram-se secundários para os responsáveis destas empresas e a focalização foi colocada nos sistemas.

Um fenómeno curioso desta fase é que a frustração ou mesmo a revolta sentidas na empresa no período do outono deixam de se notar, o que é muito mais grave. O que se adivinha é que os colaboradores que permaneceram nestas empresas já não se importam. A complacência é uma realidade!

> O que carateriza a rotina é a ausência do desejo de correr riscos. Não há impulso criativo por parte dos gestores e os membros que ansiavam por um trabalho estimulante já saíram da empresa.

Na rotina, a empresa encontra-se agonizante, mas apesar desta anunciada caminhada para a morte pode demorar a reconhecer-se esta fase, uma vez que a empresa pode revelar um rosto de sucesso. Este fenómeno é possível quando os negócios têm monopólios ou estão numa posição de liderança no mercado.

Ou quando existem balanços muito positivos, dinheiro ou ativos que as suportam.

Apesar da caracterização negativa e da morte anunciada, há possibilidade de uma empresa na rotina vir a rejuvenescer empresarialmente e revelar-se um projeto de sucesso.

Se uma empresa com uma visão diferente do mundo dos negócios adquirir uma empresa deste tipo, restruturar a sua cultura interna e apresentar uma nova proposta de valor ao mercado, poderemos estar perante um negócio extremamente interessante e uma empresa renascida. Alerto para o facto de a recuperação deste tipo de empresa implicar a reinvenção do negócio, que passa pela sua restruturação a todos os níveis.

A morte

O desaparecimento de uma empresa dá-se por vários motivos: porque se esgotam os recursos que a sustentavam, porque tecnologicamente deixa de fazer sentido ou porque deixa de ter espaço no mercado.

Normalmente, a passagem da rotina à morte tem lugar porque a preocupação com os processos, ou seja, a cultura burocrática, asfixia a criatividade e é impossível a organização manter-se viva.

Quando a morte está iminente resta apenas a solução de vender a empresa. Neste tipo de negócio só se consegue obter normalmente o valor dos ativos ou a empresa acaba por entrar em insolvência.

Por fim mais alguns ensinamentos relacionados com o ciclo de vida:

- O crescimento das empresas exige alguma ousadia e firmeza de par com análise e planeamento por parte dos gestores;
- O medo bloqueia o crescimento do negócio.

No meu trabalho de proximidade e cumplicidade com alguns executivos, deparo-me com a ansiedade que impede ou adia a tomada de decisões inevitáveis para o progresso do negócio.

> Quanto mais impacto positivo uma decisão tem na empresa, maior é o medo. Medo de estar enganado, medo das consequências no futuro próximo e, ainda, medo dos problemas que daí resultem a médio prazo.

Aquilo que temos de ter presente é que as crises são uma realidade, tanto na vida como nas empresas, e só elas conduzem a uma etapa de desenvolvimento superior. Uma empresa que nunca tenha passado por uma crise não é um organismo vivo.

Todas as decisões que, na história de uma empresa, resultam no seu crescimento, mais à frente degenerarão numa crise. A resolução desta crise irá conduzir a empresa a um nível superior. Por isso se fala de um ciclo de crescimento, como no universo: a expansão é sempre seguida de uma recessão e vice-versa.

Buckminster Fuller[3], um arquiteto visionário que criou propostas para que a vida no planeta Terra fosse inteiramente autossustentada, um homem que constitui uma das maiores referências na minha vida, tinha uma teoria do desenvolvimento do conhecimento em patamares. Segundo este pensador, os patamares eram pontuados por crises. As crises servem sempre para uma aprendizagem. São crises de crescimento. Depois de uma crise o ser estabiliza no nível seguinte e só consegue superá-lo após viver outro tipo de crise. É assim que crescemos na vida e é assim que cresce uma empresa.

3. NA. Chamado de Bucky foi um visionário, *designer*, arquiteto, inventor e escritor norte-americano.

Esquema inicial dos patamares das crises

Impedir as crises é sinónimo de impedir o crescimento do negócio. Uma decisão permite avançar para o estado seguinte. Quando o seu alcance se esgota, surge um momento crítico. Nesse momento, é imprescindível uma ou várias tomadas de decisão que nos conduzem ao patamar seguinte.

5. **Esquema Inicial dos Patamares das Crises**

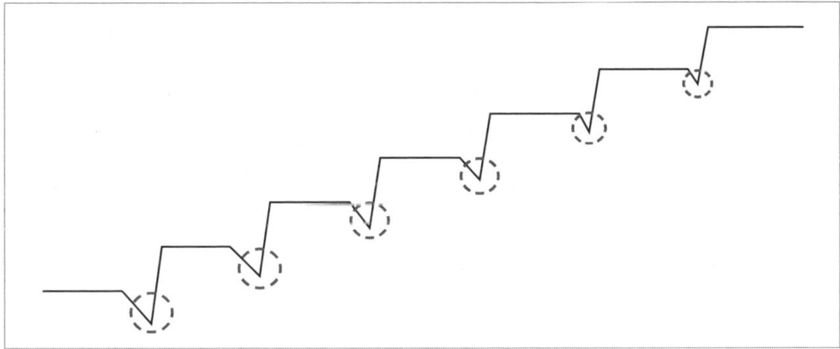

Fonte: Autor

Keith Cunningham[4], outro dos meus grandes mentores, lembrava-me de que o grande problema das pessoas é ansiar por uma vida sem problemas. O nosso desafio é ter problemas cada vez mais sofisticados. A grande ameaça surge quando temos sempre o mesmo problema ano após ano e entramos em crise pelos mesmos motivos.

Os desafios são normais, mas é importante dominar o ciclo de vida do negócio para reconhecer quais os desafios específicos de uma determinada fase. Como nos ensina um ditado carioca: "Se não estamos a falhar é porque não nos estamos a esforçar o suficiente."

O problema surge quando não foi feito um diagnóstico que permita aos gestores terem a noção perfeita da fase do ciclo de vida em que este se encontra e responder aos desafios prováveis.

4. NA. Orador e autor norte-americano.

Outro problema, ainda mais grave, surge quando a empresa se encontra perante desafios que não correspondem à fase do negócio em que supostamente está. Estes são os desafios anormais.

> Os desafios anormais exigem uma revisão do percurso do negócio para ver se não houve um erro de diagnóstico.

Se não for esse o problema é preciso enfrentar a questão com muita seriedade, ou tentar rastrear o fenómeno para reconhecer o que aconteceu, e ver se não se trata de uma ameaça que conduza o negócio ao desaparecimento.

Há ainda desafios que são ameaçadores, ou seja, independentemente de serem normais ou anormais podem pôr em causa a sobrevivência da empresa, há que ter atenção redobrada.

Lembro-me de ler na Internet, aqui há muitos anos, um artigo cujo título, numa tradução livre, seria qualquer coisa como "Porque não comemos pássaros dodó no Natal". A reflexão aparecia na sequência de uma intervenção de Andy Grove, o CEO da Intel, e que se tornou famosa e cujo título era *Só os Paranoicos Sobrevivem*. Explicava o presidente da empresa americana que, no mundo atual e à velocidade que as coisas mudam na economia de hoje em dia, só quem estava terrivelmente atento à mudança e respondia a todos os desafios do mercado teria alguma hipótese de prosperar.

Este artigo explicava que estes pássaros, uma espécie de pombos grandes, que viviam na Ilha da Páscoa, eram amistosos, por não conhecerem predadores, e aproximavam-se das pessoas quando as viam. Quando os portugueses chegaram à ilha e viram aqueles passarões aproximarem-se amistosamente, não é preciso pensar muito para perceber que rapidamente os extinguiram.

O artigo explicava que no caso dos perus bravos o cenário é totalmente diferente. Porquê? Porque o peru bravo é um animal que vive em pânico. Não só deteta uma ameaça bem ao longe, como tem a capacidade de fugir, quer voando quer correndo, extremamente rápido e por entre as árvores. São, por isso, terrivelmente difíceis de caçar.

A conclusão, orientada para o mundo dos negócios, era muito simples. As empresas que não prestam atenção às ameaças, ou que as encaram com negligência e descuido, não vão cá estar muito tempo. Pelo contrário, as que se encontram atentas e que dão atenção ao impacto que todos os desafios poderão vir a ter no futuro são as que têm capacidade de responder ao que se vai passando e, consequentemente, adaptar-se otimizando as possibilidades de serem bem-sucedidas.

> Qualquer desafio empresarial, se não for tido em conta, pode tornar-se ameaçador. Contudo, os desafios previstos e atempadamente resolvidos conduzem ao sucesso e ao desenvolvimento.

O medo surge aqui como o fator positivo, muito eficaz na sobrevivência empresarial. Das espécies desaparecidas na natureza, muitas foram vítimas de alterações do ambiente às quais não conseguiram adaptar-se, mas outras desapareceram por não reagirem atempadamente às ameaças do meio envolvente. Se tivessem estado atentas, estariam vivas em vez de aparecerem nos livros de arqueologia, como mera curiosidade. Não desejamos este fim para as nossas empresas.

Em conclusão, o sucesso depende sempre da noção de onde a empresa se encontra no ciclo de vida e da capacidade que tem para reconhecer os desafios normais e distingui-los dos anormais e dos ameaçadores.

O desafio seguinte que vamos analisar são os conceitos de visão e missão.

Propostas de reflexão

1. Identifique a fase em que a sua empresa se encontra no ciclo de vida.
2. Que tipo de desafios tem tido? São normais, anormais ou ameaçadores perante a fase que antes identificou?
3. Está a identificar os verdadeiros desafios ou apenas sintomas de aspetos que têm origem a montante?

Desafio 3

Que empresa é a sua, e para onde vai?

De alguns anos a esta parte, habituei-me a olhar para a vida como se se tratasse de um *self-service* ou pronto a comer.

Neste tipo de estabelecimento, encontramos um balcão onde nos deparamos com diversas opções: vários pratos, diferentes sobremesas, múltiplas bebidas, distintas saladas, entre outras opções. E, normalmente, as pessoas alinham-se com os tabuleiros, ao longo do balcão. Quando o *self-service* se distingue da mediania, ou seja, quando a sua qualidade é superior, invariavelmente há uma fila. Esta "metáfora" transmite-nos várias lições que passo a explicar.

6. **A Filosofia do Restaurante *Self-Service***

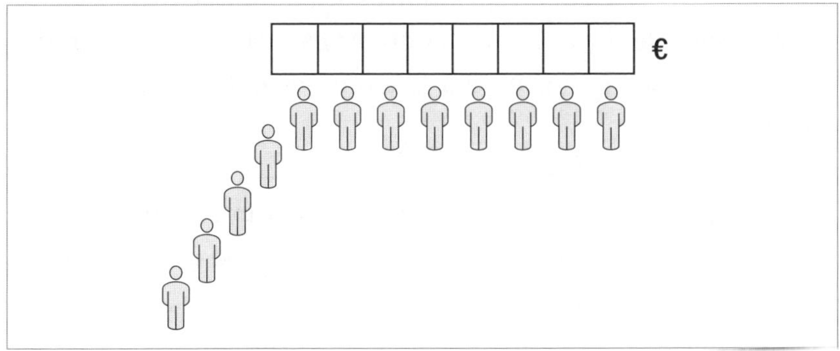

Fonte: Autor

A primeira lição a retirar deste momento inicial é que quanto melhor for a qualidade do restaurante, maior será a fila.

Como no restaurante *self-service*, também na vida, quanto maior for a nossa expetativa de recompensa, maior será a espera. Não podemos contar com uma recompensa grande sem a paciência e a determinação para esperar.

Se pensarmos um pouco nos profissionais de excelência, poderemos concluir que o melhor do mundo numa determinada área começou provavelmente por ser o pior nessa área. Mas esse talento inexplorado não se deixou abater pela inépcia ou fracasso inicial. Pelo contrário, tentou uma segunda vez, e depois outra e mais outra, até alcançar a excelência. Isto é o que se designa por resiliência, uma das qualidades determinantes daqueles que são considerados dotados de inteligência emocional.

Ninguém imagina que um jogador da excelência de Cristiano Ronaldo, quando pisou um relvado pela primeira vez, começou logo a jogar extraordinariamente. É claro que, se nos dermos ao trabalho de conhecer a sua biografia, vamos encontrar o testemunho da mãe a confirmar que o filho (desde que ela se lembra) passava o tempo que podia a treinar. De acordo com o seu testemunho, já nos primeiros anos de escola, chegava a casa, pegava num iogurte e na bola e só regressava à noite. Depois de regressar, segundo os lamentos dos vizinhos, passava grande parte da noite a dar pontapés contra as paredes, o que os desesperava. Mas ele dizia que tinha de treinar para ser um "grande jogador". Foi longa e penosa a fila, em que entrou em criança e nunca desistiu.

Todas as filas nas quais achamos que vale a pena entrar são filas em que vale a pena e faz sentido esperar. A primeira ideia que retiramos do pronto a comer surge-nos sob a forma de um imperativo: entra na fila!

Muitos deixam passar a vida inteira e não entram em fila nenhuma. Encontram sempre desculpas: "Isto não é para mim!" ou "Quando lá chegar pode já não haver comida!"

> A nossa mente é engenhosa em arranjar álibis para não se submeter às filas da vida. Mas se estamos perante um resultado que queremos, devemos colocar-nos na fila.

Escusado será dizer que quanto melhor for a recompensa, maior será o tamanho da fila. Aqueles que estão a comer hoje estiveram também no último lugar da fila. É claro que quem chega mais cedo pode começar a comer primeiro, mas também são aqueles que arriscam, pois nesse dia a comida pode até nem estar muito boa.

A segunda regra que o pronto a comer nos ensina é: "Fica na fila!", pois há pessoas que esperam um pouco e depois desistem. Aplicada à situação do negócio, é frequente escutarmos: "Estou nisto há três meses e ainda não vendi nada!" Por norma, estas pessoas logo que saem da fila vão entrar noutra fila qualquer da qual vão sair antes do tempo.

7. **Fica na Fila, a Segunda Regra da Filosofia do Restaurante *Self-Service***

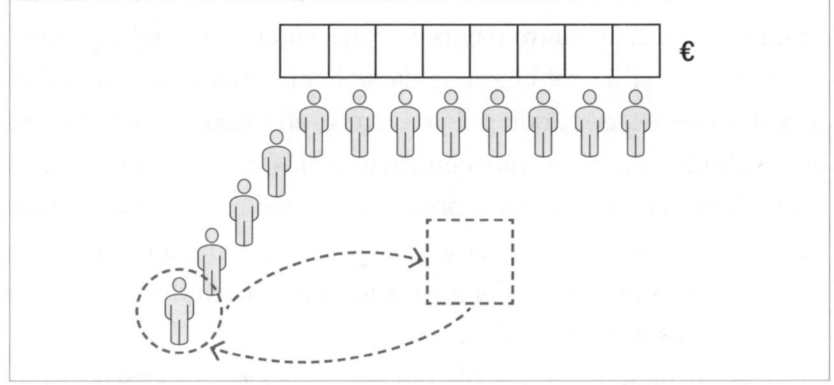

Fonte: Autor

Se olharmos à nossa volta encontramos quem nunca esperou pela sua vez. Trata-se de um padrão mental. Há quem passe a vida a entrar e a sair de filas sem nunca conseguir "alimentar-se". Não podemos dizer que alguém com este comportamento é destituído de inteligência, ou que lhe faltam qualidades como profissional. Pode ser alguém com muitas competências! Apenas é um indivíduo que possui uma filosofia de vida que não o ajuda a ser bem-sucedido.

Qualquer camponês sabe que se colocar na terra uma semente tem de esperar para que a planta rebente. O fenómeno não é imediato: semeia, cuida e só colhe muitos meses depois.

> Há uma sequência e uma temporalidade que têm de ser respeitadas.

O terceiro ensinamento do pronto a comer pode traduzir-se na fórmula: "Escolhe só aquilo que te convém!" Ou seja, apesar da diversidade irresistível que é apresentada num *buffet* de qualidade, é preciso resistir. Para quem gosta de comer, os *buffets* são altamente instigadores da quantidade e da falta de qualidade, devido ao facto de termos uma miríade de pratos à disposição. Não temos de comer só porque está disponível e se paga o mesmo.

A quarta e última regra ensina-nos que: "Na vida, como no pronto a comer, primeiro pagas e depois comes!" Ou seja, primeiro faz-se, trabalha-se, cuida-se da semente e só depois usufruímos dos efeitos. Segundo a lei da causa-efeito, não podemos ter os resultados antes de nos centrarmos nas causas e cuidarmos delas. Se não podemos ter o prato feito e depois seguir a receita, ou usufruir do calor da lareira sem ir buscar a lenha e acender o fogo, também nos nossos negócios há muito para fazer antes de desfrutarmos dos resultados.

Os ensinamentos do restaurante *self-service* mostram-nos como é fundamental sabermos como imaginamos a nossa empresa quando estiver completamente preparada.

Visão

Apesar de muitos empresários iniciarem as suas empresas sem um projeto à vista, esta é uma ideia muito fácil de entender e é recorrente na vida quotidiana.

Pensemos no seguinte exemplo: se chamarmos um táxi, temos de dizer com precisão o nome da rua, o número da porta, etc., para que este nos possa conduzir até lá. Se fornecermos estes dados ao motorista, a probabilidade de que nos leve lá é muito elevada.

Se não dissermos para onde desejamos ir, o que poderá fazer será andar à deriva até que o mandemos parar. O nosso cérebro é como um motorista: ele tem de saber onde queremos chegar para nos conduzir ao destino.

O problema é que muitas vezes não estamos a dizer ao cérebro onde queremos ir. O mesmo acontece quando pensamos ir de férias. Normalmente, com muito tempo de antecedência planeamos as férias e, antes de partir, sabemos onde desejamos ir, onde queremos ficar alojados, os restaurantes que gostaríamos de experimentar ou as atividades que desejamos fazer. O mesmo se passa se pensamos dar uma festa ou um simples jantar.

Se investimos uma soma considerável de tempo a preparar este tipo de eventos, não se entende como poderemos deixar de fazer isto com as nossas empresas, cujo sucesso (ou insucesso) tem um impacto considerável nas nossas vidas.

Na minha experiência a colaborar com gestores e empresários, vejo com perplexidade que, na maior parte das empresas que visito, os responsáveis não sabem dizer como pensam que será a empresa dali a dez anos. Se não sabemos como queremos que seja, como é que o nosso cérebro nos vai conduzir até lá?

É decisivo saber para onde vamos. Isto não significa que não haja sempre a salvaguarda de que podemos mudar de ideias pelo caminho.

Podemos perceber que, entretanto, há tendências diferentes do mercado e replanear. Ainda assim, temos uma direção que nos faz progredir, mas a maior parte das empresas não tem isso. Um elevado número vive o dia a dia sem qualquer plano.

Habitualmente, deparo-me com alguma definição de objetivos no crescimento das vendas. Porém, é na maioria dos casos um cálculo de crescimento percentual para um ano. Do tipo: "Face aos resultados do ano passado, queremos crescer dez por cento nas vendas, este ano." Como sabemos, um ano é muito pouco para o planeamento estratégico.

Se só tivermos em conta o imediato, podemos estar a prejudicar-nos no longo prazo. Como ensina Stephen Covey[5], em *Os Sete Hábitos das Pessoas Altamente Eficazes*: "Para cortar o mato que está à minha frente posso estar a perder a noção da floresta." Numa empresa, um ano mal conduzido pode resultar num prejuízo com um impacto nos dez anos seguintes, ou mais. Um empresário tem de se enfocar no futuro a longo prazo e não descurar a análise da concorrência e das estratégias de mercado, entre outros fatores. É neste âmbito que reconhecemos o papel crítico do perfil empreendedor, do qual falámos anteriormente, que se encontra focado no futuro.

A base de todo o planeamento estratégico empresarial consiste em ter uma imagem global da empresa no seu momento de plenitude. Ou seja, no momento de formação da empresa deve ter-se o resultado do projeto em mente. Este é um dos princípios básicos do sucesso, que é traduzido por Stephen Covey na fórmula:

"Não se deve começar nada sem saber como vai acabar!"

Isto é absolutamente óbvio. Em qualquer trabalho de arquitetura, nenhuma pedra é lançada sem saber exatamente como será o resultado quando o edifício estiver pronto. E com total pormenor! Há um planeamento prévio e, extremamente importante,

---

5. NA. Escritor norte-americano, autor do *best-seller Os Sete Hábitos das Pessoas Altamente Eficazes*, publicado pela primeira vez em 1989.

esse desenho final do projeto fica escrito. Ninguém começa a fazer um edifício sem o plano registado da obra. É impensável! Ninguém começa um edifício por ir fazendo, fazendo... Mas existem empresas que começam assim.

Em síntese, todas as realizações começam com um fim em mente. Não é possível realizar nada sólido, sustentado, por acaso. É decisivo, nas nossas empresas, sabermos o que vamos fazer. E estas decisões básicas do planeamento estratégico não estão a ser implementadas na maior parte das PME.

Decisões básicas do planeamento estratégico:

A primeira decisão básica do planeamento estratégico consiste em ter uma visão para o projeto empresarial. A maior parte das empresas não tem essa visão. O proprietário do capital não define, *a priori*, que empresa vai ser aquela no longo prazo. Chamo aqui a atenção para o facto de ser muito importante perceber que a visão de uma empresa não se deve confundir com os seus objetivos.

A visão de uma empresa é qualquer coisa que sobrevive às várias gerações que podem vir a gerir aquele negócio. Podemos considerar a visão como um caminho, uma direção que se mantém mesmo após três ou quatro gerações. É algo do qual nunca se poderá dizer: "Está terminado!" Normalmente, a visão pode traduzir-se num parágrafo simples. Por exemplo, na Paulo de Vilhena *Business Excelerators*, é esta a visão: "Otimização da *performance* humana para os melhores resultados empresariais." Propomo-nos ajudar todos os clientes a melhorar os resultados empresariais: venda, lucro e fluxo de caixa. Alcançar este resultado não é algo que se esgote num tempo determinado. Esta é uma tarefa que não tem um fim à vista.

Ter visão é uma obra tão criativa como fazer castelos no ar. O nosso dia a dia, como empresários, consiste em contruir fundações para esses castelos. A visão de uma empresa traduz o seu futuro de uma forma abrangente.

Em 2009, conheci, na Austrália, John McGrath[6]. Este senhor era o maior mediador imobiliário nesse país. Privar com ele durante um curto período alterou o curso da minha vida, pela filosofia de vida que defendia e que partilhou comigo. Houve uma frase que me repetiu várias vezes, que hoje considero genial, embora no momento não tenha tido grande impacto:

> "O gargalo está no cimo da garrafa."

O gargalo é, segundo o John, a nossa cabeça. A única coisa que nos pode estrangular, como o gargalo nas garrafas, são os nossos pensamentos. É a nossa mente que nos bloqueia. Cada um de nós tem os seus álibis, os seus porquês, que nos bloqueiam.

Missão

Em segundo lugar devemos ter muito clara qual é a missão da empresa. A missão é algo um pouco mais extenso do que a visão. Podendo exigir até uns três ou quatro parágrafos de redação. A missão da empresa deve traduzir o caminho que acreditamos que nos vai ajudar a cumprir a visão.

A nossa missão na Paulo de Vilhena *Business Excelerators* explica que a visão é alcançada através de sistemas que reduzem o vazio entre os líderes da empresa e a execução consistente dos seus colaboradores. Colaboradores que depois treinamos na execução dessas mesmas ideias. Ou seja, a missão, de uma forma abrangente, explica qual é o caminho que acreditamos que é necessário para atingir a visão.

É crítico ter a visão e a missão, mas ainda é mais fundamental que as pessoas dentro da empresa as conheçam. Já passei

6. NA. Empreendedor australiano muito famoso no setor imobiliário.

por algumas empresas em que o dono tinha a visão e a missão estabelecidas, mas os colaboradores não as tinham presentes no seu dia a dia.

A visão e a missão são os conceitos que norteiam o comportamento de todos os colaboradores da empresa. Daí terem de ser comunicadas de forma consistente, até todos estarem envolvidos nesse espírito.

Não fazer este trabalho é o mesmo que esperar que toda a nossa equipa percorra um caminho sem lhes dizermos qual é. É muito complicado exigir que as pessoas façam um percurso sem que saibam para onde estão a ser conduzidas.

> Para motivar as pessoas, mobilizá-las em torno do projeto, é crítico que se sintam envolvidas na visão e na missão. Só assim poderão abraçar o projeto e dar o seu melhor.

Um ponto interessante é ter em atenção o processo de criação e estabelecimento da visão e da missão. Não há uma resposta única para esta questão. Houve uma altura em que considerava, sem hesitações, que esta era uma responsabilidade do líder da empresa. Até hoje, já conheci de perto diversas empresas de sucesso em que estes fatores foram construídos pelos colaboradores.

No livro de gestão de Jim Collins[7], *De Bom a Excelente*, todas as empresas que eram boas e passaram a ser consideradas excelentes, na sua avaliação, seguiram o processo de, em determinada altura, recrutar as pessoas certas e depois serem estas a planear o futuro da empresa. Muitas vezes surgem ideias brilhantes que têm origem nos colaboradores. Até porque um grupo encontra o caminho mais facilmente do que uma só pessoa. Numa PME, nem sempre há dinheiro para, na fase inicial, se contratar pessoas qualificadas para tomarem decisões estratégicas importantes.

7. NA. Investigador sobre comportamento de grandes empresas, formador de líderes empresariais, orador e autor de vários artigos e livros sobre gestão.

Daí ficar nas mãos do empresário a formulação inicial da visão e da missão.

No que me diz respeito, talvez pelo meu perfil comportamental, defendo a ideia de que o líder tem de ir à frente e assegurar-se de que os outros o seguem. O líder nunca se pode demitir das suas responsabilidades. Compete-lhe abrir o caminho, mesmo que haja um grupo que possa ajudar a construir a visão e a missão.

Objetivos

Só depois da missão estabelecida temos condições de começar a definir metas e objetivos. As metas e os objetivos já são algo muito concreto. A visão e a missão mantêm-se, mas os objetivos são passos no caminho da concretização da visão. Para podermos afirmar que estamos perante um objetivo, este precisa de ter três características:

a) A primeira é a mensurabilidade. Um objetivo tem de ser mensurável. Para estarmos perante um objetivo, temos de saber quando o atingimos. Por exemplo, "aumentar as vendas", "ser rico" ou "ser magro" não são objetivos, são ideias. Só se tornam objetivos se as afirmações forem: "Aumentar as vendas para 15 milhões", "ter 5 milhões na conta bancária" ou "pesar 70 kg". Temos de associar o que pretendemos a um número crítico, para sabermos quando o objetivo foi alcançado.

b) A segunda característica de um objetivo consiste em atribuir-lhe um prazo. Este tem de estar enquadrado no tempo. Não se trata de aumentar as vendas para 15 milhões, há que acrescentar o fator temporal: "15 milhões até ao final do próximo ano", "5 milhões até agosto" ou "70 kg até ao Natal".

c) A terceira característica que nos permite reconhecer um objetivo prende-se com o facto de este ter de ser inegociável. Se não for inegociável, não é um objetivo, mas sim um desejo. A formulação de um desejo é: "Gostava de ter uma bicicleta vermelha no Natal." Uma formulação deste tipo deixa a sua concretização ao desígnio do universo, da divindade ou mesmo dos outros (um pai, um amigo, ...). Um objetivo formula-se do seguinte modo: "Vou ter uma bicicleta vermelha no Natal." É inegociável!

Na minha vida tive dois momentos que me permitiram perceber o que queria dizer inegociabilidade.

No primeiro, era o responsável pela equipa comercial de um banco. Recordo-me que foi em 1999, porque a minha filha tinha acabado de nascer. Estava numa reunião com os meus colegas, na qual a direção, mais precisamente o diretor de *marketing*, disse que ia lançar uma campanha. Tinha estado a medir a nossa taxa de conversão de reuniões para clientes fechados, e o valor médio dc cada conta que abríamos. Com a campanha que pretendia lançar, projetava que iríamos conseguir um número x de reuniões; aplicada a taxa de conversão e o valor médio, ele defendia que devíamos conseguir para o banco, nos três meses seguintes, um valor que para nós se afigurava uma exorbitância. Este número era três ou quatro vezes mais do que normalmente conseguiríamos. Com a perplexidade do valor e o atrevimento da juventude, deixei escapar: "Você é louco!"

Nesse momento, o diretor olhou para mim e respondeu: "Ouça, se a vida da sua filha dependesse de alcançarmos este objetivo, eu continuava a ser louco?" E fiquei em silêncio, a pensar. Não há resposta para uma coisa destas. Naquela altura, eu entendi o conceito de inegociabilidade. A vida da minha filha é inegociável. Com uma questão apenas, este homem desmontou todas as minhas desculpas, todos os meus álibis, para não fazer o que era possível ser feito.

De repente, o objetivo revelou-se fácil. Pareceu-me, até, que não precisava de equipa, percebi que poderia cumprir essa tarefa sozinho e os resultados iam aparecer. Este homem, com a sua questão, fez-me refletir sobre a minha maldita zona de conforto. Como atleta de alta competição, sempre gostei de desafios e de fazer o que os outros não eram capazes. Ser o melhor foi algo que sempre me motivou: subir na carreira ou ganhar mais dinheiro seduzia-me.

Mas, mesmo com este perfil comportamental, preferi descartar de imediato aquele desafio tão elevado. E reagi como é comum: considerar que os outros, os visionários, é que são loucos. Estava a fazer o que faz a maioria dos seres humanos: a defender a minha zona de conforto. Este comportamento faz parte da natureza humana – as pessoas preferem viver mal no ambiente ao qual estão habituadas do que viver muito melhor fora da sua zona de conforto.

Se esta primeira lição sobre inegociabilidade não chegasse, algum tempo depois surgiria uma outra lição. Uns anos mais tarde, estava a fazer um curso com Keith Cunningham e sentia-me muito entusiasmado. Tínhamos estado a fazer o planeamento da atividade nessa tarde e eu percebia que estava a aprender imenso com ele. E o Keith, com a sabedoria no olhar, quando lhe estava a dizer que quando voltasse para Portugal ia dar o meu melhor, fez um sorriso e disse: "Não chega!"

Só disse isto... Eu nem queria acreditar! Devo ter aberto os olhos e pensado: "Ele não sabe com quem está a falar." Então perguntei: "Não chega, como?" Ao que ele respondeu repetindo: "O teu melhor não chega!" Isso fez-me parar e interrogá-lo acerca do que queria dizer.

E pôs-me a pensar com as seguintes palavras: "Paulo, se tu fores ter com alguém que não atingiu os seus objetivos e perguntares o que se passou, ele vai responder-te, invariavelmente, que deu o seu melhor." Foi este homem que me ensinou o verdadeiro sentido do termo "inegociável", que passou a ser para mim uma filosofia de vida.

> Um objetivo se não for inegociável não se vai realizar.

A seguir, Keith Cunningham prosseguiu com a lição, fez um risco num guardanapo e disse: "Nós na vida temos uma linha que é a linha do que é. A primeira coisa que nos compete fazer é termos a coragem de dizer a verdade sobre o que é", ou seja, devemos ter a coragem de enfrentar o que está a acontecer.

O que se passa é que a maioria vive em negação. Quando algo menos bom acontece, vamos elaborando uma interpretação sobre os factos que nos fazem sentir mais confortáveis. Passamos a vida a contar histórias sobre nós próprios que acalmam a nossa consciência e nos permitem viver melhor. Muitas das histórias que contamos acerca dos resultados das nossas empresas são álibis. Quando nos perguntam: "Porque é que não faturaste mais este ano?", de imediato, apresentamos uma lista de desculpas. O típico é: "Eu não quero que o meu negócio seja muito maior."

Além da linha do que é, Keith Cunningham apresentou-me a linha do que tem de ser.

8. **A Linha do que "Tem de Ser"**

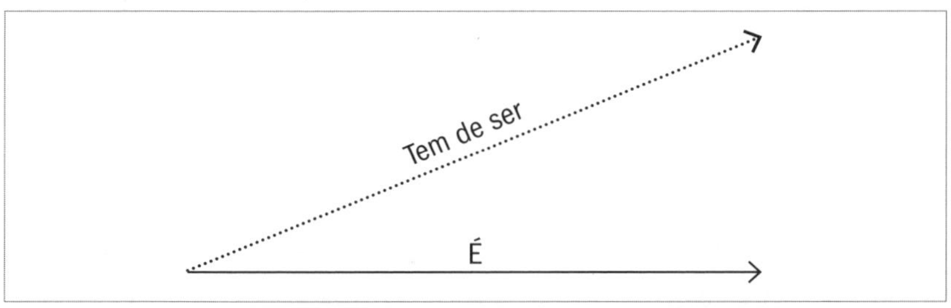

Fonte: Keith Cunningham

A linha do que tem de ser não é o que eu quero que seja, não é o que eu gostava que fosse. Esta é a linha do que é inegociável.

Segundo o que este homem sábio disse, aquilo que temos na vida é aquilo que consideramos inegociável. A nossa qualidade de vida depende do que é para nós inegociável. Na realidade, a vida às vezes dá-nos um bocadinho menos do que é inegociável. Gosto de acreditar que isto acontece para aprendermos uma lição.

9. **Passar do Que "É" Para o Que "Tem de Ser"**

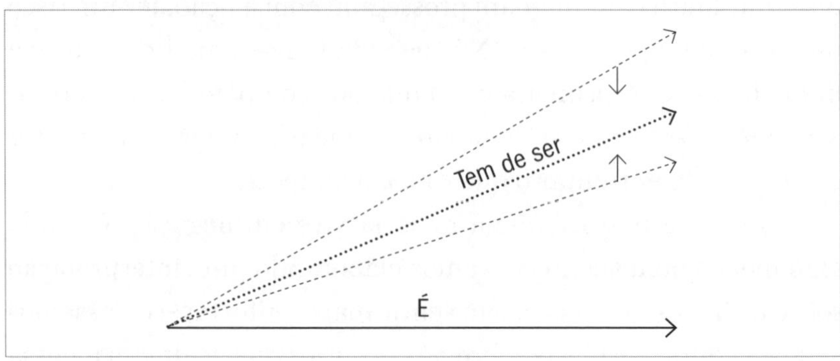

Fonte: Autor

Vou dar-vos um exemplo que tive oportunidade de viver de perto.

Em tempos dei um curso de três meses numa empresa internacional de cosméticos. No final do curso, ao jantar, fiquei sentado ao lado da presidente da empresa. Tratava-se de uma senhora de meia-idade, muito elegante.

Percebi que era uma mulher bem-sucedida e com um salário invejável. Durante a refeição, tive a oportunidade de manifestar a minha admiração pelo seu sucesso, pela sua carreira, pois apesar de ser uma mulher com três filhos e uma vida familiar, a empresa da qual era presidente batia todos os anos recordes de vendas. Ela sorriu e contou-me como tudo começou, o que me deixou encantado, pois sou fanático por histórias de sucesso. Esta senhora narrou que uma meia dúzia de anos antes tinha pedido dinheiro ao marido e ele perguntou: "Para quê?" Ela esclareceu que ele não tinha feito a pergunta com mau modo ou de forma mal-intencionada. O marido apenas se limitou a fazer uma pergunta distraída enquanto tirava a carteira do bolso para lhe dar o dinheiro. "Mas o facto de ele ter perguntado e eu ter de lhe responder – prosseguiu ela – teve um impacto brutal no meu interior." A situação de dependência económica em que se encontrava tornou-se, para ela, inegociável. Esta mulher relatou-me que, naquele momento, considerou a sua situação inaceitável! Recebeu os dez euros para comprar leite para os filhos e disse-me que, enquanto ia às compras, jurou a si própria que nunca mais ia ter de pedir dinheiro a ninguém.

A vida deu a esta senhora, neste momento, menos do que era inegociável. Isso fez com que ela fosse à procura de uma oportunidade, começando como vendedora de cosméticos, na rua. Vendia cosméticos nos cafés, por volta da uma da manhã, porque era quando as empregadas tinham tempo de se sentar um pouco à mesa e comprar um batom, um *blush*,... Enquanto isto acontecia, o seu marido ficava em casa a tomar conta dos filhos e achava que aquilo não era necessário porque ele ganhava bem. Mas ela sentia necessidade, por si própria, de ter autonomia económica. Daí foi subindo, ganhou prémios de vendas, foi reunindo informação, fez cursos e chegou a presidente da empresa. No momento em que a conheci, ganhava muito dinheiro. Muito mais do que o marido!

Somos muitas vezes confrontados com o que é para nós inegociável, em momentos de desespero. Momentos em que dizemos: "Isto nunca mais! Basta!"

Quando reconhecemos que temos menos do que é inegociável, por norma tomamos decisões para chegar outra vez ao nível do que é aceitável para nós, ou seja, voltamos à linha do que tem de ser.

Tendemos a viver com aquilo que é o mínimo aceitável. Mas, por vezes, a vida dá-nos um bocadinho mais e, nesse momento, muitos, inconscientemente, entram num período de autossabotagem e destroem tudo o que alcançaram. Por exemplo, uma pessoa habitou-se a gerir a sua conta bancária com um máximo de 1000-1500 euros. E um dia, por alguma razão, recebe dez mil euros. O que é que ela vai fazer? Como está habituada a gastar todo o dinheiro e ficar sempre a zero, pode pensar que precisa de férias, que devia fazer uns jantares com os amigos, que precisa de um automóvel novo a crédito (dando uma parte do dinheiro de entrada) e, em pouco tempo, vai voltar a zero ou fica endividada. Por isso é que, segundo as estatísticas, 90 por cento das pessoas que recebem heranças ou ganham o Euromilhões, passado pouco tempo, encontram-se numa situação idêntica (ou pior) do que aquela em que se encontravam antes.

A lição que tiramos daqui é que só há uma maneira de aumentar os resultados da nossa empresa: é elevar o que é para nós inegociável. Não se pode abrir a porta a álibis para um cenário alternativo. Trata-se de conseguir ou morrer a tentar.

É fundamental que estes objetivos estejam escritos. O que é escrito tem algo de mágico. É-nos apresentado como um compromisso. E, acrescento, quanto mais vezes se escrever, mais nos sentimos comprometidos. Escrever leva a condicionar o cérebro para obter aquele resultado.

> Por isso se diz que, numa empresa, as mensagens estratégicas têm de ser repetidas até à exaustão. A energia flui na direção da nossa atenção. Daí a importância da repetição e, ainda mais, da escrita.

A cultura da empresa

A cultura da empresa revela-se na forma como as pessoas se comportam no ambiente profissional, no espaço empresarial. Este é um dos fatores mais subavaliados pela maior parte dos empresários.

Há sempre um modo como os indivíduos agem no interior de qualquer empresa. A cultura é constituída pelos princípios e convenções sobre a forma como nos posicionamos naquele ambiente. Desta definição conclui-se que, mesmo não havendo consciência disso, todas as empresas têm uma cultura. No entanto, nem todas as culturas servem os interesses do empresário, ou os interesses da empresa.

Vejo a cultura da empresa como o seu *software*. O comportamento das pessoas naquele ambiente é o *software* humano da empresa. O que é curioso é que, quando os líderes empresariais não definem qual é a cultura e cuidam dela, esta estabelece-se por defeito.

> Uma das funções mais importantes do líder é sempre o desenho, a definição e a guarda da cultura da empresa.

Sendo mais específico: a cultura são as regras do jogo. Definir a cultura da nossa empresa é o mesmo que estabelecer as regras do jogo. A cultura, muitas vezes, passa por rituais, tais como fazer uma brincadeira de forma recorrente, tocar um sino quando se consegue uma venda, jantares... Há rituais que fazem com que a equipa fique unida.

Gosto, na linha de um amigo no qual me inspirei, de pensar em rituais como "ricoais". A lição é óbvia: são os rituais que nos tornam ricos.

Estes comportamentos que constituem a empresa são aquilo que une uma equipa em torno de um projeto ou de uma organização. No fundo, é aqui que se inscrevem as praxes. Apesar de termos de ter cuidados para não cair em excessos, há razões profundas e muito fortes, para a existência desta prática. Na nossa vida há sempre praxes, mais ou menos formais, para sermos aceites num grupo.

Os pontos de cultura de uma empresa ou as regras do jogo têm algo muito mais profundo: são os valores que queremos ver vividos na empresa. Esses valores têm de estar muito claros para todos na instituição. Por exemplo, nas minhas empresas, afixamos esses valores na parede e cada colaborador tem de escrevê-los no momento do planeamento trimestral. Não podemos admitir que a empresa não viva aqueles princípios ou valores.

Durante muitos anos, designei os pontos de cultura da empresa por valores. Mas hoje em dia, procuro associá-los diretamente a comportamentos.

Jack Welch[8] identifica a cultura da empresa com os tipos de comportamento que queremos que ali sejam vividos, sendo os seus opostos liminarmente inaceitáveis.

Devemos concluir que há comportamentos considerados certos e outros errados. Quem os define é o líder, o empresário. Quando muito, a equipa pode ser envolvida nessa definição. Mas, a partir do momento em que são estabelecidos aqueles comportamentos, são para ser vividos e guardados. Esses valores, e comportamentos que lhes correspondem, são para ser vividos na empresa. Eles são a sua base. Por isso, têm de ser claramente identificados.

Os pontos de cultura e os comportamentos de referência têm de ser a base para o recrutamento. Ou seja, deve recrutar-se pessoas que já são assim no dia a dia. Não é eficaz ir à procura de alguém que é diferente do que é procurado e depois acreditar que se pode mudar. A pessoa não tem de ser modificada. Ela até pode ser a pessoa certa para outra empresa, mas não para a nossa. Esse profissional pode ter um currículo brilhante, mas, em termos comportamentais, pode ser completamente inadequado para a nossa empresa.

Imaginemos que um dos pontos de cultura da empresa é a diversão. É o que acontece na Google, por exemplo, onde a diversão faz parte dos valores empresariais. A empresa quer um ambiente de trabalho divertido e acredita que assim o trabalho é mais eficaz. Podemos conhecer alguém com um currículo brilhante, mas que anda sempre mal-humorado, macambúzio, que nunca se ri e leva a mal que brinquem com ele. Das duas uma: ou o resto dos elementos o consegue modificar ou ele estraga

8. NA. Ex-CEO da General Electric. Este autor norte-americano hoje em dia dedica-se à consultoria para um grupo selecionado de CEO.

a cultura da empresa, pois já ninguém brinca com ele, porque vai reagir mal. Se o comportamento de diversão se altera por causa deste elemento, já estamos a desvirtuar a cultura da empresa.

Nas minhas empresas, a integridade é sempre um ponto de cultura. Ser íntegro é ser inteiro e, se fizermos algo que viola a nossa integridade, estamos a ir contra a nossa identidade empresarial. Por isso, estamos dispostos a perder dinheiro se isso comprometer a nossa integridade. Recusamos qualquer comportamento que não pudesse, no dia seguinte, aparecer na primeira página de um jornal.

> Aquilo que temos de ter muito claro é quais são os pontos de cultura que desejamos assumir para a nossa empresa.

Os valores são muito estáveis. Eles podem ser alterados se já não servem o que desejamos para a nossa organização, mas não é eficaz estar constantemente a mudá-los. As regras do jogo não podem ser modificadas a meio do jogo, como é do senso comum. Podem ser feitas afinações, mas não se pode estar constantemente a alterar estas regras. As equipas gostam de ter um rumo e sentir alguma estabilidade. Da minha experiência de intervenção nas empresas, recomendo o estabelecimento de seis a nove valores. Este número é uma mera indicação. Existem empresas com três ou quatro valores e outras com muitos mais. O que é importante para o estabelecimento da lista é que eles têm de ser conhecidos. Se os colaboradores da empresa não os conseguirem sequer enunciar, como é que é possível que funcionem?

Destes valores devem constar:

1. Dois ou três dos quais o empresário não abdique. São dois ou três comportamentos que o líder considere que defendem a sua posição;
2. Dois ou três escolhidos a pensar na equipa;
3. Dois ou três estabelecidos com o foco no mercado.

Se estes comportamentos são a base para o recrutamento, também são a base para o treino. É fundamental ensinar as pessoas a viver segundo estes princípios. São, ainda, a base para as dispensas. Mesmo que não viva os princípios da empresa, dificilmente pode enquadrar-se nesta. É importante que o líder lembre à sua equipa os pontos de cultura, mas também é importante que os colaboradores os discutam entre si. Nunca esquecer que os pontos de cultura e correlativas atitudes comportamentais são o *software* de uma empresa.

Depois de analisada a cultura, vamos passar no desafio seguinte para a estratégia da sua empresa.

Propostas de reflexão

1. Se a sua empresa fosse perfeita e tudo corresse como imagina, como seria daqui a 20 anos?
2. Qual seria o objetivo mais ousado que, a nível empresarial, se atreveria a definir?
3. Que empresa teria de ser e como se relacionaria com colaboradores, fornecedores e clientes para atingir o que acabou de imaginar nos dois pontos anteriores?
4. Na sequência do que acabou de responder, quais seriam os seus objetivos para os próximos um, três e cinco anos em termos de vendas, margens, dinheiro e número de colaboradores?
5. Entre seis e nove valores, quais os que gostaria que os seus colaboradores tivessem como claros e prioritários no seu dia a dia?

Desafio 4

Será que precisa de uma estratégia?

A PARTIR do momento em que desenhamos um plano, já sabemos para onde vai a nossa empresa. Mas planificar não basta. Esse plano deve ser reflexo de uma estratégia anteriormente estabelecida.

Sem uma estratégia adequada será muito difícil o negócio assegurar uma posição competitiva no mercado, que é o mesmo que dizer: será muito difícil conseguir concretizar o plano. E isto porque esta estratégia vai definir as principais opções a serem tomadas, no longo prazo, no sentido de materializar o crescimento.

> O plano reflete a estratégia, mas a estratégia definida é indispensável numa empresa, para assegurar o seu crescimento.

De modo simples, podemos dizer que, em estratégia empresarial, há três áreas com as quais temos de nos preocupar: o nicho, a concorrência e a proposta de valor.

Ter em conta apenas um aspeto, quando o nosso objetivo como empresários consiste em fazer crescer o negócio, não é suficiente. É preciso conhecer toda a cadeia de valor do negócio e desenhar uma forma de interagir com o mercado, que assegura a criação e a distribuição de valor a todos os envolvidos: clientes, colaboradores, fornecedores e detentores do capital. Se não for assim, será difícil conseguir uma evolução cuja rentabilidade se revele sustentável.

A história do mercado fornece-nos sempre alguns ensinamentos úteis relativamente a estes fenómenos. Observemos a ascensão das empresas japonesas no mercado, nos anos 70. Estas empresas representaram uma terrível ameaça para as congéneres ocidentais, sendo a sua posição competitiva assente num modelo de otimização operacional. A atitude concorrencial traduzia-se em produzir mais, mais depressa e com menos erros.

Muito rapidamente estas empresas assumiram uma liderança no mercado, porque a eficiência operacional permitiu-lhes reduzir significativamente os custos de produção, enquanto asseguravam produtos de qualidade extremamente elevada; o que se traduzia na apresentação ao mercado de produtos com preços menos elevados, conseguindo, ainda, margens superiores às das empresas do Ocidente. Mas esta eficiência operacional depressa foi replicada pelo resto do mundo e esta vantagem rapidamente deixou de existir.

Este ensinamento histórico mostra-nos que a estratégia empresarial deve ter em vista construir uma vantagem competitiva sustentada no tempo.

Esta vantagem passa por dar ao mercado ou o mesmo valor ou mais valor do que as empresas da concorrência, conseguindo um custo mais baixo. Alcançar este objetivo exige redesenhar a cadeia de valor, de forma a que o posicionamento estratégico da nossa empresa esteja protegido da fácil replicação.

A estratégia da empresa deve focar-se no que é distintivo na solução que apresenta ao mercado. Esta diferenciação consegue-se, pela liderança no custo, e/ou pela diferenciação do produto por comparação com as demais alternativas disponíveis no mercado. Pelo menos foi o que nos ensinou Michael Porter[9], o pai da estratégia empresarial.

Tratando-se de uma PME, será difícil manter a liderança dos custos, uma vez que será relativamente fácil surgir uma empresa concorrente de maiores dimensões que consiga praticar custos mais baixos. Provavelmente, neste caso, será sensato centrar a atenção na diferenciação do produto. A diferenciação não é algo que se restrinja ao produto, pois é um fenómeno que pode surgir em todas as fases e momentos da cadeia do negócio.

As empresas que se focam na diferenciação, trabalhando-a em todos os momentos do processo, poderão conseguir uma maior rentabilidade (menos custos e margens mais elevadas) e, acima de tudo, a lealdade absoluta dos clientes que fazem parte do seu nicho de mercado. Isso traduzir-se-á numa vantagem competitiva sustentável no longo prazo.

10. **Estratégia e Crescimento**

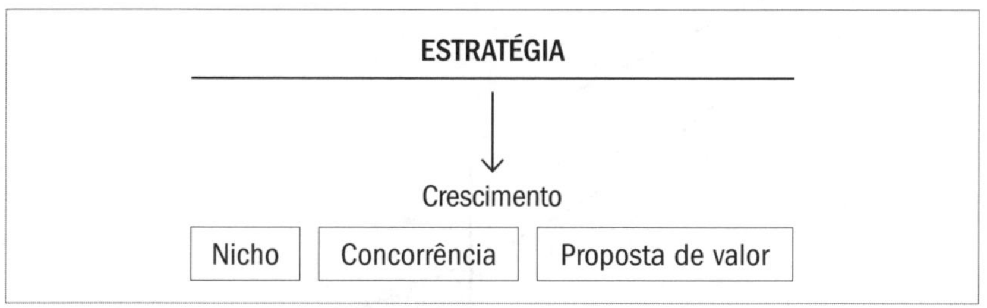

Fonte: Autor

Nicho

Como acabámos de ver, da estratégia fazem parte o nicho, a concorrência e a nossa proposta de valor. A primeira área com a qual temos de nos preocupar consiste na definição de um nicho.

Podemos definir o nicho como a parte do mercado que se interessa por aquilo que vendemos. Tradicionalmente, nos cursos de gestão, era habitual distinguir-se entre o mercado total,

9. NA. Professor da Harvard Business School, nas áreas de Gestão e Economia. É autor de diversos livros sobre estratégias de competitividade.

o segmento de mercado e o nicho. Hoje, a palavra segmento caiu em desuso e, normalmente, recorre-se somente aos termos mercado e nicho. Sendo que há nichos maiores e nichos mais pequenos.

No que respeita aos nichos de mercado, a economia alterou-se radicalmente nos últimos anos. Isto aconteceu devido à introdução das novas tecnologias, nomeadamente a Internet, os aparelhos móveis (como *tablets* e *smartphones*) e a TV por cabo.

A economia tradicional era uma economia de massas. Numa economia de massas tínhamos produtos que eram *best-sellers* e outros que vendiam muitíssimo. Porém, abaixo de um determinado número de vendas, deixava de ser rentável, de fazer sentido, produzir aquele produto. Então, a curva da economia de massas era do tipo visível, como na figura que se segue.

11. **Economia de Massas e Economia de Nichos**

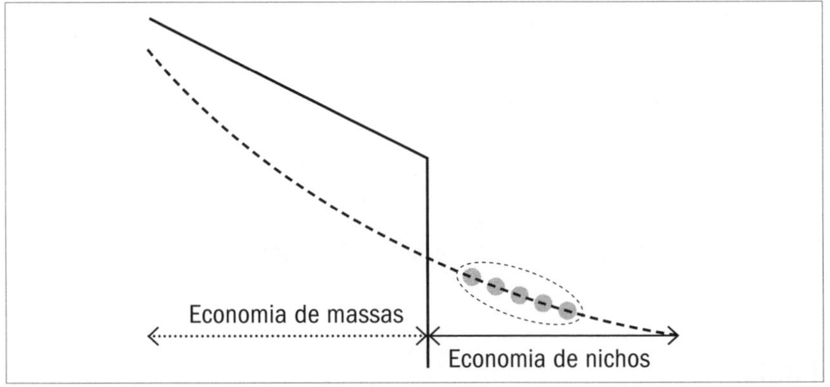

Fonte: Autor

Nesta economia os custos de produção eram muito maiores do que são hoje, os custos de distribuição também e os custos de comunicação eram elevadíssimos. Devido a estes fatores, a partir de um determinado volume de vendas não fazia sentido produzir.

Para recorrermos a alguns exemplos concretos, vamos considerar o que se passou na área da música. A música mais vendida da história é *Thriller*, de Michael Jackson, que é de 1982. Era um tempo em que havia menos pessoas e menos dinheiro, muito menos circulação de informação e mesmo assim a música mais vendida da história é dos anos 80. *A priori*, isto não faz sentido nenhum. Outro exemplo é o álbum *Dark Side of the Moon* dos Pink Floyd, lançado em 1 de março de 1973.

Antigamente, para se gravar um disco, tinha de se justificar a venda de uma quantidade muito grande, pois o objeto era produzido fisicamente. Ou seja, a produção tinha custos elevados. Após a produção, o material tinha de ser transportado até às lojas de música (de barco, de camião,...) e isso também tinha o seu custo. A loja que vendia os discos tinha de ficar com uma margem, o que era mais um custo a acrescentar aos anteriores. Além de que o *stock* que estava imobilizado durante meses também representava gastos.

Hoje, qualquer banda de garagem grava uma demo no seu espaço, faz um *upload* no iTunes e começa a vender. Nos nossos dias, podemos pôr à venda a música que gravamos com os nossos amigos. E é economicamente viável vender apenas uma unidade.

No mercado editorial, a situação era idêntica. As editoras precisavam, antes de mais, de ser convencidas a ler um manuscrito e depois publicá-lo. Só o faziam se estivessem seguras de que venderiam milhares de unidades. Se assim não fosse, não se justificava o investimento. Hoje, basta colocar uma capa à venda no blogue e pode fazer-se a primeira unidade numa gráfica ou numa impressora a laser, quando alguém o comprou através do cartão de crédito. Também este produto sai economicamente viável.

Os custos de produção, distribuição e comunicação faziam com que, a partir de um determinado volume de unidades, não houvesse incentivo para continuar a produzir. A consequência é que existiam muito menos opções disponíveis.

A televisão é outro exemplo que acompanha os novos tempos. Antes do cabo, chegou a existir apenas um canal, depois dois, depois três, até chegarmos a quatro canais. Os programas, ou tinham audiências elevadíssimas ou não fazia sentido continuar a produzir. Hoje, produtos com muito menos audiência entram num canal privado. Isto para não falar em vídeos no YouTube ou em *live streams*.

> Na economia de massas, os *best-sellers* vendiam muito mais do que vendem hoje. Atualmente o público ou o consumidor distribui-se por uma cauda muito mais longa.

Hoje, os *best-sellers* musicais vendem muito menos do que vendiam os grandes êxitos dos anos 80. Mas esta curva prolonga-se até à unidade. Pois podemos fazer um produto verdadeiramente personalizado.

O mais interessante para um empreendedor é reconhecer o impacto que este fenómeno tem na mentalidade do consumidor. Com a Internet e a TV por cabo, passámos a ter acesso a muito mais informação. Uma forma que o cliente tinha, até aos anos 90, de se defender da escassez de informação consistia em escolher os produtos mais populares. Basta recordar o que se passava no âmbito da moda: ténis, vestuário, cores....

Aquilo que estava na moda todos tinham igual. Usar um determinado tipo de ténis, de uma cor específica era, para a classe média, uma questão de afirmação. Por exemplo, nos ténis só se usava uma marca específica, uma cor e um modelo de cada vez. Numa determinada altura, o branco era a cor da moda e, por isso, toda a gente a tinha. Os Converse All Star (marca de ténis), por exemplo, tinham dois modelos, a bota e o sapato. Quando se usava a bota, toda a gente adquiria bota, quando era sapato toda a gente comprava sapato. E só se usava na cor popular desse ano.

> A mentalidade da cultura de massas consistia em escolher o produto mais popular.

Ouvíamos as mesmas músicas, usávamos calças Levis 501, entre outras poucas marcas muito populares. Todos os que podiam andavam de igual. O princípio que orientava as mentes na economia de massas era procurar o produto mais popular.

Com a Internet e a TV por cabo, abre-se um oceano de informação absolutamente gigantesco, passámos a ter a capacidade de escolher a melhor solução para as nossas preferências. Como temos acesso a mais informação do que a que tínhamos antes, escolhemos a solução individualizada, em vez de optarmos pela solução de massas. Por exemplo, hoje em dia, no que respeita aos ténis, os jovens já não vão à procura apenas de escolher o que é popular, mas desejam uma opção personalizada, que só eles é que têm. Nas sociedades atuais, pode-se ir ao *site* da Nike ou da Adidas e mandar fazer, com as nossas cores preferidas, um produto absolutamente único. Até podemos mandar colocar o nosso nome, se assim o desejarmos. O lema é "ninguém tem igual!".

Nos anos 80, se fôssemos comprar arroz ao supermercado, poderíamos encontrar um ou dois tipos destes produtos, no máximo. Nem era preciso pensar muito nisso. Hoje temos de escolher entre agulha, carolino, *basmati*, vaporizado, selvagem, parboilizado, vermelho, redondo, integral, integral redondo, entre outros.

O mesmo se passa com o simples sal de cozinha do nosso passado, que agora nos é apresentado sob uma multiplicidade de formas indecidíveis: o sal rosa dos Himalaias, o sal negro recomendado para os hipertensos, o sal avermelhado do Havai com dióxido de ferro, a flor de sal, entre outros.

Se fizermos o mesmo exercício para os perfumes, os sabonetes, os detergentes e os demais produtos de mercado, podemos ver claramente como este mercado sofreu alterações profundas. Hoje, temos acesso à informação de outro modo. Vemos os grandes *chefs* a preparar pratos sofisticados com ingredientes únicos e exóticos, e queremos ter essa experiência nas nossas vidas, e por isso desvaloriza-se o que é popular e procura-se a diferença.

No mundo atual, o acesso à informação torna o consumidor muito mais exigente.

Acima de tudo, todos pretendem a solução adaptada à sua identidade. Procuram uma solução personalizada! Daí, sermos confrontados com a proliferação de nichos na cauda longa[10]. Este é o fenómeno amplamente estudado pelos economistas, devido à sua diferença e impacto nas economias atuais. As escolhas do mercado são ilimitadas. Este fenómeno tem vindo a acentuar-se à medida que os instrumentos de produção, comunicação e distribuição apresentam custos mais reduzidos.

Cada vez mais faz sentido o lema "*niche rhymes with rich*"[11]. Quando um empreendedor conquista um nicho de mercado, está preparado para se defender da concorrência de uma forma quase inviolável.

O fenómeno de vendas pode traduzir-se deste modo: apresentamos a nossa proposta de valor àqueles que representam esse nicho; ligamo-nos ao cliente e ele a nós e a partir daí o nicho é nosso.

É difícil alguém tirar-nos o nicho.

Vejamos este exemplo: se dissermos a um amigo que conduz uma Harley Davidson para experimentar uma Kawasaki, corremos o risco de o ver transfigurar-se e argumentar tempo infinito em defesa da sua mota de eleição, como se alguém estivesse a atacar a sua identidade pessoal.

A especificidade do nicho de mercado reside na sua ligação emocional. A nossa capacidade de nos defendermos da concorrência, neste caso, é inabalável porque somos os melhores naquele

10. NA. Conceito popularizado por Chris Anderson inicialmente com o seu artigo na revista *Wired* em 2004, que deu origem ao seu livro *A Cauda Longa*.

11. Nota: Nicho rima com rico.

nicho. Quanto mais pequeno for o nicho mais fácil é defendê-lo. Há nichos excelentes porque são tão pequenos que não existe espaço para dois projetos. Assim, o primeiro que chega instala-se e não há lugar para mais ninguém. Por vezes, a dimensão do nicho é suficiente para ser um bom negócio. A sua capacidade diminuta cria barreiras à entrada.

Nas sociedades contemporâneas, encontramo-nos numa economia de nichos e, por isso, uma forma de desenvolvermos o nosso negócio pode passar por aglutinarmos vários nichos.

Formar um nicho implica encontrar soluções personalizadas ao indivíduo, à unidade. É cada vez menos a procura por parte do consumidor da solução que serve para todos. O nosso cliente quer sentir que preparámos uma solução para ele.

12. **A Diferenciação do Nicho**

Fonte: Autor

Podemos interpretar uma economia de nichos do seguinte modo:

1. Solução sem diferenciação e com baixo interesse do cliente. Se não há interesse do mercado e não há diferenciação das demais soluções, o produto é ineficaz. Quem comercializar produtos deste tipo, como, por exemplo, rolos de filme fotográfico ou cassetes VHS, não tem qualquer hipótese no mercado atual.

2. Outra opção consiste em ter um produto altamente diferenciado das várias alternativas que existem no mercado, mas pelo qual este não tem grande interesse. Podemos pensar no *minidisc* da Sony. Acreditou-se que teria um grande impacto no mercado, mas revelou-se um produto inadequado.

3. A situação na qual a maior parte das empresas está é uma situação em que existe um elevado interesse do cliente, mas baixa diferenciação. Um aspeto fundamental da diferenciação é que esta tem de ser percebida pelo mercado.

Além da criação da diferenciação, é crucial saber comunicá-la. O sucesso implica as duas fases: uma empresa pode ser muito bem-sucedida a criar a diferenciação, mas fracassar a comunicá-la. Fazer bem a comunicação é determinante. Temos de ter em conta os seguintes níveis:

a. Criação do valor;
b. Comunicação do valor.

Quando o interesse é elevado, mas a diferenciação percebida é baixa, estamos na situação de comoditização. Isto é, o produto é visto como uma mercadoria, o produto é indiferenciado. E por isso, o empreendedor terá de praticar preços baixos. É o caso de produtos como arroz, açúcar ou farinha. Poucos querem pagar um preço mais elevado por um produto cuja diferenciação não é percetível.

A distinção entre diferença e diferenciação reside numa comunicação. A primeira não é reconhecida, enquanto a segunda é. É este o sentido de diferenciação: trata-se de ser diferente num aspeto que o nosso nicho de mercado valoriza.

> O nicho surge quando o empreendedor consegue encontrar uma área em que existe elevado interesse do cliente e este entende a diferenciação do produto ou solução.

Quando um empreendedor consegue encontrar um nicho, não corre o risco de ser facilmente substituído. Um dos fatores positivos consiste em beneficiar do efeito passa-palavra no interior do grupo específico de pessoas que têm os mesmos interesses e necessidades, por oposição à comunicação de massas. Neste círculo, a comunicação é muito mais eficaz porque é muito mais próxima e dirige-se aos que estão verdadeiramente interessados na nossa proposta única.

Concorrência

Vamos refletir agora um pouco sobre a concorrência. A minha experiência leva-me a acreditar que há bons e maus concorrentes, apesar de na maioria das vezes os empreendedores considerarem a concorrência como algo negativo. Mas do meu ponto de vista, existem dois tipos de concorrência a considerar: a concorrência positiva e a inovadora.

Concorrência positiva

Os bons concorrentes trazem uma boa reputação para a indústria e ajudam a credibilizá-la junto do mercado. São eles que também nos ajudam a construir uma vantagem competitiva e a reforçar a perceção dessa vantagem. Por vezes estes concorrentes, que estão na mesma indústria que a nossa empresa, especializam-se num determinado nicho permitindo-nos a especialização noutro. Neste caso, os dois defendem o seu nicho junto do mercado.

Voltemos ao exemplo das motas: o nicho das Kawasakis não é o das Harley Davidson. A Harley Davidson tem uma notoriedade que ninguém pode disputar como marca. O mesmo acontece com as Vespas. É uma marca que transpira charme: é *vintage*, é italiana. Por isso, é um caso à parte nas *scooters*.

Outro aspeto muito positivo da boa concorrência traduz-se na mobilização da equipa. A concorrência forte desafia-nos, dá-nos um bom motivo para sermos melhores.

Uma concorrência fraca não nos desafia. Não faz de nós melhores profissionais, que oferecem um melhor serviço ao mercado. Se toda a nossa concorrência for fraca, tornamo-nos mais complacentes. A vida é mais facilitada, mas em detrimento do mercado.

A boa concorrência é responsável pelo facto de todos serem melhores em benefício do mercado. Além disso, este tipo de concorrência ajuda-nos a crescer empresarialmente.

Concorrência inovadora

A concorrência inovadora também representa um fator muito positivo, uma vez que é importante existir no mercado alguém que dilua o custo da inovação connosco. Se os nossos concorrentes experimentam uma inovação aprendemos com eles e, quando tentamos fazer algo diferente, eles aprendem connosco. É quase como se se tratasse de dois parceiros que vão seguindo o mesmo caminho e vão aprendendo um com o outro.

O grande risco quando se fala de concorrência é deixar os concorrentes gerirem o nosso negócio. Isto é o que vejo acontecer em muitas empresas. Muitas vezes, toda uma área económica (como tem sido, na minha opinião o caso da banca) caminha para o abismo por copiarem os erros uns dos outros.

Não podemos deixar a concorrência definir os nossos objetivos e estabelecer as nossas orientações estratégicas.

Como os concorrentes são múltiplos e o ambiente não para de mudar, facilmente perderemos o fio condutor do nosso projeto e o nível de inteligência do nosso negócio diminui.

Importante é lembrar que não se pode gerir uma empresa apenas em reação ao que a concorrência faz, porque senão são eles que mandam no nosso negócio. Podemos aprender com os outros, podemos diluir o custo de inovação, mas não nos podemos deixar gerir pela concorrência.

Há empresas em que a única coisa que fazem é analisar "o que os outros" estão a fazer para poderem responder. Henry Ford ensinava, há cerca de cem anos, que o concorrente com o qual nos temos de preocupar é aquele que não se importa nada connosco. Este é o que faz o seu próprio caminho.

Porque o concorrente que passa a vida a ver o que os outros fazem e a imitá-los já colocou em si próprio o rótulo de segundo. E, mais do que isso, perdeu autonomia, uma vez que são os outros que gerem o seu negócio. O concorrente que nos deve preocupar é o empreendedor que faz, perigosamente, o seu próprio caminho. Às vezes até é mais pequeno, o que faz com que tenha outra agilidade.

Uma lição importante é que conhecer a concorrência não significa copiá-la.

Devemos conhecê-la, mas com o intuito de desenhar a nossa proposta de valor, de modo que o mercado discrimine a nosso favor. Ou, pelo menos, um determinado nicho de mercado, pois podemos não conseguir concorrer com ela em todos os nichos.

O sucesso depende da capacidade para criar soluções singulares, únicas e experiências memoráveis, e isso dificilmente resulta do modo de atuação da concorrência.

Pensemos no exemplo do Cirque du Soleil. Inicialmente era um circo igual aos outros. No entanto, os donos perceberam que estavam num "oceano vermelho", eram altíssimos os custos para manter os animais, andavam sempre com as tendas de um lado para o outro, as margens eram muito baixas, entre outros fatores. Também existia a ideia de que os circos eram todos iguais.

O que o Cirque du Soleil fez foi seguir criativamente o seu próprio caminho e criar um negócio único, com margens muito mais elevadas. O que resultou num circo cotado em bolsa, com resultados incríveis, que cobra o que quiser pelo bilhete, uma vez que as salas estão sempre cheias. É um espetáculo de luxo. O Cirque du Soleil praticamente criou um mercado novo. Não é o circo que vem à cidade, é o Cirque du Soleil que nos brinda com a sua visita, normalmente num espaço requintado.

Há que ter sempre presente que a nossa economia hoje é outra. A economia de massas foi ultrapassada, e estamos numa economia de nichos. É possível aglutinar os nichos, mas a perspetiva é diferente da de cultura de massas.

Outro exemplo do universo atual é a TV por cabo. A televisão tornou-se um negócio de nichos. A TV por cabo diluiu muito o impacto dos canais generalistas. Hoje temos o canal da culinária, o canal dos animais, o da História, o canal *zen*, entre muitos outros.

Como foi referido, os nichos ajudam-nos a defender-nos muito melhor. E não é por termos uma empresa com um mercado menor que não temos mais lucro e mais fluxo de caixa. Por vezes, a preocupação com o aumento do volume de vendas impede de ver o óbvio, isto é, a importância das margens de lucro, por exemplo. Com Keith Cunningham aprendi que a pergunta que nos faz ganhar dinheiro é: "O que é que eu não estou a ver?"

> Aquilo que já conseguimos ver trouxe-nos até onde estamos. Mas se quisermos ir mais longe temos de procurar outras "formas de ver".

Devemos sempre procurar o que não conseguimos ver. Não devemos ficar limitados aos mercados tradicionais. Enquanto isso acontecer estaremos a lutar ferozmente pela nossa quota de mercado.

Mas estamos num oceano sangrento. Viver num oceano azul implica reinventar o mercado, expandir os seus limites, alterar as regras do jogo a nosso favor. Se seguirmos esta linha de pensamento inovador, a concorrência torna-se irrelevante.

Uma posição competitiva incontestada pode ser alcançada se, na nossa estratégia empresarial, procurarmos vantagens, no que respeita aos custos e ao valor, em simultâneo. Tradicionalmente optava-se por um dos aspetos, mas se pretendemos mergulhar num oceano azul, para recorrer ao conceito da obra de W. Chan Kim e Renée Mauborgne[12], devemos esforçar-nos por juntar os dois fatores, que se traduzirão numa inovação de valor.

13. **Estratégia do Oceano Azul**

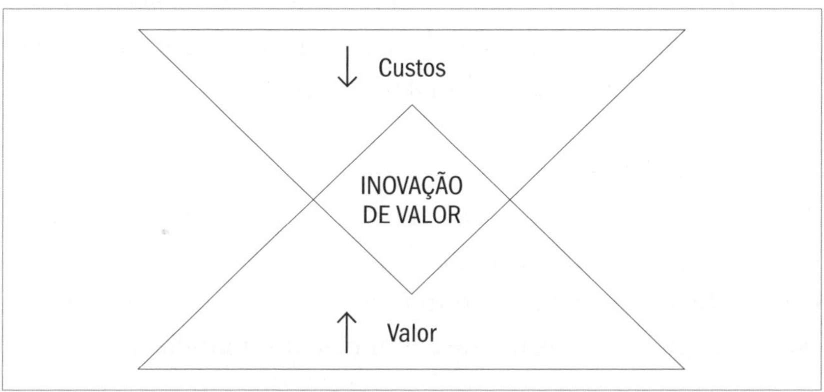

Fonte: Livro *A Estratégia do Oceano Azul*, W. Chan Kim e Renée Mauborgne

A inovação de valor pode alcançar-se desafiando algumas regras dominantes no mercado, tais como:

- Eliminar condições que fazem parte da competição naquela indústria específica;
- Reduzir a importância de outros fatores;

12. NA. Autores do livro *A Estratégia do Oceano Azul* que revela este método de diferenciação.

- Aumentar o impacto de fatores que se encontravam em segundo plano;
- Apresentar causas originais.

Os fatores que eliminamos e reduzimos permitem diminuir os custos, enquanto os fatores introduzidos ou valorizados são responsáveis pela criação de uma nova experiência. Retomemos o exemplo anteriormente referido, do Cirque du Soleil e como se reinventou:

- Eliminação de fatores – deixou de usar os animais nas apresentações;
- Redução – diminuiu as experiências de perigo e de humor;
- Aumento – elevou-se o preço, o conforto dos espetadores e a singularidade da experiência;
- Fatores originais – os enredos temáticos, os *shows* de música ao vivo, aproximação do espetador e da *performance*, interseção do teatro, ópera, *ballet* e *rock*, no espetáculo circense e recurso ao *cirquish* (um dialeto imaginário).

Proposta de valor

A proposta de valor consiste na oferta que damos aos nossos clientes e pela qual cobramos um preço. Do ponto de vista da competitividade, trata-se do montante que o mercado está disposto a pagar pela oferta que a empresa disponibiliza.

> A proposta de valor tem de ser enquadrada no nosso nicho de mercado e face ao que a concorrência oferece.

O valor económico é a relação entre o conjunto dos benefícios que oferecemos ao cliente face ao preço que estamos a pedir por esses benefícios. A rentabilidade da empresa resulta da diferença entre o valor que o cliente paga e os custos despendidos na criação desse valor.

Warren Buffett diz: "Preço é aquilo que a pessoa paga, valor é aquilo que a pessoa leva consigo."

Equação Proposta de Valor

$$V_i = \frac{B}{P} > 1$$

Na nossa proposta de valor, queremos que esta equação tenha o maior excedente possível para o cliente final. Os benefícios (B) devem ser sempre excedentes face ao preço (P) que está a ser pago. Quanto maior do que 1 for, melhor será a proposta que oferecemos (ver Equação Proposta de Valor).

É crítico saber que a proposta de valor que oferecemos é o conjunto de todos os benefícios que o cliente está a receber. Isto implica não só o serviço, mas também toda a envolvente ou experiência que aufere.

14. ***Drivers*** **da Cadeia de Valor**

Fonte: Autor

Temos de nos preocupar com o valor a dois níveis essenciais:

1. O nível da criação de valor;
2. E o nível da sua comunicação. Isto porque podemos ter uma excelente proposta de valor e o mercado não a entender.

Temos de conseguir vender o valor que criamos com uma imagem a nosso favor. O custo da criação e da comunicação do valor tem de ser inferior ao preço que cobramos por ele, mas o valor tem de ser superior a esse preço.

> Resumidamente, temos de criar mais valor do que nos custa criar.

Inovação

Na criação de valor, normalmente temos de ter em conta três áreas essenciais:

1. Área das operações/sistemas

Todas as empresas procuram a maior eficiência operacional. Pessoalmente, não acredito que nesta área possa ser conseguida uma verdadeira vantagem competitiva sustentável, no sentido em que as eficiências são normalmente replicáveis. No entanto, vejo a sistematização e a alavancagem como as verdadeiras chaves do crescimento empresarial. A importância desta ideia é tal que lhe dedicarei um desafio mais à frente.

2. O processo de gestão do cliente

É aqui que se pode gerar muito valor e onde poucos estão a atuar. Por isso há espaço para nos diferenciarmos.

A maior parte das empresas não faz um trabalho suficientemente bom nesta área, no que respeita ao acompanhamento daqueles que já lhes compraram. Isto reflete-se no número de transações por cliente e no valor médio de transação por cliente.

Porque estão tão preocupadas em procurar clientes novos que se esquece de rentabilizar os que já tem. É um benefício para nós e para o cliente, pois estamos a servi-lo melhor enquanto o rentabilizamos. Isto é, estamos a encontrar mais formas de entregar valor ao nosso cliente. No próximo desafio (sobre as vendas) aprofundaremos também esta área fundamental do crescimento de uma empresa.

3. O processo de inovação

Muitas vezes confundimos inovação com criatividade e até com invenção. Mas a diferença entre estes três conceitos é o que distingue pensar em coisas novas, ou novas formas de fazer as coisas, e, de facto, fazê-las.

> Uma coisa é pensar em coisas novas, outra é fazer coisas novas.

A linha de pensamento deste livro é a de que o produto é o próprio negócio e de que o que é decisivo não é o que o negócio faz, ou o que vende, mas a forma como faz e/ou vende.

Devemos entender todo o processo de inovação nesse contexto. As empresas maduras olham para a importância do processo de inovação no que respeita à forma de fazer as coisas, aos processos, muito mais do que em relação ao que se faz e ainda menos relativamente ao que se comercializa.

A forma como a empresa se organiza e se posiciona no mercado contribui para a sua diferenciação e, como tal, deve ser usada como uma ferramenta comercial. Assim, a inovação deve estar centrada nesta dinâmica.

A inovação com que a empresa se apresenta no mercado conquista um espaço na mente do consumidor, que denominamos de quota de notoriedade. A sua forma de estar passa a ser a sua marca registada: a sua forma de ser identificada e de ser reconhecida.

A inovação deve ser uma via de desenvolvimento da empresa para a distinguir de outras soluções do mercado. Mas é importante que se distinga também a melhor forma de satisfazer a diferença que possa existir entre as soluções disponíveis e os desejos inconscientes de um determinado nicho, desenhado para dar ao cliente o que ele quer em cada contacto.

> Em todas as empresas que revolucionam o mercado e reinventam as regras para conquistar um nicho encontramos uma inovação processual significativa. Esta inovação está no centro do sucesso dessa organização.

Essa inovação aparece como resposta às perguntas que se colocam sobre a melhor forma de servir os clientes, de servir o mercado. As perguntas essenciais a fazer são:

- Como servir melhor os nossos clientes?
- Qual a melhor forma de lhes dar o que eles, de facto, precisam e querem?

Vejo regularmente os empreendedores à procura da nova grande ideia que vai revolucionar o mercado. Como se pudessem ter uma epifania "no duche" e ficar milionários. Não quer dizer que isso não possa acontecer uma vez ou outra, mas não podemos confiar demasiado nessa possibilidade. A inovação empresarial deve aparecer como resultado de um processo rigoroso de análise e quantificação dos desejos e necessidades do seu mercado.

Este método de quantificação é decisivo no processo de inovação. O desafio é que a maior parte das PME não está habituada a sistemas de quantificação e isso custa-lhes uma fortuna.

Se não estivermos a testar e a medir tudo o que implementamos, como sabemos se está a funcionar? Muitas vezes falo com empresários que mostram entusiasmo por inovações que introduziram nos seus processos, mas quando lhes pergunto, quantitativamente, quais foram os resultados que essas inovações trouxeram, não me sabem responder. Então como sabem se está a resultar? O facto é que não sabem!

Sentem-se melhor em relação ao processo, mas não sabem se este está a servir melhor o mercado porque nunca mediram o resultado.

Nos negócios temos de quantificar tudo. Absolutamente tudo!
Se não medirmos, não podemos gerir.

Se não avaliamos não podemos saber, com rigor, em que ponto estamos e muito menos como nos dirigirmos para onde queremos ir. Mas com números tudo ganha um novo sentido.

Deve ser também claro que, para que a inovação tenha os resultados que procuramos, é preciso que seja relevante para o nicho que queremos servir. Tem de ser desenvolvida do ponto de vista do interesse do mercado e para aliviar alguma frustração.

Por outro lado, esta inovação deve estar alinhada com os aspetos críticos fundamentais da forma de a empresa se organizar e com os seus próprios processos. A inovação, para vingar, deve deixar as coisas mais simples a cada momento. Deve fazer as coisas mais fáceis para a organização e para os colaboradores, sob pena de não resultar.

O ser humano tem a forte tendência de fazer as coisas da maneira mais fácil. Se a inovação não facilitar os processos, pode estar condenada.

No limite e no cenário ideal, o processo de inovação torna-se parte integrante da empresa bem como da comunicação entre colaboradores. De alguma maneira torna-se uma maneira de estar, uma maneira de fazer, uma maneira de pensar e de ser.

Comunicação do valor

A diferenciação quando conseguida traduz-se numa vantagem competitiva. Encontra a sua confirmação quando a empresa proporciona ao cliente uma melhor solução em aspetos que o seu nicho de mercado valoriza.

Os consumidores ou clientes só se dispõem a pagar um preço mais elevado pela nossa oferta quando percecionam claramente este valor acrescentado.

Isso significa que é crucial não só a criação de valor, mas também a nossa capacidade de comunicar esse valor. Se o valor acrescentado não tiver contornos muito bem definidos, não for absolutamente claro, o único fator que pesa na decisão do cliente será o preço.

Por vezes, existem empresas que proporcionam menos valor do que os seus concorrentes mas que, ao comunicarem esse valor de forma mais eficaz ao mercado, acabam por conseguir assumir posições de liderança: a história está cheia de casos em que a melhor solução do mercado não foi a que vingou.

Na parte da comunicação de um valor temos de ter em conta o produto, o *marketing* e a experiência do cliente.

- O produto: como o vemos na nossa linha de pensamento;
- O *marketing* (que iremos explorar no Desafio 7): esta é uma dimensão na qual todos concorrem hoje em dia, pois todos querem ter melhores campanhas de *marketing*.

Nas grandes empresas, em que lutamos por quota de mercado, somos obrigados a fazer avultados investimentos de *marketing*, mas na minha perspetiva estes investimentos servem acima de tudo para não perdermos notoriedade face aos nossos concorrentes. Uma verdadeira diferenciação, que traga uma notável e sustentável vantagem competitiva, é muito mais difícil de conseguir. Já nas PME está quase tudo por fazer. Aqui saliento a reduzida utilização de ferramentas e a escassez de monitorização e rastreio do que resulta ou não resulta.

Vejo tanto potencial de melhoria no *marketing* das PME que lhe dedicarei dois capítulos (Desafios 6 e 7) mais à frente neste livro;

- A experiência do cliente: a experiência emocional que um cliente tem quando contacta com a empresa é essencial para o negócio.

É aquilo que o faz dizer: "Eu teria de ser louco para comprar a outra empresa!" Estes fenómenos não têm nada de racional. Podem existir outras empresas com um melhor produto e até um melhor preço mas, por alguma razão, só queremos fazer negócio com aquela empresa concreta. As ligações emocionais entre as empresas e os seus clientes são uma das mais relevantes formas de diferenciação nos dias de hoje. Vamos abordar este tema com mais profundidade no Desafio 8.

A estratégia empresarial deve evitar na medida do possível, qualquer tipo de guerras de preço. Normalmente, este tipo de guerra destrói valor para todos.

Deverá existir uma procura constante do cruzamento ótimo entre a nossa proposta de valor e o desenho do nosso nicho de mercado, relacionado com o posicionamento da nossa concorrência, para assegurar as nossas margens. Assim toda a cadeia de valor deve ser constantemente afinada que no que respeita à criação e comunicação do valor.

É extremamente importante manter a diferenciação no longo prazo. Isto implica ser capaz de manter no mercado a perceção da nossa proposta diferenciada de valor e criar barreiras à sua replicação. Alguns fatores diferenciadores passam pela chegada ao mercado em primeiro lugar, ou criação de patentes, o que nem sempre está nas nossas mãos. Uma forma sempre possível de dificultar a replicação da diferenciação é a criação de uma relação emocional com o cliente, que iremos desenvolver mais à frente. A seguir, dedicar-nos-emos ao tema "quente" de como podem aumentar as suas vendas.

Propostas de reflexão

1. Se pudesse dedicar cem por cento do tempo a apenas um tipo de cliente, um cliente perfeito, como é que ele seria?
2. Quais são os cinco maiores problemas/desafios do meu cliente ideal?
3. Onde é que ele está? Onde é que eles se reúnem?
4. Quem são os clientes de alto retorno que podemos fechar?
5. Com quem é que os meus clientes ideais estão a fazer negócio?
6. Por que razão é que os meus clientes ideais estão a fazer negócio com a minha concorrência?
7. Quais são as mais-valias que os meus clientes ideais acreditam que a minha concorrência lhes oferece e que os mantêm afastados de nós?
8. Qual é a minha diferenciação que resulta numa proposta única de venda?
9. Caso a seguinte fórmula fosse verdadeira: valor = benefícios / preço, o que é que eu tenho de fazer para aumentar drasticamente a perceção de valor do cliente?
10. O que é que eu posso fazer pelos clientes que mais ninguém está a fazer?

Desafio 5

Estimular as vendas

Todas as principais decisões estratégicas têm um enorme impacto nas vendas. Encontrar um nicho, conhecer a concorrência, posicionarmo-nos bem em relação a esta, e refinar a nossa proposta de valor em linha com as decisões anteriores são escolhas que normalmente se mostram decisivas para os resultados nas nossas vendas.

A um nível mais tático, há outras abordagens em relação às vendas que se mostram igualmente importantes. Até agora fizemos uma reflexão sobre vendas a nível macro, e explorámos como a estratégia pode ter um gigantesco impacto nas vendas. De seguida, vamos centrar-nos na forma de aumentar as vendas significativamente, intervindo a um nível mais prático ou tático.

Há quatro formas, e apenas quatro, de aumentar as vendas de uma empresa:

1) Aumentar o número de contactos que a nossa equipa comercial faz. Mantendo todas as outras variáveis constantes, quantos mais contactos fizermos, maior será o nosso volume de vendas.

2) Aumentar a taxa de conversão de contactos em clientes. Nem todos os contactos que fazemos resultam num novo cliente. Há contactos que conseguimos transformar num novo cliente e outros que nunca nos irão comprar nada.

Existe uma taxa de conversão de contactos para clientes. Vamos supor que necessitamos de dez contactos para fechar dois clientes. Isso significa que temos uma taxa de conversão de 20 por cento. Mais uma vez, e supondo que mantemos todas as outras variáveis constantes, se aumentarmos a nossa taxa de conversão, aumentamos as nossas vendas.

3) Aumentar o número médio de transações que fazemos com cada um dos clientes. Há clientes que só nos compram uma vez, mas há outros que compram várias vezes. O número médio de vezes que cada cliente compra os nossos produtos vai ter impacto no nosso volume de vendas. Quantas mais transações, em termos médios, fizermos com cada cliente, maior o nosso volume de vendas.

4) Outra forma de aumentar as vendas consiste em aumentar o valor médio de cada uma das transações. Tal como no ponto anterior, temos transações de valores relativamente elevados e outras de valores relativamente baixos. Se aumentarmos o valor médio de cada transação feita, tendemos a aumentar o resultado final das nossas vendas.

Equação do Volume de Vendas

Contactos
×
Taxa de conversão
=
de clientes
×
médio de transações por cliente
×
Valor médio de cada transação
=
Volume de Vendas

> O cenário ideal seria, de uma forma constante e sustentada ao longo do tempo, conseguir ir aumentando cada um destes pontos.

É importante pensar assim, porque podemos concentrar a nossa atenção e estimular quatro indicadores em simultâneo. Esta é uma forma sistemática de pensar que ajuda a aumentar as vendas.

Normalmente, as empresas colocam a atenção nas duas primeiras. Mas estudos estimam que é cinco a sete vezes mais barato investir nos dois últimos aspetos.

Antes de iniciarmos a nossa escalada no aumento das vendas, precisamos de entender qual é o processo por trás da venda, depois dividir este em fases e monitorizar cada uma dessas fases, otimizando o seu resultado.

Se otimizarmos cada uma das fases, teremos um resultado muito superior. Isto não é mais do que aplicar, às vendas, os princípios da gestão científica da escola clássica da economia (com a sua lei da divisão do trabalho), iniciados há cerca de cem anos. Frederick Taylor, enquanto engenheiro-chefe nas fábricas de aço Midway, decidiu medir rigorosamente o tempo que demorava a realizar uma tarefa, com o objetivo de eliminar as ineficiências da produção.

Com a sua análise, chegou à conclusão de que era mais eficaz dividir o processo produtivo em pequenos segmentos ou tarefas, atribuindo-os a diferentes operários, do que permanecer o mesmo trabalhador ao longo da cadeia de produção. Com esta experiência, otimizou o processo e alterou o paradigma dos métodos de produção com impacto até aos nossos dias.

O mesmo princípio pode ser aplicado ao método de vendas. A minha experiência a acompanhar profissionais de vendas leva-me a concluir que a metodologia da divisão em segmentos é rigorosamente eficaz, e não entendo como é possível os vendedores atuais continuarem a vender sem recorrer a ela. No fundo, podemos considerar que se trata de uma gestão científica das vendas.

A seguir apresento o exemplo de um processo de vendas muito simples, que pode ser aplicado a qualquer tipologia de negócio. Poderá adequá-lo para se adaptar melhor à realidade da sua empresa.

Exemplo para aumentar as vendas

Se o objetivo é faturar 650 mil euros num ano, terá de ter em atenção uma série de situações a montante que resultarão na concretização do que é pretendido.

> Para atingir este fim, é necessário desenhar um caminho (receita) que nos conduza até esse valor (prato final perfeito), usando uma metáfora da culinária.

Para alcançar este valor, tem de ter existido, antes, vendas ou transações. Conseguir faturar 650 mil euros implica um determinado número de transações. Estas são as causas que nos conduzirão ao efeito. Se nos concentrarmos apenas no efeito sem as assegurar, nada acontecerá.

A primeira questão que devemos colocar é: "Quantas transações terei de fazer durante o ano para alcançar o meu objetivo?"

Qualquer empresa tem transações de diferentes valores, por isso, para calcular o número de transações, temos de recorrer a uma média. Depois de calculada essa média, precisamos estimulá-la, pois só assim conseguiremos o resultado final.

Para apurar um valor médio de transação, basta escolhermos um período do passado, determinar o volume de transações desse período e dividir os resultados pelo número de transações realizadas.

Vamos admitir que nesta nossa empresa o valor médio de transação são 2500 euros. Nesta altura, já conseguimos calcular o número de transações que necessitamos para conseguir 650 mil euros no final. São necessárias 260 transações. Este número dá-nos uma indicação precisa da quantidade de transações que necessitamos de fazer por semana: mais ou menos cinco (260 transações / 52 semanas = 5). Para atingir o nosso objetivo teremos de pôr a nossa equipa a trabalhar em cinco transações semanais.

Neste momento, já temos a noção de que temos de fazer cerca de uma transação por dia. É mais fácil focarmos a nossa equipa na concretização de uma transação por dia, ou cinco por semana, do que atingir 650 mil euros no final do ano.

Os gestores têm de dizer aos seus colaboradores o que têm de fazer hoje e ao longo da semana. Estes números tangíveis são algo sobre o qual a nossa equipa sente que pode agir.

Temos de olhar para as transações como causas do que vem a jusante e efeitos do que está a montante. Há sempre tarefas que realizamos antes de uma transação. É importante apresentar uma proposta antes de fazer a transação. Tal implica que haverá um *ratio* de um número de propostas para alcançar o número de transações que nos propusemos.

É fundamental determinar este *ratio* para saber o que temos de fazer. Não conhecer o número de transações indispensáveis para alcançar o montante necessário faz com que nos estejamos a esforçar muito, com resultados que poderão ser medíocres.

Se, eventualmente, não tivermos feito, nunca, medições rigorosas, é preciso começar já, para podermos fazer os cálculos o mais depressa possível.

Para facilitar as contas vamos imaginar, neste nosso exemplo, que o *ratio* é de 50 por cento. Isto é, a cada duas propostas conseguimos fazer uma transação. Se assim for, o número de propostas que poderíamos apresentar durante o ano são 520, ou seja, dez por semana, ou duas por dia.

No que respeita à comunicação com a nossa equipa comercial, parece ainda mais fácil pedir-lhes que apresentem duas propostas e não que apareçam com uma transação a cada dia. Na verdade, se aplicarmos o *ratio* implícito, o resultado é o mesmo mas é sempre mais fácil trabalhar na causa do que no efeito. Todos os comerciais se sentirão capazes e confiantes para pôr as propostas na rua. Depois é só esperar que atue a lei das médias.

Em resumo, se os nossos *ratios* forem estes e conseguirmos pôr duas propostas na rua, mais tarde ou mais cedo e se as médias se mantiverem constantes, a transação correspondente vai aparecer.

As propostas, por seu lado, sendo causas do que vem a jusante, são efeitos do que se encontra a montante. Normalmente, o que se encontra a montante é aquilo que designo por diagnóstico (reunião ou visita).

O diagnóstico consiste numa reunião que nos permite fazer o levantamento das necessidades dos nossos clientes. Há um *ratio* de diagnósticos para cada proposta, pois não apresentamos propostas em todos os diagnósticos. Volta a haver aqui um *ratio* para saber quantas reuniões precisamos de fazer.

Prossigamos o raciocínio, considerando que voltamos a precisar de dois diagnósticos para uma proposta. Concluímos, com estes cálculos, que vamos precisar de fazer 1040 diagnósticos durante o ano. Isso traduzir-se-á em 20 diagnósticos por semana, para os quais temos de motivar a nossa equipa. São quatro por dia. Volto a recordar que parece sempre mais fácil trabalhar a montante; é sempre mais fácil trabalhar na causa do que no efeito. O que é importante é saber o que temos de fazer todos os dias, assim como a nossa equipa.

Para fazermos diagnósticos temos, a montante, de estabelecer contactos. Se precisamos de cinco contactos para cada diagnóstico, serão necessários 5400 contactos para fazer os 1040 diagnósticos. Se tivermos dez comerciais é necessário que cada um faça dois contactos por dia. E, de repente, um número que parecia assustador (650 mil euros) tornou-se fácil, pois dois contactos por dia é uma tarefa exequível e relativamente fácil. Quanto tempo demora fazer um contacto?

Resposta:

Sintetizando, nesta situação imaginária, cada um dos nossos comerciais terá de:

1. Fazer dois contactos por dia;
2. Fazer 2,1 diagnósticos por semana;
3. Apresentar uma proposta por semana;
4. Apresentar 0,5 transações por semana.

Fica assim definida a nossa planificação de trabalho para a empresa, tal como as tarefas atribuídas a cada comercial. É muito importante envolver os nossos comerciais, mas também dar-lhes orientações precisas para não corrermos o risco de a zona de conforto destes acabar por interferir no plano. É decisivo o gestor ajudar os seus colaboradores a sair da sua zona de conforto. A tarefa do gestor deve ser inspiradora, pois será melhor para todos.

> O grande desafio do gestor enquanto líder deverá ser mesmo levar as pessoas a superarem-se.

15. **Funil de Vendas**

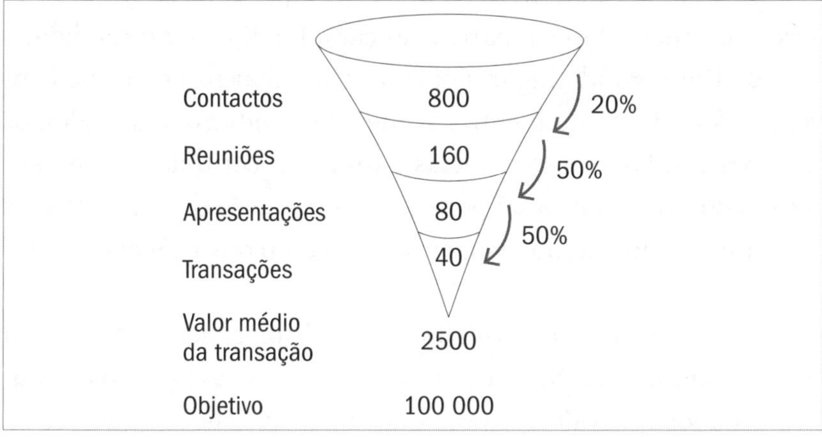

Fonte: Autor

16. **A Nova Escada da Lealdade**

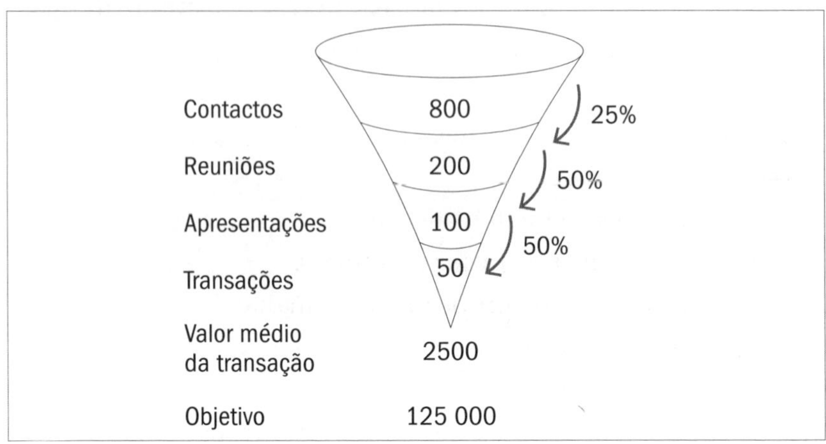

Fonte: Autor

O que é medido é feito! Quando soubermos dizer às pessoas o que devem fazer, é muito mais fácil conseguirmos os resultados que pretendemos.

Se formos ao ginásio, o *personal trainer* faz-nos um plano com os resultados que temos de atingir e os exercícios que temos de fazer, o número de vezes e a forma exata de realizar cada exercício. E vai controlando o peso, a massa gorda, a massa muscular, o perímetro à volta da cintura, entre outros fatores.

O que esta ferramenta nos garante, em primeiro lugar, é a execução:

1. Conseguimos que a equipa faça o que deve, no número de vezes que necessitamos, para alcançar a finalidade pretendida.

2. Em segundo lugar, podemos trabalhar nas taxas de conversão. A partir do momento em que temos indicadores, podemos melhorá-los. Podemos ter ideias para favorecer todas as percentagens do processo: os 20 por cento do número de contactos, os 50 por cento do diagnóstico, os 50 por cento das propostas e por aí adiante.

As ideias para o conseguir são múltiplas, sendo o limite a nossa imaginação. Se formos aplicando estratégias para aumentar todos os valores, podemos controlar tudo o que está a acontecer na nossa empresa. É o mesmo que fazemos quando vamos ao ginásio ou ao médico. A primeira coisa que estes fazem é diagnosticar, mandar fazer análises; enfim, medir os indicadores.

3. A partir do momento em que um gestor tem indicadores, o seu trabalho deverá ser estimular esses indicadores. Gerir os indicadores é uma tarefa semelhante à do piloto, que se encontra perante o painel de controlo do avião.

Podemos, por exemplo, centrar-nos na melhoria da nossa taxa de conversão de contactos por diagnóstico. Inicialmente, supôs-se que precisávamos de cinco contactos para um diagnóstico. A primeira tarefa pode ser transformar os cinco em quatro, elevando a taxa de conversão para 25 por cento.

Melhorar a taxa de conversão

Uma técnica pode consistir em começar por dar um guião ao comercial. Ter guiões para fazer as chamadas é altamente eficaz. Quando não há um guião para fazer a chamada, quem conduz a conversa é o prospeto. O guião garante que não importa o que aconteça na chamada, saberemos sempre qual é o fio condutor e conseguiremos sempre trazer o possível cliente de volta.

Com base na minha experiência, de mais de 20 anos a fazer guiões, garanto que o uso do guião, só por si, se traduz num aumento de 5 por cento. Por exemplo, aprender a fechar uma chamada telefónica é decisivo para aumentar a taxa de conversão. Só o facto de aprender o fecho alternativo, que consiste em deixar de perguntar "Quando é que quer que o visite?" e passar a perguntar "Dá-lhe jeito esta semana ou para a próxima?", faz aumentar a nossa taxa de conversão.

> Podem ser aumentos incrementais, mas têm um impacto gigantesco no final da cadeia de vendas.

Se somarmos 25 por cento a 8000, teríamos um aumento de 2000. Com 50 por cento de taxa de conversão, converter-se-ia em mil propostas, o que corresponderia, com um índice de 50 por cento, a 500 transações, que multiplicadas por 2500 euros de valor médio de transação se traduziriam num aumento de 250 mil euros em vendas. Parece impossível como ter um guião pode ter um impacto tão significativo nas nossas vendas, mas é o que os números revelam.

Sem termos os números, não conseguimos entender estes fenómenos. Até medirmos os indicadores, tudo é especulação. E limitamo-nos a viver num mar de desculpas. Boas desculpas, na maior parte dos casos.

Aliás, o perigo espreita nas melhores desculpas. São estas que nos bloqueiam e nos impedem de agir. Sem medir os indicadores, não conseguimos dizer a verdade sobre a realidade, ou seja, não cumprimos a linha do que é. Não conseguimos fazê-lo porque nem sequer estamos a ver qual é o problema que nos impede de atingir os nossos objetivos.

> Se não somos capazes de diagnosticar o problema, será impossível definir uma estratégia.

A decisão de um gestor, antes e depois de ter os números relativos aos indicadores, será totalmente diferente. Antes de os ter limita-se a explicar porque é que não tem as vendas que pretende. Depois de os ter, pode, por exemplo, compreender que o seu problema é a taxa de conversão de um contacto para uma reunião. Tudo pode estar bem nos outros níveis e este ser o único a falhar. Isso significa que se ele treinar os seus comerciais no atendimento, pode resolver facilmente o problema.

Enquanto não estivermos a medir os indicadores, não estamos a gerir a nossa empresa. Apenas estamos a operar o nosso negócio, o que é muito diferente do controlo assumido pelo gestor. Gerir empresas exige que passemos tempo a pensar.

O que é medido é controlado e tudo o que muda, numa empresa, pode ser medido ou monitorizado. Gerir uma empresa não é mais do que gerir o que está a acontecer. Consiste em gerar informação que nos permite tomar decisões "educadas" (no sentido de informadas). São decisões conscientes do que é certo fazer. Sem medirmos, por muito sério que seja o nosso trabalho, não temos hipótese de saber para onde caminhamos.

Na maior parte das empresas, quando o gestor lança o objetivo para cima da mesa, o comercial não se revê no objetivo e não sabe como lá chegar. Voltemos ao nosso exemplo. O gestor diz ao comercial que tem de fazer cem mil euros, mas se o próprio gestor não sabe e não tenta explicar como ele há de lá chegar, ele não sabe como fazê-lo.

No entanto, de acordo com a minha experiência, o papel do líder deveria ser "emprestar os seus olhos" aos comerciais, porque é suposto ver aquilo que eles muitas vezes não veem. Aquele que diz "Não faço cem, porque só consigo fazer 50" é óbvio que está a defender a sua zona de conforto, mas também não está a ver o caminho.

O papel do gestor é "acender a luz" e mostrar-lhe o caminho, porque ele está às "escuras". No nosso exemplo, apenas temos de mostrar que é capaz de fazer quatro contactos por dia. É preciso ajudar a fazer o plano.

Se não trabalharmos com o nosso comercial para ele atingir os objetivos e se ele, em vez de quatro, fizer três contactos por dia, no final, isto custará à empresa 250 mil euros por ano. A concorrência começa a ser cada vez maior no mercado e, se não monitorizarmos, será muito difícil mantermos bons resultados.

A minha experiência, com a implementação destas ferramentas, em que tudo é monitorizado, é muito positiva. Temos, com muita frequência, aumentos superiores a 30 por cento das vendas, em seis meses, no mercado em condições normais.

O que precisamos é de criar na empresa a cultura de trabalho com estes instrumentos, de modo que os nossos comerciais deixem de saber trabalhar de outra forma. Isto é, profissionalizar as vendas. Não podemos continuar a ser comerciais amadores.

A nova escada da lealdade

Até aqui, estivemos a aprender como conquistar clientes novos. Vamos agora focar-nos em vender mais aos clientes que já temos. Por isso, temos de nos dedicar ao número de transações por cliente. O sistema que a seguir lhe apresento deve ser entendido como uma ferramenta de estímulo do número médio de transações por cliente e do valor médio de cada transação.

À primeira vista pode confundir-se com uma tipologia de classificação dos clientes. Mas para mim é mais do que isso. É um verdadeiro sistema. Gosto de o designar por "A nova escada da lealdade".

Suspeito

Na nova escada da lealdade, aquilo que ocupa o primeiro degrau é designado por "suspeito". Suspeito é qualquer entidade ou individualidade que faz parte do nosso nicho de mercado, mas não sabemos quem é. Ou seja, ainda não foi identificado pela nossa equipa. Colocamos estes potenciais clientes na nova escada da lealdade porque o nosso *marketing* é dirigido exatamente a estas pessoas.

> O objetivo deste *marketing* é transformar o suspeito num contacto. Este torna-se um contacto quando o identificamos: quando já temos um nome, um número de telefone ou um *email*.

O *marketing* moderno (que vamos aprofundar no Desafio 7) está cada vez mais vocacionado para capturar contactos. Nomeadamente o que chamamos de contactos *opt in*, ou seja, contactos em que o suspeito voluntariamente se transformou num prospeto, ao cadastrar-se numa qualquer ferramenta de captura de contactos criada pela empresa.

Estas bases de dados *opt in* são uma verdadeira mina de ouro para as empresas do séc. XXI. A partir daqui, este sujeito ou empresa deixou de ser alvo do nosso *marketing* e passou a ser alvo da nossa máquina de vendas. Então, a forma como comunicamos com um suspeito não é igual ao registo da nossa comunicação com um contacto. O suspeito é alvo do nosso *marketing*, sobretudo dos engodos que colocamos no mercado. Por seu lado, o contacto é alvo das nossas vendas, isto é, já contactamos diretamente com essa pessoa, já lhe enviamos *emails*, já personalizamos e identificamos os contactos com ele.

Prospeto

Quando começamos este contacto, a nossa ideia é transformá-lo em prospeto. Um prospeto é aquele que nos dá oportunidade de falar com ele pessoalmente, de reunirmo-nos com ele, que é o mesmo que dizer fazer um diagnóstico.

O nosso registo de comunicação com o prospeto não é igual ao registo das nossas comunicações anteriores. Pretendemos que suba um degrau de cada vez. É muito importante ter isto presente, pois às vezes fazemos um contacto e queremos logo fazer a venda.

> A nossa comunicação deve orientar-se para que a pessoa vá para o degrau acima. Quando nos reunimos com o prospeto, já estamos a tentar fazer uma venda.

Comprador

Nesse momento, estamos a tentar transformá-lo num comprador. Comprador é alguém que adquire algo connosco pela primeira vez. Não podemos estar preocupados em vender tudo de uma vez, ou seja, transacionar um volume enorme.

Devemos apenas procurar vender algo que lhe faça falta e mostrar a qualidade daquilo que vendemos, seja um produto, seja um serviço. O que é importante nesta fase é que tivemos a oportunidade de iniciar uma relação.

A segunda compra, normalmente, cria um relacionamento que tende a ser de longo prazo. No caso de muitas empresas, há compradores que apenas fazem uma aquisição. Na maior parte dos casos, isto é da responsabilidade do vendedor, pois fechou a venda e nunca mais falou com essa pessoa.

> A partir do momento em que fazemos uma venda, devemos voltar a comunicar com o possível cliente, num registo diferente, pois queremos a recorrência da compra.

Cliente

Desejamos colocá-lo, a seguir, naquilo que classificamos como cliente. O que diferencia o comprador do cliente é o caráter repetitivo da relação.

Um cliente é muito mais rentável do que um comprador. Quando a pessoa nos compra pela segunda vez, começamos a ter outro objetivo que é transformá-la em alguém com quem estamos sempre a fazer negócio.

Membro

Esta pessoa designamo-la como membro. O membro faz parte de um número preferencial de clientes, que tem acesso a condições especiais. Teoricamente, é aquele a quem gostaríamos de dar o cartão de cliente ou o cartão VIP.

O membro tem sempre acesso a um desconto ou às primeiras promoções quando estas surgem. Cada empresa deverá definir qual o pacote de benefícios adicionais que está disposta a dar a clientes que têm um envolvimento especial. É muito importante comunicar-lhe que faz parte de um clube especial. Temos de lhe transmitir que, por ter este nível de envolvimento connosco, tem benefícios junto da nossa empresa. Não é tratado como qualquer outro cliente.

Promotor

Depois de membro, queremos transformá-lo em promotor. Promotor é alguém que nos recomenda a amigos seus.

Então, quando falamos no promotor, falamos numa pessoa que nos traz novos contactos. Contactos esses que são muito mais "quentes" e com uma taxa de conversão muito mais elevada, porque vêm referidos por alguém. Um promotor é aquele que fala tão bem da nossa solução, com tanto entusiasmo, que está ativamente a promover-nos.

17. **De Suspeito a Promotor**

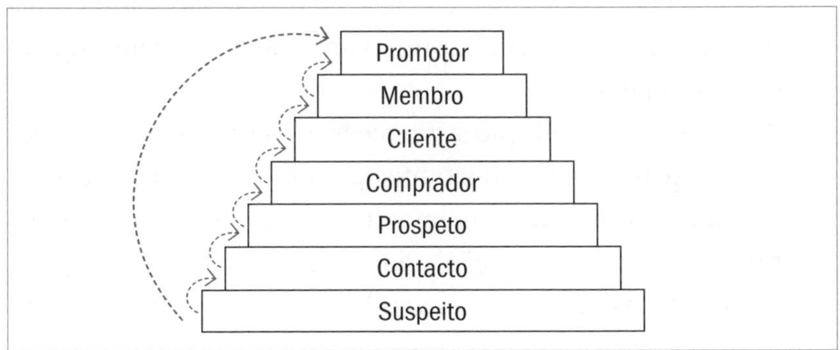

Fonte: Autor

Obviamente, se carregar este sistema num CRM (*software* de gestão do relacionamento com o cliente), irá ajudá-lo a gerir todo este processo. Embora existam inúmeros CRM no mercado, inclusivamente alguns disponíveis para *download* gratuito na Internet ou ferramentas que se pagam com larga margem, não é de todo imprescindível ter um CRM para cuidar dos clientes.

O melhor vendedor do mundo, Joe Girard, vendia automóveis nos anos 70, nos EUA. A média dele chegou a ser de seis automóveis por dia. E era apenas um comissionista: não podia vender no *stand* e não vendia frotas. Apenas vendia automóveis a particulares.

Uma das suas regras básicas era que o cliente que lhe comprava um automóvel, uns anos mais tarde, voltaria a comprar-lhe outro. Ele tratava os clientes no pressuposto de que seria a ele que comprariam o próximo automóvel.

> Não podemos olhar para o cliente, mesmo que se trate de vender uma casa, como se fosse cliente de uma única vez. Nem que seja daqui a dez anos, temos de assegurar-nos de que nos voltará a comprar. Uma carteira de clientes fiel tem muito valor para a empresa.

Gerir os clientes e garantir que compram mais vezes, com médias maiores, depende muito das relações. As vendas são sempre uma atividade muito relacional. Ser um bom vendedor é construir relações com as pessoas.

Construir uma relação e merecer a confiança das pessoas é um dos aspetos mais importantes para ter um bom relacionamento comercial e para aumentar o número de transações e o valor médio de cada transação, enquanto servimos melhor.

Tudo isto passa por servir melhor o maior número de pessoas possível. A gestão de clientes pode comparar-se a um processo de agricultura. Há que cultivar a relação, cuidar, adubar, regar, tirar as ervas daninhas, afastar os insetos, etc.

O efeito que isto tem na nossa empresa é um efeito comparável ao da massa crítica, um efeito exponencial. Ou seja, durante anos cuidamos sem ver grande resultado e, depois, há um momento em que tudo desabrocha.

É como uma cultura de fé. Por exemplo, o bambu é uma cultura de fé. Quando se semeia bambu, durante quatro anos cuida-se do chão sem ver absolutamente nada. Nesses quatro anos o bambu está a fazer uma teia de raízes extremamente complexa e, depois, num rompante, no prazo de 30 dias, quase que se vê crescer.

Há que manter o contacto com as pessoas. Nunca se deve estar mais de cinco ou seis semanas sem falar com os clientes. Devemos ver isto como uma conta bancária emocional entre nós e eles. Manter o contacto não é estarmos a ligar no prazo de cinco ou seis semanas para lhes vender alguma coisa.

Se o fizermos, estamos a fazer levantamentos da "conta bancária emocional". Trata-se de fazer um contacto para transmitir valor à pessoa, fazer depósitos na nossa conta emocional e ligar para encontrar novas formas de ajudar o cliente. Por exemplo, telefonar para dar os parabéns por algo que aconteceu na sua vida, para indicar um artigo que julgamos interessar-lhe, podem ser algumas opções.

É importante relacionar esta forma de atuação com a tecnologia, porque quanto mais tecnologia de suporte tivermos, mais facilitada está a nossa vida neste campo.

É importante termos forma de nos lembrarmos de fazer os contactos. O que pretendemos fazer em cada um desses contactos é ir estabelecendo o nosso posicionamento, merecendo a confiança do outro e criando uma reputação. Temos de ter uma quota mental junto dos clientes. Temos de estar tão perto que, quando eles pensarem em comprar, não se lembram de outra pessoa. Este é o ensinamento de Joe Girard: quando alguém pensar em comprar um automóvel, não se pode lembrar de outra opção.

Se tivermos um grande amigo que vende um produto, quando tivermos de comprar algo dessa tipologia é a ele que iremos comprar.

> O nosso trabalho consiste em merecer a amizade das pessoas.

Agora que sabemos organizar a nossa empresa do ponto de vista das vendas, está na altura de alimentar o nosso funil comercial. Dito de outra forma, vamos criar a nossa reputação e aprender a atrair os contactos que o nosso funil irá transformar em vendas. Para isso, vamos no desafio seguinte passar para o tema das vendas e o *marketing*.

Propostas de reflexão

1. Porque as minhas vendas não são o dobro?
2. Quantos contactos crio por ano?
3. Qual a percentagem que estou a converter em clientes?
4. Qual o número médio de transações que estes clientes fazem anualmente?
5. Qual o meu valor médio de transação?
6. Escolha cinco ideias para estimular cada uma das quatro formas que existem para fazer crescer as suas vendas.
7. O que é que, se soubéssemos fazer muito bem, geraria mais negócio do que podemos gerir?
8. Qual seria o volume das minhas vendas se nunca tivesse perdido um cliente?
9. O que poderia eventualmente fazer para recuperar os clientes que perdi e ainda me interessariam?

Desafio 6

Fundir o *marketing* e as vendas

O NOSSO universo caracteriza-se por alterações que acontecem a um ritmo vertiginoso. Assistimos a transformações tecnológicas com um impacto brutal na nossa forma de adquirir conhecimento. Por seu lado, esta renovação constante de conhecimento é responsável por mudanças políticas, sociais e económicas, com repercussões na forma com se organiza a nossa realidade quotidiana.

O simples ato de comprar e vender, hoje em dia, tem contornos completamente distintos deste tipo de atividade no passado, pois se o mundo mudou tanto nos últimos tempos, o mercado alterou-se no mesmo nível de radicalidade. Se o mercado se modificou e o comportamento do consumidor também, as empresas e os comerciais também vão ter de mudar. Terão de se adaptar às alterações do mundo, sob pena de não conseguirem acompanhar esta nova realidade.

> O surpreendente são as empresas e comerciais que resistem à mudança e acreditam ser eficaz continuar a vender como faziam no tempo dos nossos pais.

Analisemos esta mudança de paradigma com mais de profundidade. Conseguimos provavelmente rastrear a génese desta mudança a meados dos anos 80, com o início do fenómeno da quebra de fronteiras e consequente confirmação de um mundo cada vez mais globalizado. A maior abertura do mercado resultou num aumento brutal da concorrência e da quantidade de soluções à disposição do consumidor.

Desde os anos 90, a introdução das tecnologias na nossa vida alterou ainda mais o universo empresarial e consequentemente a forma de comprar e vender. Os aparelhos eletrónicos, juntamente com a Internet, em qualquer momento e em qualquer lugar, permitem-nos aceder a oceanos de informação, sendo que este fenómeno é ainda multiplicado pela TV por cabo e os seus canais especializados. Tudo dá ao consumidor a capacidade de se tornar um miniespecialista nos temas que aprecia e, por outro lado, torna-o muito mais exigente na procura de uma solução personalizada.

Se esta mudança traz ao consumidor todos estes benefícios, também aumenta a probabilidade de ser interrompido a qualquer hora do dia por alguém a querer vender-lhe algo. E, quando lhe querem vender qualquer coisa, interrompem o que estava a fazer.

Do paradigma do caçador ao do pescador

O padrão tradicional das vendas sempre foi interruptivo e durante décadas os vendedores foram recrutados, educados, treinados e valorizados tendo em mente a competência de "caçadores".

> A abordagem tradicional de vendas é uma abordagem de caça.

É um padrão de vendas agressivo e invasivo, no qual os vendedores são treinados para entrarem nas nossas vidas e nos convencerem a comprar o que têm para oferecer, mesmo que não nos interesse, não nos faça falta e constitua um erro no nosso orçamento. O caçador é alguém que persegue as presas. Quando a presa é perseguida, foge. Este é o mundo tradicional das vendas: andamos atrás de uma presa que tenta fugir.

O nosso trabalho é encurralá-la até ela não poder fugir mais e assim conseguirmos caçar. Se formos suficientemente agressivos para conseguir fazer a venda, mesmo que isso tenha um impacto negativo na vida do cliente, subimos na consideração dos que nos rodeiam e podemos até ser premiados. São os troféus típicos de um caçador.

Por outro lado, se nos colocarmos no lugar do consumidor, teremos de reconhecer que é impossível passar um dia da nossa vida, mesmo que seja um fim de semana ou um dia de férias, sem que nos incomodem com uma proposta de venda. Basta ligar o *smartphone* para recebermos propostas através do Facebook, do YouTube e do nosso *email*, que vão ao encontro dos gostos, dos sonhos mais delirantes e das nossas aspirações de vida.

Os sapatos *fuschia* que combinam com o vestido comprado no mês anterior, o último modelo de objetiva para a máquina fotográfica que comprámos noutro país, o automóvel dos nossos sonhos, ou a viagem com a qual nem tivemos ainda tempo para sonhar, a joia, a caravana, o ginásio...

Os caçadores entram nas nossas vidas sem pedirmos. Isto para não falar dos espaços públicos. É muito difícil uma pessoa sair à rua sem ser interrompida por alguém a querer vender alguma coisa. A nossa reação imediata é rejeitar este tipo de invasão do nosso espaço. Podem ligar para nos oferecer uma solução que nos ia ajudar muito na nossa vida, que poderia ser incrivelmente importante, mas rejeitamos mesmo antes de sabermos do que se trata.

Quase sempre aquilo que o cliente rejeita é a interrupção. Muitas vezes os comerciais ligam numa altura que não é conveniente. É importante ter isso em conta e hoje em dia poucas alturas são convenientes.

Nos momentos em que não estamos ocupados, estamos exaustos e, mesmo que seja algo que possa ser vantajoso, preferimos perder a oportunidade a ser invadido num momento em que já não conseguimos assimilar mais informação e só precisamos de descansar.

Esta crescente invasão por parte dos vendedores é responsável por um fenómeno muito comum nos dias de hoje. O nosso cérebro biologicamente tem os seus limites, e não é capaz de processar tanta informação e desligar automaticamente.

Seth Godin[13] revela no seu livro *A Vaca Púrpura* que a sua equipa de investigação consultou alguns leitores que tinham acabado de ler o jornal *The Wall Street* e ninguém foi capaz de recordar ter visto os anúncios de página inteira, pelos quais os seus investigadores perguntavam. Este fenómeno é responsável pela acentuada descida de preços na publicidade tradicional na televisão, jornais e revistas.

À indiferença dos consumidores corresponde a frustração dos vendedores, que sentem como se existisse um muro impenetrável a impedi-los de fazer o trabalho para o qual foram formados. Se, há muitos anos, havia um padrão de rejeição à atividade comercial, hoje, esse padrão elevou-se para níveis nunca antes vistos.

Os comerciais dos nossos dias queixam-se que é cada vez mais difícil marcar uma reunião e cada vez mais complicado fazer uma venda. Mais difícil do ponto de vista das taxas de conversão.

> São necessários cada vez mais contactos para marcar uma reunião e são necessárias cada vez mais reuniões para poder apresentar uma proposta.

13. NA. Autor norte-americano especializado nas áreas de *marketing* e autor de vários *best-sellers*.

O novo papel do vendedor

Neste universo, chegamos ao sofá, agarramos no nosso *tablet* ou no telemóvel e vamos procurar aquilo que desejamos comprar. Podemos, nessa tarde, ter recusado três vendedores que iriam vender aquele produto ou solução com excelentes condições, mas o problema é que ainda não era o nosso *timing*. Nesse momento, em que estamos disponíveis interiormente para comprar ou para saber mais sobre o que desejamos adquirir, é onde deve estar a informação irresistível que possa cativar-nos.

É nesse espaço que o comercial tem de estar. Em primeiro lugar, para esclarecer as nossas dúvidas como compradores e, posteriormente, para dar segurança à compra.

> O vendedor tem de ser um educador na sua área de especialização e responder a todas as dúvidas possíveis do comprador e antecipar os seus medos, antes de este ter consciência do mesmo.

Se analisarmos o fenómeno das vendas do ponto de vista do comprador, encontraremos uma multiplicidade de medos e receios a impedir a compra, tais como o medo de se enganar, de comprar algo inadequado ou por um preço mais elevado do que aquele que poderia ter pago. E, ainda, a um nível mais profundo, o medo do julgamento daqueles que o rodeiam.

Desde os nossos amigos aos familiares, há um conjunto de pessoas à nossa volta que gostam de dar a sua opinião sobre as nossas opções de compra e deixam frequentemente a suspeita de que poderíamos ter feito um negócio melhor. Quanto maior for o montante envolvido na compra e mais visível for a aquisição (um automóvel, uma casa, umas férias), maior é a preocupação do consumidor em não cometer erros, comprar com vantagem, ou pelo menos a um preço justo.

Como já vimos no Desafio 4, o consumidor dos nossos dias é completamente diferente do consumidor do passado recente.

É alguém que pesquisa e utiliza a informação como forma de reduzir o risco de comprar mal, e pretende soluções personalizadas.

Com toda a informação disponível nos nossos dias, o comprador, se for verdadeiramente interessado, poderá tornar-se quase um especialista do produto ou solução que deseja.

Este fenómeno inédito representa um grande desafio para os comerciais nos dias de hoje. Eles próprios terão de estar muito bem informados e seguros do que estão a vender, e conhecer escrupulosamente a proposta da concorrência, pois o consumidor atual, antes de procurá-lo, comparou soluções e preços, e conhece perfeitamente as diferentes opções existentes no mercado.

Acredito que nas vendas do séc. XXI, ou seja, aquelas nas quais já nos encontramos, temos de abandonar a estratégia da caça e passar para a estratégia da pesca de anzol.

As vendas *push* dão lugar às vendas *pull*. Ou seja, o vendedor deixa de ter como objetivo empurrar a pessoa para que esta tome a decisão de comprar e passa a focar-se em atrair as pessoas que genuinamente se interessam pela sua solução. É um processo de influência extremamente subtil. O pescador de anzol é alguém que se torna atrativo e faz o cliente vir ter consigo.

Importante e a não esquecer: nós formatámos toda a nossa estratégia comercial até hoje com base na caça e não a podemos deixar de lado, de um dia para o outro. Tem de passar algum tempo até conseguirmos transformar em pescadores.

É preciso tempo para construir um nicho atrativo. Nalguns casos é pouco tempo, e noutros será muito. Podemos precisar de anos para nos tornarmos um pescador, porque aquilo que nos torna atrativos em vendas é a nossa reputação.

O valor económico da reputação

A Internet é um instrumento indispensável na formação de uma reputação, pois é muito fácil as experiências marcantes serem divulgadas. É assim que as pessoas normalmente iniciam as suas pesquisas quando desejam comprar algo.

Daí a importância de marcarmos uma presença, com o nosso *link* em destaque. De preferência na primeira página, uma vez que é reduzidíssima a percentagem de utilizadores de *sites* que passa da primeira página quando está a realizar uma busca. Também não é indiferente o lugar em que o nosso negócio aparece na primeira página de pesquisa. Por outro lado, é determinante que o que dizem seja positivo, e isso exige um trabalho de elevada qualidade.

Se oferecermos aquilo que é esperado e um serviço justo, provavelmente o nosso cliente ficará satisfeito, mas não se irá dar ao trabalho de comentar a nossa presença na Internet.

> Cada cliente é uma oportunidade única para criar reputação, por isso, não podemos deixá-lo apenas satisfeito com a nossa solução. É preciso mais!

É indispensável sermos capazes de o surpreender com a entrega de um serviço superior ao que eram as suas expetativas. Se queremos criar uma excelente reputação num curto espaço de tempo, temos de exceder sempre as expetativas de cada cliente na sua interação connosco. Temos de oferecer mais valor e mais benefícios do que os esperados.

Além da qualidade dos serviços prestados e da competência técnica, a reputação de um comercial está diretamente relacionada com o seu perfil. Este prende-se com a sua credibilidade enquanto ser humano.

A reputação de um comercial depende das suas qualidades pessoais. No universo contemporâneo, a reputação profissional não está completamente separada da reputação social. Por isso devemos cuidar do nosso desenvolvimento pessoal, o que significa expormo-nos a mais experiências, a mais pessoas e aprendermos com elas.

Cada vez mais, considero decisivo o valor económico da reputação. Valor este que pode ser positivo ou negativo. Uma boa reputação transforma-se, seguramente, em vendas, e uma má reputação na falta destas.

Nos nossos dias, o consumidor tem o poder de fazer danos graves a uma empresa, a uma marca, a um comercial, ou mesmo colocá-la em risco. Antes da universalização da Internet, as estatísticas diziam que um cliente satisfeito partilhava a experiência com três amigos, enquanto um cliente insatisfeito a partilharia, possivelmente, com oito ou nove. Hoje, um comentário positivo ou negativo pode ser partilhado por milhares de pessoas num ápice, pode até tornar-se viral. Uma reputação pode ficar alterada para sempre.

Até construirmos a nossa reputação não seremos um pescador. Até que liguem para a nossa empresa a perguntar por nós (não pela empresa, nem pelo que ela vende, mas por nós), não temos uma reputação suficientemente segura para sermos pescadores.

Isto só acontecerá quando os contactos que precisamos de fazer, para alcançar o nosso objetivo, surgirem sem termos de fazer nada. Este tipo de atratividade não se consegue de um dia para o outro.

> O *marketing* de reputação é das atividades mais importantes que as empresas têm de desenvolver no séc. XXI. Se na nossa empresa ainda não estivermos a fazer esse trabalho, é preciso começar a fazê-lo.

A reputação é composta por alguns aspetos relativamente simples. Reputação e confiança são dois fenómenos que surgem em interação. As pessoas têm de confiar que somos capazes de as ajudar. A confiança surge da competência. Tendemos a deixar-nos atrair por alguém que julgamos ser competente numa determinada área. Não vamos seguir uma pessoa cuja competência não reconhecemos. O melhor vendedor de uma empresa não segue o pior, pois não lhe reconhece competência. Além desta, outro fator decisivo é o caráter. Se a pessoa sabe para onde vai, mas não podemos confiar no caráter dela, também não a seguimos. A reputação constrói-se ao longo do tempo com competência e caráter.

As vendas nos dias de hoje estão intimamente ligadas ao *marketing*. Começa a ser cada vez mais difícil ver claramente onde está a diferença entre o *marketing* e as vendas. Existe até a tendência, em alguns países, para fundir o departamento de *marketing* com o departamento de vendas. Colocando a questão de outro modo: um comercial do séc. XXI não se pode limitar a ser um vendedor, tem de ser também um *marketeer*. Ou seja, tem de ser um *marketeer* da sua própria reputação pessoal.

O novo funil comercial

O funil comercial ou funil de vendas é uma ferramenta indispensável na conceção de gestão científica, inspirada nos ensinamentos de Frederick Taylor. Dá-nos a forma de funcionamento do processo de vendas.

A sua medição e controlo rigoroso permitem conhecer a realidade em que nos encontramos na nossa empresa e superá-la.

O funil tradicional apresentava vários níveis e o comercial deveria focar-se essencialmente em fazer mover o potencial cliente sempre para a fase seguinte.

Nesta escalada comercial havia uma percentagem de possíveis clientes que se perdia em cada um dos níveis. O objetivo era aumentar esses números, de modo a que chegasse ao final um número mais elevado de clientes.

As etapas do funil de vendas tradicional passam por:

1. Contactar uma pessoa;
2. Diagnosticar as suas necessidades;
3. Apresentar uma proposta ou solução;
4. Efetuar uma transação.

18. **O Novo Funil Comercial**

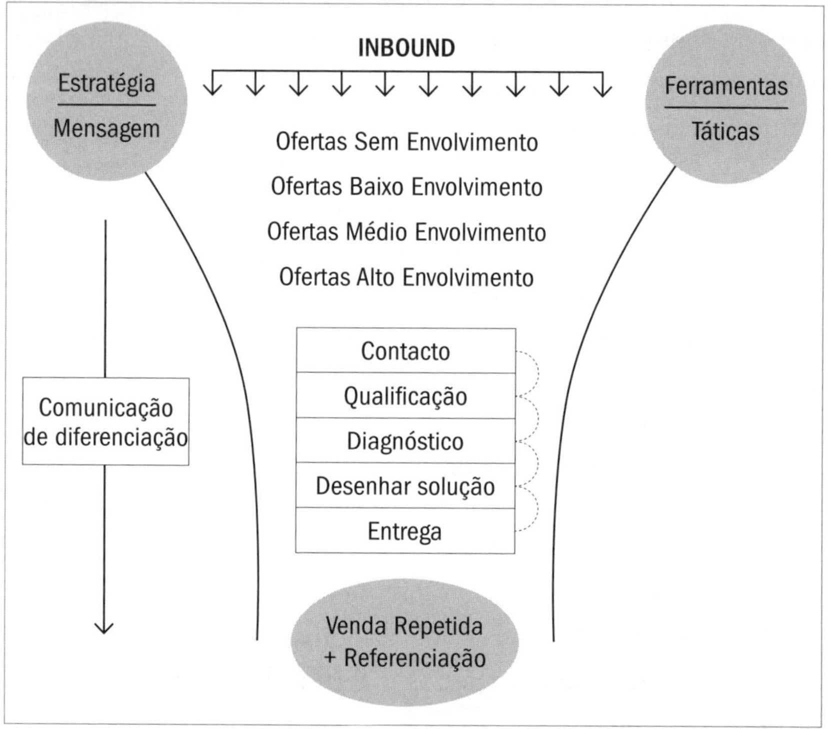

Fonte: Autor

O nosso novo funil, que criei especialmente para apresentar aos meus leitores e clientes, difere do funil tradicional de vendas, porque tem uma antecâmara reputacional.

Este é um espaço com caráter educativo, formativo e informativo. O que o cliente hoje quer é poder ser informado e formado numa determinada solução, na altura e da forma que lhe for mais conveniente, e no local onde lhe apetecer. A seguir, quando sente que está pronto para comprar, pode decidir qual é a melhor opção e quem é que lhe vai vender: não somente a empresa, mas o próprio comercial a quem vai comprar.

Uma boa reputação é correlativa de um comportamento ético inabalável. Tem de ser construída ao nível da empresa e por cada um dos seus comerciais. O cliente está farto de ser interrompido, de ser manipulado e de ser perseguido. Quer decidir no seu próprio *timing*, sem qualquer tipo de pressão ou manipulação.

Este funil vai ter de ser alimentado, em primeiro lugar, por uma série de táticas.

Recomendo um mínimo de dez. A diferença é que, enquanto as outras eram táticas interruptivas (*outbound*), as do novo funil são táticas *inbound*, ou seja, são táticas atrativas.

Agora tornamos o nosso funil atrativo para o cliente optar por lá entrar. Deve ser sempre o cliente a escolher entrar.

Para atrairmos clientes para o funil, a primeira coisa que temos de fazer é escolher a mensagem.

A regra é: a estratégia vem sempre antes da tática. Escolher a nossa mensagem é a nossa decisão estratégica. Temos de saber claramente o que queremos dizer ao mercado. Ou seja, a que nicho de mercado nos dirigimos e o que lhes queremos comunicar (qual é a história que contamos?). Só depois de escolhermos a mensagem, é que vamos escolher as ferramentas para veicular a mensagem. Que é o mesmo que dizer, as decisões táticas. Mas, mais importante, e anterior às ferramentas, é a mensagem propriamente dita.

Constrói-se uma mensagem a contar uma história. A história de termos descoberto uma determinada frustração no mercado e da forma como descobrimos uma solução para ela, e isto enquanto deixamos claro o que diferencia a nossa maneira de resolver essa questão de todas as outras soluções que estão disponíveis no mercado.

Quando trabalho com empresas, é muito frequente dizerem-me que já experimentaram diversas ferramentas e nenhuma funciona. Aquilo que pergunto é o que estão a comunicar às pessoas. Está-se a assumir que as ferramentas estão erradas, quando o que pode não ser adequado é a mensagem.

A primeira decisão tem de passar por saber qual é a nossa história, qual a frustração que a nossa empresa quer resolver no mercado e como é que aprendemos a tratar essa frustração, o que é que nos diferencia das outras opções existentes. As ferramentas para passar essa mensagem só fazem sentido depois de sabermos exatamente o que pretendemos comunicar.

Como e o que comunicar

O nosso *website* deve ser o centro de toda a nossa estratégia de *marketing*. Na linha que advogamos e no âmbito desta estratégia, acredito que o *site* deve ser construído de uma forma muito específica.

A maior parte das empresas recorre ao seu *website* como uma brochura corporativa ou, quando muito, como uma loja *online* da própria empresa. Não é isso que defendo!

Se o nosso *site* for qualquer uma das opções anteriores, visitam-no uma vez para nos conhecerem ou, na melhor das hipóteses, de cada vez que quiserem comprar-nos. Isso não é o que pretendemos com esta estratégia. O que queremos é que o nosso nicho de mercado visite o nosso *website* diariamente. E o que é que pode levá-lo lá todos os dias?

Temos de lhe oferecer informação preciosa, fresca e atualizada sobre alguma coisa que lhe interesse. Daí o nosso *site* dever ser uma plataforma essencialmente formativa ou educativa.

No nosso *website* queremos ensinar o nicho de mercado a resolver algum tipo de frustração que tenha. Se todos os dias publicarmos conteúdos de acesso livre, que sejam verdadeiramente úteis a um grupo de pessoas, elas tenderão a visitar-nos com esse periodicidade. Dessa forma, mantemo-las sob a nossa influência. No dia em que estiverem prontas a comprar, vão optar pela nossa oferta.

Em torno do nosso *website* vamos lançar todo o tipo de engodos que atraia o nosso nicho de mercado. O que recomendo é a utilização de todas as táticas possíveis (não me canso de alertar de que dez será o número mínimo) para veicular os conteúdos que estão no *website* e assim atrair os potenciais clientes.

Além de todas as ferramentas existentes no *marketing* tradicional, o mundo moderno oferece-nos uma variedade muito alargada de novas soluções, quase todas gratuitas e com enorme potencial de gerar resultados verdadeiros. As ferramentas de promoção *online* têm ainda a vantagem de se automonitorizarem em termos de resultados, criando para as empresas uma fantástica base de inteligência, que nos permite tomar decisões muito mais precisas.

No que respeita a estas modernas táticas de promoção *online*, recorde-se de que a integração de todas as plataformas é a palavra de ordem. Muitas vezes falo com empresários que me dizem usar uma ou outra ou até algumas destas ferramentas. Onde puderem andar suspeitos eu tenho de estar. Ou seja, tenho de estar em todas!

Mais do que isso, se estiver em todas, qualquer suspeito ficará impressionado com a abrangência da nossa comunicação e associará isso a credibilidade. Então, com a ressalva de que devemos entender a ecologia de cada plataforma e comunicar no registo a que essa ecologia obriga, não temos escolha: precisamos de comunicar no Facebook, YouTube, LinkedIn, Twitter, blogue, Google+, Instagram, e todas as ferramentas de *media* sociais que possam surgir no futuro.

Da mesma forma que precisamos de ter uma boa estratégia de SEO[14] para sermos encontrados por quem nos possa procurar,

14. *Search Engine Optimization*: Otimização de motor de busca.

devemos saber utilizar os anúncios *online* e estar atento às novas ideias táticas que estão a ser desenvolvidas.

Os conteúdos publicados em todas estas plataformas funcionarão como engodos e o *site* como o local onde, privilegiadamente, pretenderemos agir.

Existem dois níveis básicos de envolvimento que passo a identificar:

1.º nível – No primeiro nível da antecâmara do nosso novo funil, procuraremos atrair os utilizadores para o nosso *website*, começando por lhes dar ofertas sem envolvimento. Trata-se de conteúdos educativos, formativos e informativos que preparamos e disponibilizamos a quem nos visita *online*, sem pedir absolutamente nada em troca. Com isso pretendemos gerar tráfego e criar uma excelente reputação. Podem ser vídeos, áudios, *blog posts* ou qualquer outro formato. Mas é fundamental que as ofertas sejam de elevada qualidade.

> Temos de estar preparados para o facto de este primeiro nível emocional exigir tempo. Quem nos segue tem de desenvolver confiança e respeito pela nossa oferta.

Daí a importância da nossa consistência em proporcionar valor gratuito pacientemente, aguardando que a pessoa se sinta preparada para passar para o segundo nível.

Neste caso, estamos a dirigir-nos a suspeitos. Às vezes essa pessoa nunca passa da fase da oferta sem envolvimento. Até pode nunca nos comprar nada, nunca dizer quem é, mas recomendar-nos a outras pessoas. O que é relevante é que essas pessoas, de certo modo, estão connosco. E, mesmo que não aconteça, faz parte das estatísticas. Existe um grupo de pessoas que nunca vai passar para o segundo nível de envolvimento: o das ofertas de baixo envolvimento.

2.º nível – O nosso *website* deve estar totalmente armadilhado com ofertas de baixo envolvimento. Ofertas de baixo envolvimento são conteúdos de valor mais acrescentado do que a oferta sem envolvimento (um estudo, um *white paper*, um vídeo maior, uma entrevista, um *ebook*, um manual...), mas em que já pedimos qualquer coisa em troca do acesso. Este é um novo patamar de envolvimento com o possível cliente e, aqui, o que se pede em troca pode ser o nome, o *e-mail* e o número de telefone.

Para usufruir dos conteúdos à vontade, a única coisa que quem visita o *site* tem de fazer é dizer-nos quem são. Passa a fazer parte da nossa rede de contactos, o que permite aumentar a nossa base de dados *opt in*. Na área do *marketing*, este é considerado um enorme valor para a empresa, pois está repleto de pessoas que se registaram voluntariamente: costumo dizer que é uma das minas de ouro das empresas.

Esta entrega opcional dos contactos por parte das pessoas permite-nos construir o *email marketing*, uma das mais produtivas ferramentas de vendas.

No momento em que alguém se tornou um contacto, vamos começar a falar com ela de outro modo, pois foi ela que, de forma implícita, nos autorizou a comunicar com ela. Podemos, assim, começar a sugerir-lhe ofertas de médio envolvimento. Este tipo de ofertas já implicam um contacto mais próximo.

Esta é uma primeira aproximação, na qual o comercial pode sugerir uma aquisição de baixo preço ou a proposta de um diagnóstico ou avaliação gratuita, o convite para uma feira, um webinário, etc...

O importante nesta fase é iniciar uma relação pessoal com o prospeto. Embora não esperemos um retorno financeiro relevante nesta fase, esta interação constitui uma oportunidade de mostrar de perto o nosso caráter e a nossa competência. Dependendo da forma como o comercial agir, pode ser um caminho direto para a oferta de alto envolvimento.

A oferta de alto envolvimento é, especificamente, aquilo que queremos vender. É muito importante ter em conta que, quando chegamos à parte da oferta de alto envolvimento, não fomos nós que corremos atrás da pessoa, mas foi ela que nos bateu à porta e pediu para entrar. É ela que nos contacta!

A taxa de conversão neste caso é significativamente mais elevada do que no funil clássico. Quando alguém nos contacta, depois de ter investigado e lido coisas sobre a nossa oferta, quase sempre já nos escolheu, e decidiu que é a nós que vai comprar. Há algo incontornável no fenómeno atual de vendas: deixou de ser um processo de persuasão e passou a ser um processo de influência. A situação ideal de uma empresa (e seus comerciais) seria todos os seus clientes de alto envolvimento terem chegado até si por iniciativa própria.

> O que podemos concluir é que a nossa eficiência *inbound* é muito maior do que a nossa eficiência *outbound*. Quando isto funciona assim, aumentamos o nosso número de contactos e aumentamos a nossa taxa de conversão, em simultâneo.

Quando o cliente nos contacta a nossa preocupação deve ser qualificá-lo. Qualificá-lo significa perceber se temos a solução para lhe oferecer, porque às vezes, podemos ser contactados por pessoas que não conseguimos ajudar.

Depois de o qualificar, passamos à fase de diagnóstico da situação, que é muito próxima da que tradicionalmente fazíamos.

No novo funil de vendas, existe algo diferente de uma proposta. Agora trata-se de desenhar a solução. Mas esta tarefa não deve estar centrada em nós. Apenas devemos guiar o cliente no desenho da solução. O vendedor passa a ser um guia.

Como foi educado/formado por nós ao longo do tempo, o cliente aprendeu muito e queremos usar esse seu conhecimento e a sua capacidade de autodiagnóstico, para que desenhe a solução que precisa com a nossa ajuda.

Com o nosso conhecimento técnico, vamos guiá-lo no desenho que procura. Ao desenhar a sua solução, passa a estar automaticamente comprometida com ela. Praticamente, só temos de assegurar a entrega.

As diferenças entre um funil comercial tradicional e o atual saltam à vista. Enquanto o primeiro se assemelhava a uma pirâmide invertida, o atual aproxima-se da figura de um tubo, o que se deve ao facto de as taxas de conversão serem muito maiores.

> A partir do momento em que vendemos pela primeira vez, temos de assegurar que o cliente volta de novo, comprando repetidamente e nos referencia ainda a outros clientes.

O funil comercial é um instrumento fundamental na empresa e deve estar constantemente a ser objeto de análise e a ser medido. Ele é o nosso painel de bordo. Só conhecendo os números e a taxa de conversão, podemos monitorizar tudo e saber como melhorar os resultados.

É muito importante, neste paradigma de vendas, começar a educar o mercado, criar formas de ensinar a resolver o problema. Nesse caso, os clientes irão ter connosco. Porque vão precisar de alguém que materialize a solução. O médico pode "educar" o mercado a curar uma doença, isso não significa que dispense a sua intervenção. Continuamos a precisar do médico.

Quando assumimos esta linha estratégica, há uma série de benefícios que conseguimos capitalizar a favor da nossa organização: nomeadamente o desenvolvimento de fenómenos de reciprocidade, afinidade e autoridade, três dos seis atalhos mentais da influência, estudados pelo autor Robert B. Cialdini[15], tudo isso enquanto condicionamos a forma de comprar do nosso cliente.

1. O fenómeno da reciprocidade, o primeiro atalho mental, é o princípio de que alguém se sente "obrigado" a repor em género qualquer amabilidade que lhe foi concedida. A maior parte dos seres humanos, quando não sabe o que fazer, segue o princípio da reciprocidade. A língua portuguesa traduz muito bem este fenómeno emocional ao usar o termo "obrigado!" para agradecer. Dizer obrigado implica um nível muito profundo de reciprocidade.

Se houver este tipo de envolvimento emocional, responsável pelo fenómeno de reciprocidade, quando o cliente está pronto a comprar, ele vai comprar a quem o ajudou sem pedir nada em troca.

2. Outro atalho mental que conseguimos espoletar quando educamos as pessoas é o princípio da afinidade (*likeability*), que consiste na capacidade de fazer com que gostem de nós. *Likeability*, ou afinidade, torna mais fácil a interação comercial, porque as pessoas tendem a dizer que sim mais facilmente àqueles de quem gostam. Enquanto vão aprendendo connosco, criam uma afinidade que torna mais fácil responder afirmativamente.

3. O terceiro atalho mental que este modelo de vendas faz espoletar é a autoridade. Enquanto estamos a educar o mercado, estamos a posicionarmo-nos como uma autoridade na área. Quando alguém sente que não tem conhecimentos suficientes, tende a seguir a autoridade. Pensemos no exemplo da nossa saúde: não sabe o que há de fazer e, por isso, procura a opinião de um médico de reputação. A autoridade na nossa área empresarial temos de ser nós.

Outro benefício de trabalhar assim é que educamos os clientes a resolver o tipo de problemas aos quais damos resposta, ao mesmo tempo que lhes estamos a fornecer os critérios de compra.

15. NA. Professor de Psicologia e *Marketing* na Universidade norte-americana do Arizona.

Estamos a ensinar o nosso cliente a comprar aquilo que vendemos. Se fôssemos editores de livros, por exemplo, deveríamos ensinar os autores como poderiam maximizar o seu retorno de ter um livro. Estaríamos a colocar conteúdos no mercado, a toda a hora, para ensinar os autores a resolverem o seu problema de vendas com os livros. Quem tem um negócio é alguém que tem solução para algum problema. Se ensinarmos as pessoas a resolver esse problema, elas virão ter connosco.

Os critérios que devemos comunicar são aqueles que fazem parte da nossa diferenciação. Ao longo de todo o processo de comunicação, temos de comunicar o nosso posicionamento no mercado, a nossa diferenciação. É preciso passar a mensagem inequívoca de que é connosco que têm de fazer negócio.

O novo paradigma de vendas

Em síntese, vejamos os 10+1 passos da venda moderna.

Trata-se de 10+1, porque os dez são os que era suposto ensinar, contudo tenho de vos oferecer algo pela dedicação e paciência de me estarem a ler. Aqui está também um ensinamento: entrego sempre mais do que o que vendo. Se oferecermos mais do que as pessoas sentem que pagaram, elas sentem-se "obrigadas" a retribuir.

1.º passo – Reputação: ouvem falar muito bem da nossa empresa, ou de nós como profissionais e procuram-nos na Internet.

2.º passo – *Website*: ter um fantástico *website*. Isto não significa que seja feito com a última tecnologia e os gráficos mais bonitos. Um *website* fora de série é uma plataforma repleta de ofertas sem envolvimento, educativa, cheia de conteúdos, que ajudem a resolver problemas. Este espaço tem de ser refrescado regularmente para que o cliente sinta vontade de lá voltar uma vez, e outra, e mais outra... O cliente tem de sentir desejo de lá ir todos os dias.

3.º passo – Registo: o utilizador deixa o seu registo em troca de informação ainda mais preciosa. Ou seja, aceita uma oferta de baixo envolvimento.

4.º passo – *Email*: os utilizadores começam a receber os nossos conteúdos também por *email*, nomeadamente algumas das histórias de sucesso.

5.º passo – Vídeos: os utilizadores têm oportunidade de ver vídeos sobre nós. Hoje em dia, é importante ter em conta que a seguir ao Google, o YouTube é o segundo motor de busca mais usado no mundo. O vídeo é de consumo mais rápido do que ler um texto. São também importantes, neste nível, os testemunhos de clientes satisfeitos connosco. Se estes forem em vídeo são muito mais eficazes.

6.º passo – Interação: dar aos interessados a oportunidade de interagir com a nossa empresa, através do *website*, mas principalmente através de plataformas como o Facebook, o Twitter e os nossos blogues.

7.º passo – Contacto direto: as pessoas aceitam uma oferta de médio envolvimento. Normalmente, as ofertas de médio envolvimento já implicam um contacto direto. Por exemplo, compram-nos qualquer coisa de baixo valor financeiro, frequentam um seminário, visitam-nos numa feira, aceitam um diagnóstico. Ou seja, algo que já implique um contacto direto.

8.º passo – Ajuda: as pessoas pedem ajuda.

9.º passo – Qualificação: nós qualificamo-las.

10.º passo – Criar solução: desenhamos uma solução conjuntamente.

10.º + 1.º passo – Referências: pedimos referências e que voltem a comprar mais vezes.

Propostas de reflexão

1. Analise o seu *website*. É um *website* de conteúdos, uma loja eletrónica ou uma brochura corporativa *online* da sua atividade?
2. Qual a percentagem de clientes que o procura por referenciação?
3. Qual a percentagem das suas vendas que são "venda repetida"?
4. Qual a sua reputação no mercado?
5. O que o torna singular e memorável?
6. Em que redes sociais está presente e em quais devia estar a comunicar?

Desafio 7

Criar uma máquina de *marketing*

QUANDO ESCREVI o *Livro Secreto do Crescimento de Negócios*, defendi duas ideias principais, que gostaria de voltar a apresentar neste livro, referentes ao que acredito que deve ser o *marketing* das PME.

Na minha opinião, o *marketing* das PME não deve obedecer às mesmas regras do *marketing* tradicional. Isto porque nas PME não concorremos geralmente por quota de mercado, mas sim por aquilo a que chamo de quota de algibeira. Por isso, o *marketing* das PME deve ser encarado como um jogo de números, ou seja, por cada euro que sai, mais do que isso tem de entrar.

A segunda ideia é a de que nos últimos anos, e num período muito curto, a forma de as empresas comunicarem mudou radicalmente. Com a mudança da atenção das pessoas dos meios de comunicação tradicionais para a Web, alterou também o modo como o consumidor procura e se deixa influenciar pela informação. Como consequência, a estratégia de *marketing* das empresas teve de se adaptar, apesar de algumas ainda não terem percebido isso.

Quando acompanho os empresários no crescimento das suas empresas, deparo-me frequentemente com políticas e estratégias de comunicação muito ineficientes. Para ser rigoroso, raramente identifico políticas e estratégias de comunicação e o *marketing* (mesmo nas corporações que as valorizam) é uma mera acumulação de ações táticas, sem uma linha estratégica coerente de base.

Por outro lado, as PME têm tendência para encarar o *marketing* de uma forma enviesada e procuram acima de tudo conseguir notoriedade, motivadas essencialmente pelo ego dos seus responsáveis, o que faz com que não monitorizem a sua comunicação de uma forma rigorosa.

Os resultados desta perspetiva são os de, por um lado, não saberem que investimentos estão a resultar e, por outro, não retirarem dos seus investimentos o máximo retorno. Facilmente, o *marketing* é um custo em vez de ser um investimento. Quando a situação aperta, acaba por ter de ser uma das primeiras coisas a cortar.

Até que os empresários alterem a sua perspetiva sobre a comunicação, o crescimento dos seus negócios depende muito dos desígnios do mercado e da economia e não de fatores que eles controlem. E se depende do mercado, significa que só crescem enquanto o mercado sobe, mas como diz Warren Buffett "é quando a maré desce que se vê quem nadava nu".

O marketing de guerrilha

No caso do *marketing* de guerrilha, o *marketing* das PME funciona como a matemática. É matemática no sentido em que, por cada euro que sai de investimento, tem de entrar mais do que isso em margem bruta. Temos de assegurar que todo o dinheiro que sai em *marketing* é rastreável positivamente em retorno. Porque, caso contrário, o *marketing* deixa de ser investimento e passa a ser uma despesa.

No *marketing* de guerrilha, existem três regras a cumprir.

1. A primeira regra consiste em entender o custo de aquisição de um cliente. No fundo, podemos dizer que os clientes são comprados. Comprar um cliente significa que investimos em ferramentas, em engodos, em iscos para o atrair e temos de assegurar que cada uma destas ferramentas é rentável.

Vamos imaginar que investimos numa qualquer ferramenta, num anúncio, por exemplo, mil euros por ano. E que este anúncio nos traz cem contactos. Cada contacto fica-nos a dez euros. Vamos agora imaginar que temos uma taxa de dez por cento nesses contactos. A ferramenta traduz-se em dez clientes. Cada um destes clientes compra mil euros, traduzindo-se o montante final em dez mil euros. Vamos supor que temos uma margem de dez por cento sobre cada uma destas vendas. O lucro final são mil euros. Como tínhamos investido mil euros temos de concluir que temos um *break-even* com esta estratégia. Ou seja, pagámos os custos. Se esta fosse a média das nossas estratégias, o nosso custo por cliente era de cem euros. Para comprarmos os nossos clientes por cem euros, teremos de assegurar que nos dão mais do que isso em retorno.

2. Conhecer o custo de aquisição não é suficiente. Precisamos de saber quanto vale um cliente no longo prazo. Essa é a segunda regra. Como é muito difícil fazer uma previsão exata desse valor, até porque está sempre a mudar no longo prazo, precisamos de fazer uma estimativa que se aproxime o mais possível. Uma das minhas máximas de controlo de gestão é de que: "Mais vale estar aproximadamente certo do que exatamente errado."

> Quanto vale um cliente no longo prazo? Vale o conjunto das suas transações futuras mais as dos outros clientes a quem nos irá referir.

Obviamente, em gestão todos os cálculos devem ser feitos em termos médios. Por exemplo, se dos dez clientes que nos compraram, cinco deles voltaram a comprar e cada um dos cinco comprou mais três vezes. E se, em média, voltaram a comprar mil euros. Isto dá uma rentabilidade de 15 mil euros. Neste caso, a nossa estratégia já foi rentável.

Supondo que um destes compradores nos refere a um amigo que nos compra mais mil euros, com uma rentabilidade de dez por cento ganhamos mais cem euros. Assim teríamos um lucro de 1600 euros nesta estratégia.

É crítico perguntar sempre quem o referenciou. Isso é claramente decisivo para poder fazer um controlo razoável dos nossos números e poder usá-los de modo a tomar decisões.

No dia em que servimos um cliente que não saibamos de onde apareceu, deixamos de poder rastrear o nosso *marketing*. É muito importante fazer a ligação do cliente a uma fonte pois, se assim não for, corremos o risco de estar a deitar dinheiro fora. A verdade é que algumas estratégias que parecem óbvias não resultam e outras, que *a priori* parecem pouco interessantes, resultam muito bem. Se não soubermos com exatidão, não temos hipótese de medir as melhores estratégias.

A partir do momento em que conhece o seu custo de aquisição por cliente e o valor do cliente no longo prazo, é quase como se ficasse em condições de saber quanto dinheiro precisa de investir para conseguir os níveis de faturação que deseja.

Da mesma maneira que o seu orçamento de *marketing* cresce quase automaticamente, porque vai investindo cada vez mais nas estratégias que estão a funcionar e desinvestindo nas que não funcionam.

A partir do momento em que está a quantificar, passa a ter instrumentos precisos para tomar decisões, ganhando poder de acção sobre o crescimento do seu negócio.

3. À terceira regra chamamos a "regra das dez" e aprendia-a com o meu amigo Brad Sugars[16]. Esta regra ensina-nos que

16. NA. Fundador da empresa norte-americana ActionCoach.

devemos utilizar, em cada momento, um mínimo de dez táticas de *marketing*.

E os motivos são óbvios: quantas mais ferramentas de *marketing* tiver, mais contactos vou atrair e mais contactos significam mais vendas.

Por outro lado, se tiver mais formas de gerar contactos, corro muito menos riscos, no caso de alguma poder deixar de funcionar.

Dez estratégias

Há muito tempo que faço investigação nesta área, o que me leva a reconhecer que as coisas estão a mudar muito rapidamente. Há cerca de dez anos, optava-se por uma tática, e ela poderia chegar a durar anos. Hoje, às vezes, o que funciona num mês já não funciona no mês seguinte. No universo digital, é tudo extremamente volátil e sem garantias. Daí a importância de recorrermos a dez estratégias.

É claro que se tivermos 15 boas ideias será melhor. Apenas aconselho dez por ser um número suficientemente grande para nos obrigar a ter muitas. E, quando andamos à procura de dez, é perfeitamente natural que encontremos 12, 15 ou até mais. Dez é um número que nos obriga a pensar em muitas. Se iniciarmos a reflexão à procura de três, facilmente as encontramos e sentimo-nos satisfeitos, enquanto se tivermos de pensar em dez, isso far-nos-á abrir a nossa mente para um número muito maior e diversifica o risco, se alguma deixar de funcionar.

Vamos supor uma empresa normal que tem três estratégias para conquistar contactos. Uma ou duas deixam de funcionar, as vendas baixam, pergunta-se ao empreendedor o que se passou e ele é capaz de responder que a economia está em crise.

O problema é que o empreendedor não tem a noção clara de que usava três estratégias de *marketing* e que duas não funcionam. O fenómeno de uma estratégia de *marketing* deixar de resultar é vulgaríssimo. Por isso, quando duas deixam de funcionar, somos obrigados a ir procurar mais duas. A regra das dez também nos cria essa pressão: sempre que vemos que alguma das nossas estratégias não nos traz rentabilidade, somos obrigados a lançar outra.

A tendência na gestão das PME é a de que, quando encontramos uma ou duas estratégias que resultam, acomodamo-nos às mesmas. E isso é um erro crasso! Porquê? Por um lado, porque estamos desde logo a colocar à parte uma série de outras possibilidades que se poderia somar às primeiras e com prejuízo direto dos nossos resultados imediatos. Também porque as estratégias que em determinada altura estão a funcionar podem deixar de resultar mais à frente.

Conto com frequência um caso que se passou comigo há uns anos. Lancei uma empresa e pensámos em cerca de dez estratégias de *marketing*.

Uma das estratégias, por sinal a mais barata, gerou-nos no primeiro ano cerca de 70 por cento das vendas, com um valor imediato de cerca de 500 mil euros, para um investimento de pouco mais de mil euros por ano, num orçamento de *marketing* de sensivelmente 35 mil euros. Na linha das práticas que mais vezes tenho observado, poderia ter mantido apenas essa estratégia poupando imediatamente muito dinheiro em *marketing*.

Mas isso seria errado. Teria abdicado imediatamente de 30 por cento das minhas vendas pelo valor de mais de 200 mil euros e de onde ainda por cima resultava uma margem muito agradável. Mas pior ainda do que isso foi que, no segundo ano de atividade, a estratégia gerou apenas 30 por cento das nossas vendas, num valor de pouco mais de 200 mil euros.

Continuou a ser um valor simpático para uma estratégia, mas tendo em conta os investimentos que entretanto fizemos, dificilmente sobreviveríamos se tivéssemos mantido apenas essa tática.

As nossas vendas mantiveram-se sólidas no segundo ano, exatamente porque não nos acomodámos a uma forma de alimentar o funil comercial e fomos procurando sempre outras, mesmo que numa fase inicial tivessem uma pior relação investimento-retorno.

Apresentando esta ideia de outra forma, não se preocupe em escolher as estratégias com melhor relação entre rendimento e retorno, mas sim todas as de que se lembre e que mantenham um retorno positivo.

Por curiosidade, no terceiro ano esta estratégia trouxe-nos um redondo zero e no quarto ano deu-nos cerca de 15 por cento das vendas. Mas se não tivéssemos mantido a procura constante de outras ideias para alimentar o nosso funil teria sido fatal.

> A minha sugestão é que saia da sua zona de conforto e teste ideias novas de forma constante. Se puder contar com mais estratégias para alimentar a sua máquina comercial, não use menos.

A outra ideia que gostaria de transmitir é a de que o *marketing* mudou, e muito rapidamente, nos últimos anos, principalmente a partir de meados dos anos 80 com a globalização, e a partir de meados dos anos 90, com os aparelhos móveis, a Internet e a TV por cabo, como descrevi no desafio anterior.

Vendo a história de outra forma, podemos dizer que na comunicação empresarial passámos por três fases essenciais:

1) Numa primeira fase dependia-se do passa-palavra. As pessoas experimentavam uma solução e falavam dela aos seus conhecidos que eventualmente a experienciavam também;

2) Depois, com a invenção da imprensa e mais tarde da televisão, passámos à fase da publicidade em que as regras mudaram, e através dos meios de comunicação social as empresas transmitiam a informação diretamente ao consumidor;

3) Hoje, na terceira fase, estamos a voltar ao ponto de partida. No mundo ocidental, temos tudo o que precisamos e quase tudo o que podemos querer e somos bombardeados com tanta informação que aprendemos a ignorar.

As redes de informação permitiram uma enorme transparência no mercado e passámos a aceder a toda a informação que necessitamos. Porque esta informação vem de outros consumidores, achamo-la mais credível. Por isso é que as empresas com provas dadas começam a ganhar vantagem e o *marketing* tradicional tornou-se menos relevante ou, pelo menos, o seu peso diminuiu dramaticamente.

As pessoas passaram a deixar-se influenciar de uma maneira diferente e que, se aquilo que fazemos não é totalmente diferente e memorável, ninguém repara. Vamos ter de aprender a lidar com este crescente défice de atenção por parte do consumidor.

> O excesso de soluções, de informação e de estímulos transforma-se em ruído e afasta os potenciais clientes da nossa mensagem.

A realidade é dura: a maior parte dos nossos potenciais clientes não irá perceber a nossa existência. A não ser que consigamos construir uma ponte que passe por cima do ruído e assegure que a nossa mensagem chega ao outro lado.

As cinco perguntas do *marketing*

Montar uma estratégia de *marketing* passa por responder a cinco questões:

1. Quais são os objetivos de vendas da empresa nos próximos 12 meses?
2. Qual é o nicho de mercado que vai comprar o nosso produto/serviço?
3. Quais são as frustrações desta fatia do mercado?
4. Como é que a nossa oferta alivia essas frustrações?
5. De que forma é que essas soluções são suficientemente memoráveis para que as pessoas comecem a falar sobre elas na sua rede de contactos?

Outrora, as empresas, através da publicidade, contactavam diretamente o consumidor e dessa comunicação resultavam vendas. Hoje, está tudo mais difícil e há que fazer as coisas de forma diferente.

Temos de identificar os indivíduos no nosso mercado-alvo e dar-lhes valor gratuitamente para que nos autorizem a comunicar de forma direta com eles no futuro. Devemos construir uma reputação e posicionarmo-nos como formadores, de modo a que sejamos a primeira escolha quando o consumidor estiver pronto para comprar uma solução como a nossa.

> O *marketing* moderno passa por oferecer valor gratuito e construir uma base de dados.

Outro dos aspetos que está definitivamente a mudar no *marketing* é o de esta disciplina passar a ser, de uma vez por todas, dirigida ao consumidor e não àquilo que a empresa está orgulhosa sobre si própria, ou sobre as qualidades fantásticas da sua solução. O cliente é cada vez mais exigente e quer saber quais são os seus benefícios.

Apesar desta nova realidade, continuo a ver empresas, mesmo as maiores e mais importantes, a fazer principalmente *marketing* sobre si próprias e as suas ofertas e não sobre a forma como resolvem as eventuais frustrações do mercado.

Isto não é sobre nós nem sobre as nossas empresas! É sobre os potenciais clientes, tratando-os cada vez mais de uma forma individualizada!

Quando acompanho empresas no seu crescimento, uma das coisas que gosto de fazer, ao analisar a sua comunicação, é aquilo a que chamo de análise "vermelho e azul". Eu e a minha equipa percorremos todas as peças de comunicação da empresa e assinalamos com uma bola vermelha aquilo que fala dela, da sua história e das suas soluções, e com uma bola azul tudo o que fala dos seus clientes e dos seus desafios. E já está a imaginar qual é o resultado na maior parte das vezes, não é? A análise fica cheia de bolas vermelhas! Difícil é depois convencer os responsáveis que isso não é positivo.

Os cem clientes de sonho

Construa uma máquina de *marketing*, ou seja, crie um sistema de comunicação constante de contacto com o mercado, no sentido de transformar suspeitos em prospetos e estes em clientes.

Nos dias que correm, e principalmente nas PME, é decisivo construir uma base de dados com potenciais clientes. Mas não pode ser uma base qualquer. Já passou o tempo em que as bases frias funcionavam. O que precisamos é de uma base *opt in*, ou seja, uma base em que as pessoas aceitam entrar, permitindo assim que passemos a comunicar com elas com muita frequência: a isto podemos chamar *marketing* de permissão.

Depois devemos entregar valor de forma constante a essa base, mas valor gratuito. Valor gratuito gera reciprocidade, e traz-nos também uma série de outros benefícios. Permite-nos criar reputação, notoriedade e, mais importante que tudo, influenciar os critérios de compra do cliente.

É por isso que o chamado *marketing* de formação está tão em voga. Se educarmos o nosso prospeto, continuamente, sobre como pode aliviar uma determinada frustração, quando se decidir a fazê-lo provavelmente será connosco. Porque nos está agradecido, porque confia e porque influenciámos a forma como vai escolher a solução que procura.

Há uma tática concreta que não queria deixar de partilhar, por ter sido muito produtiva nos quase dez anos em que a tenho partilhado com os meus clientes. Nos casos que conheço de perto, tem tido muito bons resultados.

É a estratégia dos cem clientes de sonho. Por uma questão de justiça, quero revelar que a aprendi com Chet Holmes[17] no seu magnífico livro *A Verdadeira Máquina de Fazer Dinheiro*.

Nesta estratégia temos de começar por identificar os cem clientes com quem gostávamos de trabalhar. Ou seja, os cem melhores clientes possíveis que ainda não temos. É óbvio que não necessitam de ser cem, pois há nichos de mercado nos quais não há cem clientes de sonho. Cada um tem de adaptar o número à sua realidade. Pode ser uma estratégia dos 30 ou dos 40. O importante é identificar os clientes ideais que ainda não estamos a servir. Se fosse possível elegermos o tipo de clientes que queríamos, quais seriam? A partir dessa lista, comunicamos com eles todos os meses.

Deveremos fazê-lo através de uma peça de comunicação que eles não possam ignorar. Aconselho a que se opte por qualquer coisa invulgar, "fora da caixa", bem-humorada, que os faça pensar: "Estes sujeitos são divertidos e atrevidos. Será que são bons profissionais?"

Por exemplo, numa das minhas empresas, uma vez comprámos cem manequins, tirámos-lhes os braços esquerdos, metemo-los num envelope e enviámos às nossas cem empresas de sonho com a seguinte mensagem: "Agora que já tem o nosso braço esquerdo, dávamos tudo para sermos o seu braço-direito!" E depois explicávamos o que fazíamos na nossa empresa.

> Se enviarmos uma mensagem "fora da caixa" por mês, que faça os potenciais clientes pararem e pensarem, é impossível que as pessoas um dia não abram espaço para uma oportunidade.

Existem várias possibilidades: ou um dia estão aborrecidos com o fornecedor habitual, ou ficam tão curiosos connosco que não resistem a procurar quem está por trás daquela mensagem.

---

17. NA. Conceituado consultor de negócios, mestre da estratégia e professor universitário.

Um dos nossos clientes, que segue esta estratégia há anos, com ótimos resultados, confidenciou-me que, ao chegar a uma reunião de vendas, escutou do seu interlocutor: "Eu não sei se vocês são os melhores, mas se forem tão bons como o vosso *marketing*, pelo menos tenho de vos conhecer. Depois logo se vê se trabalharemos juntos."

São poucos aqueles que se empenham em fazer coisas criativas, fora do comum. Isso leva o outro lado a dar atenção a alguém que o ousa fazer. Pensemos no exemplo do cubo mágico, que também uma vez enviámos à nossa lista, o cabeçalho da comunicação dizia que: "Há muitos empresários que têm dificuldade em resolver os desafios do seu negócio. Nós temos a fórmula!"

Se enviarmos um cubo mágico com uma mensagem, podemos despertar memórias afetivas, já que a probabilidade de a pessoa ter tido um cubo mágico há 30 anos é elevada. Pode até nem ligar muito à mensagem, mas vai deixar o cubo mágico na secretária ou leva para casa e mostra aos filhos. Não é facilmente esquecido. Mais tarde, se os comerciais ligarem e disserem "Fui eu que lhe enviei um cubo mágico", irão reconhecer quem está a falar.

> A ideia é não fazer *follow-up* antes do quarto mês. Os três primeiros meses são só para criar curiosidade. A regra mais importante desta estratégia é nunca desistir. Esta é uma estratégia para sempre.

Há muitas empresas que optam por este tipo de *marketing*, mas no quarto mês, quando fazem o *follow-up*, se o cliente não os recebe, nunca mais comunicam, argumentando que a estratégia não funcionou. A regra básica deste tipo de *marketing* é enviar peças de comunicação até terem uma oportunidade. A minha experiência diz-me que esta oportunidade vai chegar para cem por cento destes clientes. A comunicação a este nível só termina quando o negócio for fechado.

Vamos supor que o cliente nos dá uma oportunidade, fazemos uma proposta e não se fecha o negócio nesta fase. Neste caso, temos de continuar este tipo de estratégia.

Singularidade e memorabilidade

Gostaria de deixar uma nota importante sobre *marketing*. O *marketing* atual é todo sobre passar duas ideias: singularidade e memorabilidade.

Todo o *marketing* tem de mostrar que a empresa é única. A forma como fazemos as coisas é diferenciada de qualquer outra opção do mercado. E tudo tem de mostrar essa singularidade, esse caráter único e irrepetível.

Como diz Seth Godin, o guru do *marketing*: "Nós temos de ser a vaca púrpura." Ver uma vaca púrpura resulta numa história para contar. Ninguém pode ignorar a vaca púrpura. A empresa tem de mostrar que é singular de tal modo que se torne a vaca púrpura. É esta singularidade que a torna inesquecível.

> Temos de ser uma empresa que transmite uma história para contar às pessoas e transmitir, pela forma como comunicamos, que somos diferentes.

Singularidade e memorabilidade são os dois aspetos determinantes do *marketing* atual. Se as nossas empresas aplicarem estes ensinamentos de *marketing*, destacam-se da concorrência. Vamos estar a fazer coisas de forma diferente.

Mas, sempre que alguém faz coisas diferentes dos outros, expõe-se à crítica. Haverá sempre quem não vai gostar do que estamos a fazer. Se nos importarmos com isso, teremos de escolher ser médios ou medíocres. Nem sei se teremos essa alternativa quando somos empreendedores. Como empreendedores temos sempre de ser ousados.

Se o que fazemos for diferente daquilo que os outros fazem, nunca vai ser pacífico. Haverá aqueles que acham que é o máximo e os que vão achar que não somos confiáveis. Se optarmos por este caminho, arriscamo-nos a cometer gafes, seguramente seremos alvo de alguma crítica, mas temos de aprender a viver com isso, pois hoje em dia, não nos podemos dar ao luxo de ser medíocres. Temos de aprender a considerar que a opinião dos outros é um problema deles, senão a nossa empresa não se vai destacar.

Marketing digital

Na linha do Desafio 6, em que analisámos as vendas e o *marketing*, existem quatro ferramentas que gostaria de destacar no que respeita ao *marketing* digital.

1. A primeira, e que acredito que deve ser o centro da nossa estratégia, é o nosso *site*. O *site* deve ser a pedra basilar da estratégia de comunicação. Está sempre aberto, 24 horas por dia e pode estar sempre a comunicar com potenciais clientes, a fazê-los descer pelo funil e até a vender. Tem baixos custos de estrutura e pode e deve ter sempre informação fresca e atualizada.

> Se estiver sempre a atualizar o seu *site* e este for rico em conteúdos formativos gratuitos, vai ser visitado regularmente pois os utilizadores querem saber o que há de novo. Evite, por isso, ter um daqueles *sites* que nunca muda. Isso torna-se aborrecido e afasta os utilizadores.

Algumas sugestões para dinamizar seu *site*:

a) Construa-o com uma mensagem poderosa que se dirija diretamente à frustração do seu mercado-alvo. Apresente de forma clara informação educativa sobre como essas pessoas podem resolver essa frustração;

b) Torne o *site* caloroso e agradável, apresente fotos empáticas de preferência com clientes satisfeitos e/ou a usar as suas soluções;

c) Distribua por vários locais mecanismos de captura de *emails*, as tais ofertas de baixo envolvimento. Não se esqueça da importância de construir a sua base de dados *opt in*;

d) Disponibilize uma série de ofertas sem envolvimento em que possa deixar valor gratuito;

e) Aproveite também para ter registo de testemunhos de clientes satisfeitos, identifique-os, na medida do possível, e pode tê-los escritos ou em vídeo, sendo que o vídeo funciona ainda melhor;

f) Utilize o maior número possível de elementos interativos. Vídeos, jogos, testes, *podcasts*, etc.;

g) Tenha uma secção de recursos gratuitos que possam ser usados pelos visitantes e mantenha-a atualizada para todas as notícias e todos os eventos;

h) Muito importante é monitorizar, medir e quantificar absolutamente tudo.

2. A segunda ferramenta é o *email marketing*. E o *email marketing* é de importante utilização depois de criada a tal base *opt in*. Não esteja mais de duas semanas sem enviar informação relevante.

Pode ser como uma *newsletter*, por exemplo. Envie vídeos, histórias, testemunhos, artigos, estudos, organize seminários *online* gratuitos, tudo o que se lembrar.

Lembre-se de que o *email marketing* é um jogo de números. Depende da dimensão e qualidade da base de dados, bem como da forma como é trabalhada. Invista de forma contínua em aumentar a base e mantenha-se em contacto.

3. Em terceiro lugar temos o SEO.

Na prática, resulta na otimização dos resultados da procura, de todas as palavras-chave pelas quais os potenciais clientes podem eventualmente procurar a sua empresa nos motores de busca. Bons resultados nestas procuras são essenciais e por isso a otimização é absolutamente decisiva. Nos dias de hoje, se não aparece na primeira página do Google, é como se nem sequer existisse.

Lembre-se de que o primeiro a aparecer na lista tem mais do dobro das visitas do segundo e este mais do dobro do terceiro. A partir do quarto da lista os resultados são residuais. Lembre-se também de que depois de ocupar um dos lugares de topo é mais difícil sair de lá. A atividade do seu *site* tem um maior peso no algoritmo e os que estão no topo, que recebem mais visitas, vão reforçando a sua posição: é um círculo virtuoso.

Os algoritmos vão mudando de vez em quando, mas costumam contemplar, além da atividade, os conteúdos do *site* e os *links* existentes para esses *sites*. Por isso, esses são aspetos que vai querer trabalhar.

É também importante saber que o mercado tem vindo a tornar-se imune aos meios de comunicação tradicionais e privilegia a procura orgânica nos motores de busca à procura paga.

O consumidor aprendeu a perceber que os nomes que aparecem logo no topo, aquando de uma busca, bem como na coluna da direita, pagam para lá estar. Pelo que preferem os resultados orgânicos.

Tenha ainda atenção que a seguir ao Google, o YouTube é o segundo motor de busca mais utilizado no mundo. Não despreze o valor do vídeo e prepare sempre conteúdos nesse formato. Cada vez mais os conteúdos em vídeo estão valorizados por serem de consumo mais imediato por parte do utilizador.

4. A última ferramenta chama-se PPC (Pay Per Click). São os anúncios pagos que podemos colocar nos motores de busca e/ou nas redes sociais. Tem a grande vantagem de podermos definir quanto investir e a que público deve aparecer o anúncio, pelo

que é relativamente fácil definir o alvo. Tem ainda a vantagem de poder ser afinado constantemente até estar a resultar como queremos.

Todas estas ferramentas, por serem de origem tecnológica, têm registo de tudo quanto acontece. Como tal, são ótimas formas de gerar informação que depois podemos gerir e otimizar. O *web marketing* é, na minha opinião, o *marketing* do futuro e é cada vez mais o do presente.

Um plano de *marketing* em sete minutos

Em 2008, em Dublin, fiz um curso com Jay Conrad Levinson, o criador do conceito de *marketing* de guerrilha, que escreveu 77 livros sobre *marketing*. Foi este *marketeer* que criou a figura do Marlboro *man*. Porque a Marlboro, antes desta intervenção, era uma marca associada às senhoras. Eram elas quem fumava Marlboro nos EUA.

Assim, decidiram fazer campanhas para masculinizar a marca para que os homens também comprassem. Daí terem recorrido à figura do *cowboy*, que foi muito bem-sucedida.

Levinson ensina que um plano de *marketing* em sete minutos tem de responder a sete questões:

1. Qual é a ação que pretendo do possível cliente?

Muitas vezes cometemos o erro de planear uma campanha sem definir previamente que ação pretendemos por parte do consumidor. Por isso temos de responder às seguintes questões:

a) Desejamos exatamente o quê?
b) Que se registem numa base de dados?
c) Que nos telefonem?
d) Que respondam a um questionário?
e) Que nos façam um pedido de informações?
f) O que pretende exatamente?

Isto porque a forma como vamos desenhar um plano depende do que pretendemos que faça o consumidor.

Não podemos lançar nenhuma peça de comunicação sem definir claramente qual é a reação do cliente que pretendemos. É completamente diferente criar uma estratégia comunicacional que pretenda uma venda, de uma peça de comunicação que procura uma reunião, ou de outra que procura um registo numa base de dados.

2. Qual é a nossa proposta única de venda?

A proposta única de venda é a nossa singularidade e memorabilidade. Em rigor, é a nossa diferenciação, o que fazemos que mais ninguém faz.

Temos de saber responder às seguintes questões:

a) Porque é que há um nicho para o qual somos a melhor opção? Isto tem de estar claro em toda a nossa comunicação. Como vimos anteriormente, não basta ter o melhor valor, temos de comunicar esse valor.

b) O que é que torna a nossa oferta única?

c) O que é que a torna diferenciada da concorrência?

3. Qual é o nicho de mercado ao qual nos estamos a dirigir?

Saber exatamente a quem se dirige cada peça de comunicação é essencial, pois a peça deve qualificar o recetor, assim como interessá-lo, despertar o desejo e a ação. Desde o cabeçalho da peça, ao *copy* no fecho da mesma, tudo deve estar pensado para um nicho específico.

Posso fazer várias peças para vários nichos, não posso é estar a comunicar sem saber a quem quero chegar. Raramente vejo campanhas de *marketing*, nas PME a respeitar este princípio.

Tenho de ter resposta para as seguintes questões:

a) Quem são exatamente?

b) Quais as suas características?

c) Onde é que os podemos encontrar em maior concentração?
d) Qual a sua frustração?
e) Qual o seu processo de decisão?
f) Quem são os influenciadores destas pessoas?

Muitas vezes as campanhas falham porque são colocadas na rua, mas não nos melhores meios para atingir a fatia do mercado que nos interessa. Porque ao não estar essa população rigorosamente identificada, falhamos em dirigir-lhe de forma direta a comunicação.

4. Quais as ferramentas que vamos usar?

A lista das táticas de *marketing*, ou seja, os veículos de transmissão da mensagem que vou usar é o ponto seguinte do meu plano. Lembre-se de respeitar a regra das dez (estratégias).

5. Quais são os benefícios que oferecemos a esse nicho?

Aqui devemos enumerar, de forma concreta e específica, os ganhos que têm se optarem pela nossa oferta. A maior parte das empresas e vendedores comunica as características do que vende, mas as pessoas não compram características. Quem compra benefícios, ou se quiser ser ainda mais rigoroso, compra os estados emocionais a que associam esses benefícios.

Comunique sempre como a pessoa se vai sentir quando lhe comprar o seu produto, utilizar o seu serviço, ou tiver os resultados da interação com a sua empresa.

6. Identificar a sua identidade significa responder a estas três questões:

a) Qual é a nossa identidade?
b) Quem é que somos?
c) Quem é a nossa empresa?

Podemos, por exemplo, dizer que somos o número um em alguma condição: os mais simpáticos ou os mais rápidos. Por exemplo, a Telepizza, há uns anos, diferenciava-se pela rapidez. A publicidade chamava a atenção para este facto sem sequer mencionar a qualidade da *pizza*. Estamos a falar mais uma vez de comunicar a nossa diferenciação, a nossa proposta única de venda, a nossa reputação, a imagem que queremos construir junto do cliente.

7. Quanto é que temos para investir na campanha, qual é o nosso orçamento?

Lembre-se o seu orçamento não deve apenas prever o quanto deve investir, onde vai investir e o respetivo calendário de investimento.

O seu plano, ao contrário do que normalmente vejo acontecer, também deve prever quanto pretende ganhar com esse investimento. Ligar a causa ao efeito, o investimento a um resultado desejado, é crítico para poder fazer uma avaliação rigorosa do resultado das suas campanhas. Caso contrário poderá ser o seu ego a dirigir as suas decisões de investimento em *marketing*.

Depois de compreender e implementar uma boa estratégia de *marketing*, vamos analisar a componente da experiência em todo o processo de venda.

Propostas de reflexão

1. Quantas táticas de atração de contactos está a utilizar?
2. Qual é hoje o seu custo de aquisição de um cliente?
3. Quanto estima que pode, em média, valer cada um dos seus clientes no longo prazo?
4. Responda às cinco perguntas do *marketing*.
5. Faça a lista dos seus cem clientes de sonho.
6. Faça o seu plano de *marketing* em sete minutos.

Desafio 8

Proporcionar aos clientes uma experiência *wow*!

NA MINHA opinião, a economia do séc. XXI iniciou-se como a economia da experiência. O que é que quero dizer com isto? Vou tentar ser claro: produtos e serviços já não são o suficiente para aumentar o crescimento económico, criar empregos e manter a prosperidade.

Num mundo cada vez mais saturado com soluções e informação sobre essas soluções, a maior oportunidade para criar um verdadeiro valor económico resulta de proporcionar ao consumidor as verdadeiras experiências que podem até ser transformações.

Nos meus seminários de vendas, oiço os comerciais a queixarem-se do preço. Apresentando-o inclusivamente como a principal razão para perderem negócio. Nos *workshops* com empreendedores, esta também é uma das questões que me apresentam como decisiva. Apesar de não me rever nestas posições, espero que este desafio revele que essas são, na minha perspetiva, falsas questões.

Falsas questões

Já vimos que a eficiência operacional, a escala e o poder de preço implícitas não são vantagens competitivas sustentáveis no longo prazo. De uma vez por todas, as empresas serão obrigadas a compreender que nos dias de hoje a criação de verdadeiro valor económico para o cliente resulta de ultrapassar essa produtização e de criar experiências gratificantes.

Os produtos e os serviços podem até ser suficientes para fazer dinheiro nas épocas de crescimento económico. Mas nos tempos de contração percebemos rapidamente as nossas limitações. Infelizmente, ou talvez não, os contínuos ciclos recessivos têm posto a nu todas essas fragilidades na esmagadora maioria das empresas.

Nenhuma empresa quer entrar numa situação de produtização. Quando a perceção da diferenciação desaparece, a única coisa que resta é o preço. Passamos a trabalhar com margens esmagadas e a rentabilidade desaparece.

Na história económica, começámos por transacionar essencialmente mercadorias e/ou matérias-primas. Depois entrámos numa fase em que foi necessário passar aos produtos. Numa evolução mais recente entrámos numa economia de serviços. Hoje as empresas vão ter de compreender, pelas razões que temos vindo a apresentar neste livro, que isso já não é suficiente.

Quando alguém compra um serviço, está a comprar essencialmente um conjunto de atividades intangíveis das quais espera algum resultado. Mas quando compra uma experiência, está a usufruir do tempo que ali passou, beneficiando de uma série de sensações emocionalmente gratificantes a título pessoal e que lhe deixam uma memória agradável.

> As experiências são no fundo memoráveis, assumindo um caráter verdadeiramente pessoal e sensações que deixam uma memória. Aparecem para criar uma nova forma de valor económico.

As experiências, depois das mercadorias, dos produtos e dos serviços, são hoje a quarta forma de criação de valor económico. Envolvem o cliente e são memoráveis! Ainda que sejam intangíveis, são altamente desejáveis porque com uma memória o seu valor é reconhecido para sempre e passa a fazer parte da história individual de cada um.

Mas para entrar na economia da experiência, as empresas devem mudar completamente a maneira como estiveram no mercado até hoje.

A partir de agora, muito mais do que se preocuparem com o desenho e a produção de soluções, devem preocupar-se com a forma como o consumidor as vai usar e a significância da experiência de utilização.

19. **Evolução do Valor Económico**

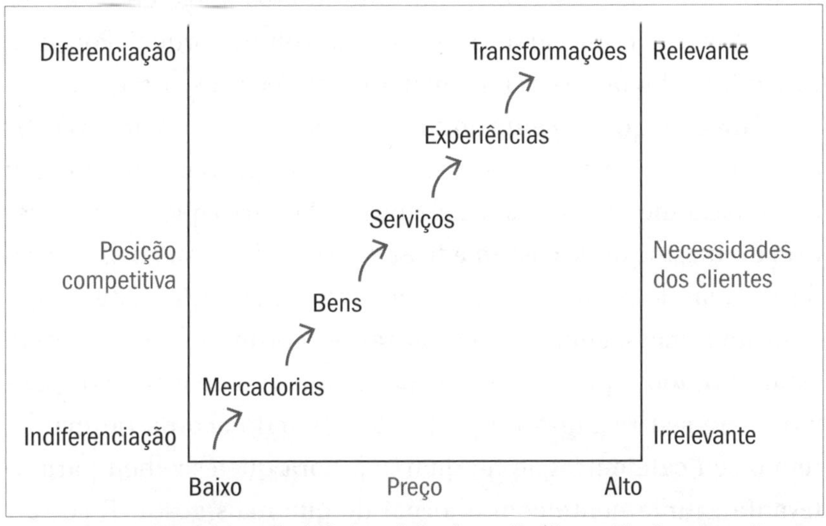

Fonte: Adaptado de B. Joseph II e James H. Gilmore, *The Experience Economy*

Recordo-me com frequência de que há uns anos, enquanto passava férias no Algarve com a minha família, tivemos de nos deslocar a uma determinada cidade para visitar um cliente. Já que tínhamos percorrido alguns quilómetros para fazer a visita, aproveitámos para aí jantar.

Fomos então a um restaurante, numa marina, onde tinha estado uns anos antes e que tinha um ambiente muito agradável. Durante a refeição, que estava a correr de acordo com as nossas expetativas, reparámos que um dos empregados de mesa passava com um carrinho que parou junto a outra mesa. Começou então a preparar uma sobremesa, que era um crepe com gelado e um molho especial, mas o melhor ainda estava para vir. Quase no final o empregado regou o crepe com rum e flamejou-o. *Wow*! A chama era altíssima... Os meus filhos com 7 e 4 anos à altura estavam boquiabertos. É claro que, quando chegou a nossa vez de pedir a sobremesa, tivemos de pedir um crepe daqueles.

A refeição foi agradável, mas não o suficiente para fazer propositadamente 150 km para lá ir jantar. A própria sobremesa, se pensarmos apenas no sabor, é uma boa sobremesa, mas longe de justificar a viagem. Mas, durante muitos anos, de cada vez que estivemos no Algarve tivemos de lá voltar. Porquê? Porque a experiência foi fantástica: principalmente para as crianças!

Imagine quando entra num hotel e, ao vê-lo, quem o recebe apresenta um agradável sorriso e saúda-o pronunciando o seu nome para lhe desejar as boas-vindas. O quarto que lhe reservaram é o mesmo onde costuma ficar e servem-lhe a sua bebida preferida quando lá chega. Tem também já a marcação feita no *spa* para uma massagem ao final da tarde, porque sabem que deve estar cansado e precisa de relaxar. E finalmente a reserva para jantar no seu restaurante preferido. Quando acorda de manhã tem o seu café entregue no quarto à hora que escolheu para se levantar, juntamente com o jornal de que mais gosta. E ao sair voltam a despedir-se pelo seu nome e confirmando-lhe que já agendaram o transporte para o aeroporto, o voo foi confirmado e, tal como de costume, o *check-in online* está tratado. Enquanto assina a sua conta recebe um presente a agradecer a sua visita.

Este é o ideal da economia da experiência!

Entregar um valor de tal forma excecional que deixa uma memória extraordinária! Memorável! Sem preço! Isto é experiência! Isto é valor económico no séc. XXI!

Este valor aparece quando abandonamos as ideias de produção em massa e passamos a pensar em formas de personalizar em massa. Servir cada indivíduo e os seus desejos particulares.

Veja o exemplo da Amazon: quando percebe padrões nas suas compras, começa a fazer-lhe mais e mais sugestões, nomeadamente os novos lançamentos dos seus autores preferidos. O que faz hoje a Nike, permitindo que cada um dos seus clientes possa encomendar ténis personalizados. E a Disney nos seus parques temáticos. Este valor materializa-se quando treinamos os nossos colaboradores para viver a economia da experiência e para apresentar apaixonadamente um papel de serviço.

Este valor concretiza-se quando o cliente começa a valorizar o tempo de utilização das nossas soluções e passa a desejar poder repeti-las. Quando aquilo por que cobramos, de facto, é pelo tempo da experiência. Quando, num cenário ideal, podemos transformar o nosso negócio num "clube". As pessoas pagam para entrar e pagam para ficar. Veja o que faz a NetJets com os seus programas de partilha de jatos. Este valor confirma-se quando as experiências que proporcionamos são transformacionais, a ponto de podermos cobrar por resultados.

E resultados é exatamente o que se pode esperar quando abraçamos a economia da experiência. Vou argumentar que as empresas têm dois tipos de lucros: bons lucros e maus lucros!

Maus lucros são aqueles obtidos à custa da satisfação do cliente. Beneficiando de uma posição dominante numa determinada indústria, ou de uma cartelização da mesma, muitas empresas têm os clientes reféns das suas ofertas e abusam desse mesmo facto. Talvez a banca, os operadores de TV por cabo e as telecomunicações sejam bons exemplos disso em Portugal.

Outra vezes, e isto é mais vulgar nas PME, não beneficiamos de nenhuma das situações acima referidas, mas assumimos uma perspetiva de tão curto prazo, que só nos preocupamos com cada transação e amanhã logo se vê.

Clientes insatisfeitos

Muitas empresas, em vez de estarem focadas em acrescentar mais valor aos seus clientes, pensam apenas em novas formas de extrair valor desses mesmos clientes.

Podem até ter soluções interessantes, mas a experiência que proporcionam é medíocre! O meu argumento é de que muitas empresas vivem alguns anos, baseando a sua atividade em maus lucros e em clientes insatisfeitos!

Os clientes insatisfeitos são detratores. E detratores passam uma má imagem da nossa empresa. Por norma, estima-se que um cliente insatisfeito divulgue uma má experiência três vezes mais do que um cliente satisfeito divulga uma boa experiência.

Não podemos esquecer que hoje temos as redes sociais. Se alguém tem uma má experiência e a divulga no Facebook, todos podem ver esse testemunho. Se há outras pessoas que passam pela mesma experiência e a transmitem, rapidamente as coisas ficam fora de controlo.

Mas mais simples do que isso é que os clientes insatisfeitos apresentam reclamações. E enquanto tratamos das suas reclamações não estamos preocupados em fazer a nossa empresa crescer. Além de que passar o dia a resolver problemas e a lidar com clientes insatisfeitos tem um impacto significativamente negativo no estado de espírito do empresário/empreendedor e dos seus colaboradores.

Clientes insatisfeitos aumentam os nossos custos de estrutura, porque precisamos não só de ter colaboradores a investir o seu tempo a lidar com as questões levantadas, como muitas vezes temos de gastar dinheiro com advogados para resolver a situação.

Por outro lado, deixam de fazer negócio connosco assim que podem. E isso obriga a que a empresa invista muito mais em *marketing* e vendas para atrair clientes novos.

Estima-se que custe cinco a sete vezes mais atrair um novo cliente do que vender a quem nos tenha comprado antes.

Por isso, uma das perguntas que mais vezes coloco aos meus clientes é : "Qual seria a dimensão da sua empresa se conservasse todos os clientes que algum dia teve?" Outra pergunta que faço é: "O que mudaria no seu negócio se a única forma de o fazer crescer fosse vendas repetidas e referências?" Porque de facto não é a única maneira de fazer crescer o negócio, mas é a melhor e mais rentável.

Isto começa a ser percebido por algumas empresas. Há empresas, hoje em dia, como a Inditex, que detém a marca Zara, por exemplo, que não investem em publicidade. Toda a fatia do orçamento que poderiam investir em *marketing* preferem aplicá-la na experiência, confiando no passa-palavra, referências e vendas repetidas.

Porque as boas experiências criam relações. As boas relações criam lealdade. A lealdade cria promotores. Os promotores compram-nos mais vezes. Os promotores trazem-nos mais clientes.

Os promotores hoje estão também nas redes sociais. Os promotores estimulam o moral dos colaboradores. E os promotores chegam a vender por nós!

As empresas que compreendem a economia da experiência e investem na relação com os seus clientes e criam promotores estão a crescer a um ritmo duas vezes superior ao dos seus concorrentes. Duas vezes! Não só crescem, mas crescem de forma rentável. E isso foi provado por Fred Reichheld[18] no seu imperdível livro *NPS: The Ultimate Question*.

A economia da experiência conduz ao crescimento porque compreende o valor económico das relações que se materializa na venda repetida e referências. Por outro lado, permite o reforço da posição competitiva da empresa que se concretiza em quota de mercado e/ou quota de algibeira.

O caso Zappos

No passado, estive ligado a uma empresa, em que no treino inicial tivemos, durante alguns anos, o privilégio de visitar a Zappos. A Zappos é uma empresa norte-americana que vende sapatos na Internet. É capaz de pensar num negócio mais cinzento?

Esta empresa confia na venda repetida e referências como o seu principal *driver* de crescimento, o que faz dela uma daquelas empresas que não têm orçamento de *marketing* porque investem tudo no serviço ao cliente.

Tony Hsieh[19], o CEO, é um estudioso da felicidade. Acreditou, desde o início, que se proporcionasse aos seus colaboradores um ambiente de trabalho feliz, essa felicidade passaria para o cliente proporcionando uma experiência incrível.

A visão e a missão da Zappos são, numa tradução livre, "Entregando felicidade" e "Viver e entregar *wow*!"

O que faz esta empresa para arrancar um *wow*! a cada cliente em cada interação?

1. Nos EUA, oferecem as entregas e as devoluções. Querem que as transações sejam tão fáceis quanto possível e com o mínimo de risco percebido para o cliente. Compreendem que comprar sapatos sem os experimentar pode ser uma barreira. Assim, o cliente pode pedir vários pares de sapatos, experimentá-los no conforto da sua casa e devolver os que não quiser. *Wow*!

---

18. NA. Autor de vários *best-sellers*.
19. NA. Empreendedor norte-americano e investidor de risco.

2. Além disso, os sapatos podem ser devolvidos gratuitamente durante 365 dias. *Wow*!

3. Mesmo sendo uma empresa de Internet, entendem o telefone como uma das suas principais ferramentas. Ainda que em média reconheçam que cada cliente usa o *call center* apenas uma vez na vida, sabem que vão ter a sua atenção por cinco ou dez minutos e é provavelmente a única possibilidade que vão ter de contactar diretamente com ele. Se a chamada for memorável talvez comente com os seus amigos. Enquanto para a maior parte das empresas um *call center* é um mal necessário e um custo que tentam minimizar, para a Zappos é uma oportunidade única para estar em contacto direto com o cliente.

Não medem o tempo de cada chamada, que é a principal medida de desempenho na maior parte dos *call centers*. Se o *call center* é um custo, quanto mais rápidas as chamadas, menos será o custo para a empresa. Na Zappos, não. Na Zappos, a única prioridade é impressionar o cliente e deixá-lo deliciado.

4. Não recorrem a um guião. Os colaboradores são treinados com uma missão clara: arrancar um *wow*! ao cliente no final da chamada e por isso contratam pessoas que tenham ótimas qualidades de relacionamento e deixam a sua personalidade fazer o resto

A história é contada pelo próprio CEO. Um dia, depois de uma festa com uns amigos em que chegaram ao hotel de alguma forma inebriados, e não estando o serviço de quartos a funcionar de madrugada, ligaram para o *call center* da Zappos. Não se identificaram, mas contaram que tinham fome, no seu hotel não havia serviço de quartos e perguntaram se, de alguma forma, a Zappos poderia ajudar. A menina que atendeu a chamada pediu-lhes que aguardassem e passados minutos veio com uma lista dos restaurantes mais próximos do hotel que ainda faziam entregas àquela hora. *Wow*!

A maior parte das empresas, quando faz as suas previsões e planos de *marketing*, reconhece o valor do cliente no longo prazo como um valor relativamente fixo.

Para a Zappos, o cliente é um alvo em movimento. Grande parte da sua atenção está exatamente em como podem manter este valor em constante evolução. E, por isso, enquanto as outras empresas enfocam o *marketing* na criação de notoriedade para a empresa, na Zappos estão preocupados apenas em criar envolvimento e confiança.

Na Zappos, o armazém é gerido de uma forma pouco tradicional e eficiente. Trabalha 24 horas por dia sete dias por semana. E ao contrário do que é costume, em vez de as ordens serem acumuladas e de, numa volta ao armazém, serem todas recolhidas, esta recolha é feita ordem a ordem.

A Zappos não procura otimizar as suas operações, mas sim o serviço ao cliente. Além de tratarem as ordens individualmente, instalaram o seu armazém ao lado do armazém da UPS, em Las Vegas. Isto faz com que, muitas vezes, um cliente faça uma encomenda à meia-noite, com a promessa de a receber em 48h e seja surpreendido pela chegada da mesma passadas oito horas. *Wow*!

Sempre que a Zappos recebe uma encomenda que não tem em *stock*, procura em pelo menos três concorrentes antes de informar o cliente que não tem. A sua prioridade é construir uma relação para a vida e não fazer uma venda isolada. *Wow*!

Todas estas questões são ainda mais significativas se percebermos que é um negócio que trabalha com margens baixíssimas. O facto de terem armazém foi uma decisão que teve em vista o serviço ao cliente e que traz um custo elevado, pois quando tudo começou eram apenas um intermediário.

Ainda mais impressionante é sabermos que funcionou com prejuízo durante anos, o que obrigou o próprio CEO, Tony Hsieh, a investir diretamente toda a fortuna pessoal (quase cem milhões de dólares) até atingir o *break-even*. E mesmo assim nunca se desviaram do caminho.

Foi também isto que, ao fim de dez anos e em 2009, lhes possibilitou vender a empresa, agora já francamente rentável, à Amazon, num negócio avaliado em 1,2 mil milhões de dólares. *Wow*!!!

Se quiser conhecer melhor o caso Zappos, recomendo vivamente o livro *Satisfação Garantida* escrito pelo próprio Tony Hsieh.

A transformação!

As mudanças são cada vez maiores e acontecem de forma mais rápida e o consumidor é exigente e pede mais do que o impacto emocional da experiência.

> O consumidor começa a ter a expetativa de uma verdadeira transformação. O consumidor procura um valor económico que seja a garantia de uma mudança para melhor.

Se o consumidor exige, o mercado adapta-se e, por isso, muitos negócios estão a ultrapassar a experiência propriamente dita.

O consumidor quer, o mais rápida e facilmente possível, melhorar o seu aspeto físico, então tem de existir empresas a proporcionar transformações deste género. Clínicas de estética, *spas*, ginásios e negócios similares surgem com valor económico e oferecem transformações.

O indivíduo procura melhorar as suas competências e resultados profissionais e o mercado tem de criar valor nesse sentido também. O valor económico surge sob a forma de livros, cursos e programas de *coaching* que criam essa expetativa e entregam esses resultados. Até empresas que ofereçam uma aceleração de resultados de outras empresas.

Empresas que transformam a vida financeira das famílias, a forma como se relacionam entre si. Empresas que nos façam crescer espiritualmente e sentir melhor e mais felizes.

Um sem-número de soluções tecnológicas e aplicações que criam no mercado a expetativa de uma vida melhor, mais fácil e mais gratificante. No Desafio 9, iremos analisar os impactos da alavancagem, como promotor do crescimento.

Propostas de reflexão

1. O que faria um cliente verbalizar que teria de ser louco para não me comprar a mim?
2. O que faria com que um cliente se sentisse deliciado em vez de satisfeito?
3. Qual a percentagem de promotores e detratores na sua empresa?

Desafio 9

Alavancar a sua empresa: a chave do crescimento

O GRANDE desafio do crescimento de uma empresa, ou do crescimento de qualquer estrutura humana, passa pela capacidade de executar um determinado número de tarefas. Sendo o número de horas de cada um limitado, o número de tarefas que é possível executar também o será.

Assim se a disciplina de concretizar, bem, um determinado número de tarefas é o primeiro nível de desafio para cada empreendedor, executar tarefas através dos outros é o derradeiro desafio. Desmultiplicar as nossas horas de trabalho através das horas de trabalho dos outros, bem como as nossas competências e quem sabe até outros recursos, para dessa forma conseguirmos fazer muito mais e muito melhor.

É verdade que executar através dos outros, sendo o tema fundamental do empreendedorismo, é um tema de liderança, sobre o qual falaremos no Desafio 10. Também me parece claro que a ideia de liderança assenta na consciência da noção de alavancagem, ou seja, a desmultiplicação da capacidade de execução através de recursos não diretos.

A chave do crescimento de qualquer empresa é a capacidade de alavancar. É a alavancagem que permite ao empreendedor fazer um caminho de A a Z.

A alavancagem consiste na desmultiplicação do nosso esforço. É o que nos permite fazer cada vez mais com cada vez menos recursos. Daí considerá-la a ponte para o crescimento de uma empresa.

Um empresário/empreendedor que crie o seu negócio não tem como objetivo trabalhar sempre arduamente. Isto é o que fazem muitas pessoas nos seus negócios e, no entanto, não estão a receber retorno suficiente desse trabalho. O nosso objetivo quando criamos uma empresa deve ser o de maximizar o retorno, investindo menos recursos na criação de mais valor. É a alavancagem que nos permite subir no organograma e o que nos possibilita sermos cada vez mais produtivos.

20. **A Remuneração de Esforços**

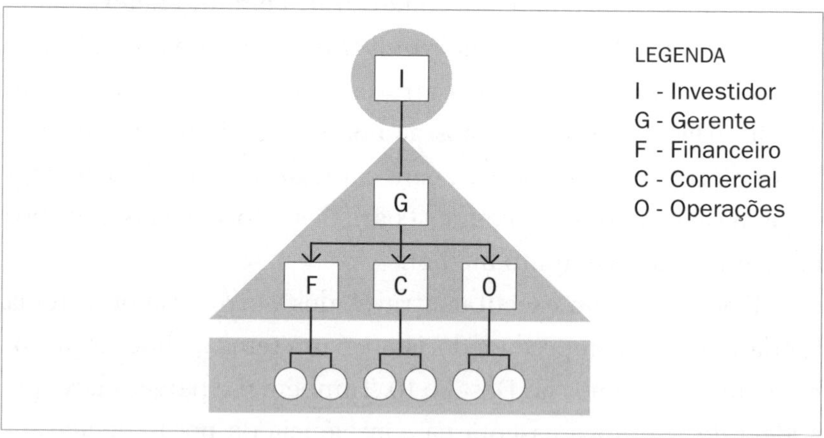

Fonte: Autor

A alavancagem resulta quase sempre da utilização de algum tipo de recurso de outras pessoas. Trata-se de usar o dinheiro, o tempo, o conhecimento e a competência de terceiros, para conseguirmos obter um retorno.

Há alturas na história da empresa em que esta tem necessidades de se financiar para assegurar as suas operações. Ou porque precisa de crescer, e assim se encontra a necessidade de investir em ativos que gerem mais vendas, ou para resolver algum constrangimento de tesouraria. Muitas vezes estas empresas não têm capacidade de encontrar nas suas operações a fonte para esses financiamentos e, assim, entendem ser uma boa escolha recorrer a fontes externas, ou seja, usar o dinheiro de outros a seu favor. Por outras palavras é o que se passa quando recorremos ao financiamento bancário ou mesmo aos recursos pessoais do próprio empreendedor.

Já alavancar usando o tempo de outras pessoas é um fenómeno que passa pela contratação de colaboradores. Quando o fazemos passamos a ser remunerados não apenas pelo nosso esforço, ou seja, as nossas horas de trabalho, mas também pelas desses colaboradores. Acabamos por desmultiplicar a nossa capacidade de executar tarefas, colocando outros a fazê-lo por nós.

Alguém que trabalhe para terceiros ganha pela sua hora de trabalho e só poderá aumentar o retorno do seu trabalho fazendo mais horas ou investindo na sua formação, de modo a elevar o valor que os outros estão dispostos a pagar por esta hora. Este é um processo de alavancagem moroso e limitado.

Um empreendedor ganha a possibilidade de obter um maior retorno passando assim a poder ser remunerado também pelas horas de trabalho dos outros.

Se a nossa empresa for bem-sucedida, deixaremos de ser remunerados essencialmente pelo trabalho operacional, passando a sê-lo pelo nosso trabalho de gestão, ou seja, pelo trabalho de pensar, que já sabemos ser o mais valioso.

Podemos mesmo atingir o nível no qual nos tornamos apenas investidores, em que o trabalho de gestão é delegado e passamos apenas a fazer dinheiro com dinheiro sem a necessidade de nos envolvermos em nenhum tipo de execução. Este é o nível mais elevado de alavancagem.

É este o princípio que está na base do modelo económico da formação das empresas. Do ponto de vista formal, constitui-se uma empresa quando fazemos o registo na conservatória de registo comercial. Mas, em rigor, nesse momento, ainda não possuímos uma empresa. Conceptualmente, só podemos dizer que temos uma empresa quando contratamos o primeiro colaborador. Porque o princípio conceptual da empresa consiste na remuneração do investimento e risco do capitalista (no sentido teórico de dono do capital, o que cria a empresa, que corre riscos no investimento e é responsável por esses riscos). O princípio deste modelo económico é que alguém cria emprego e é remunerado pelo esforço dos outros. Isto não é necessariamente negativo. Pelo contrário, é o princípio da criação de emprego.

A escada da independência financeira

Vamos supor que tudo isto se inicia com um jardineiro. Um ótimo jardineiro começa por arranjar os jardins de outras pessoas. Essas pessoas vão passando entre si referências do trabalho deste jardineiro, até que chega a um ponto em que ele trabalha dez horas por dia, depois 11, a seguir 12... e acaba por deixar de ter horas para arranjar jardins.

Este profissional pode contratar um amigo, outro excelente jardineiro, e passar-lhe uma parte dos clientes. E, por cada cliente, o jardineiro inicial paga uma parte daquilo que recebe ao amigo que o ajuda. Neste momento, estamos perante uma empresa.

O jardineiro passou a ser pago pelas suas oito horas de trabalho e pelas do seu amigo. Quando ambos deixam de conseguir responder a tantas solicitações, o jardineiro contrata um terceiro e passa a ser remunerado também pelas horas de trabalho desse outro amigo. Em síntese, o jardineiro inicial passa a ser pago pelo esforço dos dois jardineiros que trabalham com ele e pelo seu próprio esforço. Neste caso, estamos perante uma situação de alavancagem, ou seja, estamos a falar de uma empresa. O ideal para este jardineiro será, um dia, não necessitar de cuidar dos jardins, pois tem uma equipa a fazer isso, enquanto ele se dedica à organização do trabalho.

No livro *O Mapa da Independência Financeira* desenhei o que chamei de "escada da independência financeira" numa interpretação do quadrante *cash flow* que aprendi com Robert Kiyosaki[20].

1.º nível de alavancagem: o empregado

Na escada da independência financeira, encontramos vários níveis de alavancagem. O primeiro é o nível do trabalhador por conta de outrem, que denominaremos empregado, a que segue o autoempregado, o empreendedor e, por fim, no topo da hierarquia, o investidor.

21. **1.º Nível de Alavancagem**

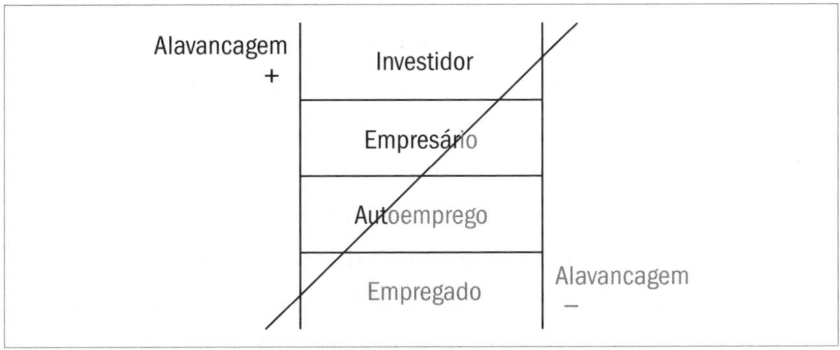

Fonte: Adaptado de Robert Kiyosaki

O empregado possui um nível de alavancagem praticamente inexistente, pois, num primeiro momento, depende, como vimos, do aumento das suas horas de trabalho. A sua capacidade de multiplicar o resultado do seu esforço é muito limitada.

20. NA. Um dos maiores especialistas mundiais de finanças pessoais e autor do livro *Pai Rico, Pai Pobre*.

Quando trabalhamos por conta de outrem, trocamos tempo por dinheiro, ou seja, damos um determinado número de horas por semana e esperamos em troca uma determinada remuneração, que tende a ser fixa. Se precisamos de ganhar mais dinheiro, a resposta mais imediata passa por trabalhar mais horas.

2.º nível de alavancagem: o autoempregado

Há empregados que, a determinada altura e por alguma razão, decidem estabelecer-se por conta própria. Ou porque sentem que são melhores conhecedores do negócio, dos clientes e da empresa do que o chefe ou porque, eventualmente, ficam desenquadrados profissionalmente. Além disso, consideram que têm determinadas competências técnicas. Neste contexto, decidem criar o seu próprio negócio. Em geral, trata-se de um autoemprego. São *freelancers*, estão por conta própria e começam a ter a possibilidade de empregar outras pessoas. Por isso, dizemos que esta realidade se traduz num nível baixo de alavancagem. Há algum nível de alavancagem, porque já existe a possibilidade de se ser remunerado pelas horas de trabalho de algum colaborador, mas esse nível é muito baixo, na medida em que a empresa necessita do próprio dono para assegurar as operações.

Mesmo no caso de estes autoempregados terem pessoas a trabalhar para eles, o resultado das duas forças de trabalho depende essencialmente do esforço do criador da empresa. É ele o especialista, o técnico. Isto acontece, por exemplo, quando um cozinheiro ou um cabeleireiro se estabelece por conta própria. Na primeira fase destes negócios, o cozinheiro irá cozinhar e o cabeleireiro cortar cabelos. Como são os empresários que estão a trabalhar no negócio, a empresa continua a depender das horas de trabalho de uma pessoa e o seu nível de alavancagem é, por isso, muito baixo. Neste nível e no anterior, se não se colocar horas de trabalho no negócio, não se ganha dinheiro.

3.º nível de alavancagem: o empresário

Na minha perspetiva, podemos considerar-nos verdadeiramente empresários quando temos uma hierarquia que assegura o funcionamento operacional da empresa sem que precisemos de estar direta e permanentemente envolvidos. A partir deste momento, o nosso trabalho passa a ser pensar, tomar decisões, ter ideias e fazer opções. Neste caso, o empresário é remunerado essencialmente pelo esforço das outras pessoas.

> Ser empresário é unir ideias ao esforço de outros para atingir retorno.

A este nível, já somos remunerados pelas horas daqueles que trabalham para nós. É este o princípio conceptual de uma empresa: ser remunerado sobretudo pelas horas de trabalho dos colaboradores e não diretamente pelas nossas.

4.º nível de alavancagem: o investidor

Somos investidores quando já não precisamos de estar envolvidos numa atividade económica para que esta nos gere um retorno. Um investidor é alguém que tem participações financeiras várias e cujo trabalho consistirá em controlar os indicadores de desempenho dos seus ativos e tomar decisões sobre a alocação do capital que estes ativos geram.

> Um investidor é aquele que recebe dinheiro e decide o que vai fazer com ele. Faz dinheiro com dinheiro.

Em resumo, como empregados ou autoempregados, ganhamos dinheiro; como empresários, começamos a fazer dinheiro; como investidores, recebemos dinheiro. Estas realidades estão correlacionadas com os diferentes níveis de alavancagem: na base, temos um esforço máximo que se traduz numa remuneração correspondente às horas de trabalho, enquanto no topo da hierarquia o esforço é mínimo. Daí, podermos concluir que horas e remuneração, a este nível, não têm necessariamente uma correlação. O que é importante é a qualidade das nossas opções, o nível das nossas decisões e a argúcia do pensamento. É deles que depende o montante de dinheiro que iremos ganhar.

Como empregados ou autoempregados, ganhamos dinheiro com o nosso esforço; como empresários, ganhamos dinheiro com o esforço dos outros; quando atingimos o estatuto de investidores, fazemos dinheiro com dinheiro. É o dinheiro que trabalha para nós. Já não há esforço envolvido de uma forma direta.

Usar a competência de outras pessoas é outro método. O empreendedor pode contratar pessoas que tenham competências que ele próprio não tem. Pode recrutar alguém que saiba de tecnologia, de finanças, de *marketing* e até de gestão em determinada fase.

Costumo dizer que o mais importante para o empreendedor é saber vender aquilo que a sua empresa faz, mas sendo rigoroso até a competência de vendas poder ser contratada.

Do ponto de vista empresarial, alavancagem pode traduzir-se na fórmula:

"Produzir cada vez mais, com cada vez menos recursos."

Do ponto de vista conceptual, isto significa que temos de conseguir cada vez mais uma melhor relação entre esforço e resultado. Ou seja, temos de alcançar um resultado cada vez melhor com menor esforço de cada vez.

Organograma

No entanto, não quero ser mal interpretado. Estamos a falar do esforço necessário para aparecer com um determinado resultado. A minha experiência leva-me a desconfiar da excelência com pouco esforço. Acreditar que se pode ser acima da média trabalhando menos do que os outros parece-me um pouco ingénuo e um mau princípio. Se quisermos ser rigorosos, no fundo, estamos a falar de tirar um resultado cada vez melhor das nossas horas de trabalho, para nos podermos dedicar a tarefas cada vez mais valiosas.

Esta correlação "cada vez mais com cada vez menos" não remete somente ao esforço, mas também aos recursos. Trata-se de produzir um melhor resultado com menor investimento. É isto que a alavancagem nos permite.

> Alavancar também é dividir para multiplicar. Trata-se às vezes de dividir as tarefas para multiplicar os resultados.

Também consiste em dividir a venda num processo, para multiplicar a quantidade de vendas. Por exemplo, quando criamos um funil de vendas, estamos a dividir o processo de vendas para multiplicar o resultado.

Fazer o trabalho uma vez e ser pago para sempre é outra forma de ver a alavancagem. O *chef* cria o prato, elabora a receita uma vez e pode ser pago para sempre. Pode treinar vários outros *chefs* para executar a receita que ele inventou. Uma cadeira é feita uma vez e pode ser usada para sempre. Um livro é escrito uma vez e pode ser vendido para sempre. É a qualidade do livro que determina quantas vezes vai ser vendido.

No caso da maior parte dos empresários, e mesmo dos executivos, que estão a trabalhar muitas horas, isso acontece porque o seu negócio não está a funcionar. A sua empresa não é funcional e eles substituem o que devia ser trabalho da empresa por esforço pessoal. Normalmente nas PME, a única forma de as coisas evoluírem é o empresário estar lá, o que o coloca na parte de baixo do organograma.

Na sistematização, o desenho do organograma é um dos aspetos essenciais. Se observarmos o ciclo de vida de uma empresa, recordamos que a sistematização é um dos fatores críticos na fase da adolescência, quando aumenta a complexidade da organização. Nesta altura, o empresário não pode continuar a ser técnico. Tem de se elevar no organograma. Muitas empresas não aprendem isto e, nesta fase, começam a afundar-se. Isto acontece frequentemente por medo de perder o controlo, por parte do empresário.

A finalidade da criação de uma empresa deverá ser gerar uma corrente de rendimentos que possa fluir de forma contínua, independentemente do nosso envolvimento nas atividades operacionais.

Quando as coisas não correm deste modo, normalmente o empresário reage e corta custos, reduz o pessoal e assume cada vez mais responsabilidades. Esta não é a melhor decisão.

Aliás, esta situação deveria ser uma lição para o responsável procurar formas mais inteligentes de trabalhar, em vez de trabalhar muito mais horas.

O empresário que não confia nos colaboradores para delegar, que acredita que é o único a conseguir fazer um trabalho de excelência e que centraliza toda a informação na sua cabeça conduz inevitavelmente a sua empresa ao bloqueio e ao desaparecimento.

Para escapar a esta armadilha, o empresário deve iniciar o seu projeto com a criação de um organograma. O organograma, por seu lado, deve ter em vista a sistematização.

Na elaboração de um organograma é essencial ter em conta que este se desenha sempre no abstrato. Deve desenhar-se com base naquilo que é necessário para a empresa.

Deixo a seguir algumas sugestões práticas para construir um organograma.

1. Para criar condições de desenvolvimento e sentido de responsabilidade, a cada posição no organograma deve corresponder uma descrição de funções que permita o desenvolvimento do sentido de responsabilidade e uma fácil avaliação.

2. O organograma deve ser preenchido de cima para baixo, com base apenas nas funções que melhor servirão o modelo de negócio que foi pensado.

3. O organograma serve a empresa e os seus sistemas, e não as pessoas. Nunca se deve criar a sua estrutura com base nas pessoas que lá trabalham. Quase sempre, quando estou nas empresas, vejo os gestores criar um organograma com base nas pessoas que já lá estão. Procuram espaços/soluções para pessoas concretas. A questão que ouço frequentemente é: "Que função é que vou dar a esta pessoa?" Se o organograma for elaborado assim, está feito para servir as pessoas e não para servir a empresa. Se é criado para servir a empresa, este deve ser o seu propósito. Só depois de montado é que se começa a colocar lá as pessoas.

4. É crítico que o organograma da empresa seja desenhado de raiz. Desde há muitos anos, quando crio uma empresa, a primeira coisa que faço é montar um organograma. Este deve ser desenhado para quando a empresa estiver pronta. Ou seja, no momento inicial tem de projetar a empresa como esta será na maturidade. Se for preciso, no dia em que a empresa começa a trabalhar, podemos pôr o nosso nome em todos os lugares. Depois, à medida que vamos contratando colaboradores, atribuímos-lhes ramos do organograma. O importante é que o organograma reflita a empresa já madura, como queremos que venha

a funcionar. Até porque, fazer logo o organograma cria-nos esse compromisso com o objetivo que vamos atingir, e o caminho para o alcançar. Sem este é quase impossível sistematizar.

A construção do negócio deve começar com a nossa visão do resultado final. Devemos encarar esta tarefa como um legado que deixaremos aos que nos sucederem e uma herança que acrescentará mais valor à sociedade.

5. Cada posição no organograma deve ter uma descrição de tarefas (*job description*). Essa descrição de tarefas deve dizer quais são as responsabilidades da função e como esta será avaliada. A pessoa vem depois. Um dia poderemos lá estar nós e, noutro dia, alguém diferente. A posição é a mesma e a tarefa também, apesar de o colaborador poder ir mudando.

6. Defendo a existência de um anexo ao contrato de trabalho. Este contrato de função, do qual constam as funções, as responsabilidades e o tipo de avaliação, deverá ser rubricado por todas as partes. Apesar de não ter o mesmo valor e o mesmo peso jurídico do contrato de trabalho, as expetativas ficam aí registadas. É mais justo para todos os intervenientes saberem o que esperar uns dos outros.

É muito frequente as pessoas chegarem a uma empresa e não saberem com precisão o que é esperado delas. Muitas vezes até pensam que estão a fazer um bom trabalho, enquanto o superior hierárquico acha que não. Isto acontece simplesmente porque há expetativas diferentes.

Devemos por isso desejar criar a melhor empresa na nossa área. Ou seja, o projeto que estamos a iniciar deve implicar objetivos inspiradores e envolventes.

Se o nosso projeto tem objetivos elevados, devemos estabelecer padrões que nos permitam verificar, a cada momento, se estamos a caminhar na prossecução dos nossos objetivos.

Há três processos constantes no programa de desenvolvimento de um negócio:

1. O teste: o primeiro diz respeito ao ensaio de inovações. Quando nos referimos a inovações não estamos a falar, forçosamente, de inovações no produto, que é o que a maior parte pensa quando falamos em inovação. As inovações mais importantes e marcantes surgem nos processos. No modo como a empresa interage com o seu cliente. Na forma como vende. Em como cria e comunica o valor económico. Então todas as inovações devem ser testadas, para ver se funcionam e acrescentam valor. Muitas vezes, o bom senso diz-nos que devemos fazer determinadas alterações mas, depois de as ensaiarmos, percebemos que, por alguma razão, não funcionaram;

2. A medição: para testar as novas ideias devemos medir os resultados da sua implementação para confirmar se, de facto, trouxeram melhorias. O que é decisivo num negócio não é o que é vendido, mas sim a forma como se interage com o consumidor, que se traduz no processo de funcionamento do negócio;

3. A sistematização: uma vez que é da inovação sistemática que depende o crescimento do negócio, é imprescindível quantificar o resultado da inovação. Manter o processo inovador exige a quantificação do resultado de qualquer aplicação inovadora. Só os números nos permitem saber onde nos encontramos e tomar decisões fundamentadas. Os testes e as respetivas avaliações são imprescindíveis para a sistematização.

O poder da sistematização

Sistematizar é o que nos permite planear e tornar os processos previsíveis e consistentes numa empresa. A sistematização consiste na eliminação da discricionariedade que, muitas vezes, nos afasta dos padrões de qualidade.

É a sistematização que nos vai permitir obter resultados previsíveis e consistentes na nossa empresa e possibilitar oferecer aos clientes as experiências que esperam em todos os momentos da nossa interação comercial.

Esta sistematização cria-se testando um procedimento. O processo de sistematização consiste em realizar a tarefa uma vez e documentar todo o procedimento, para que todos os que passem naquele local possam reproduzir o mesmo nível de qualidade. Esta é uma das formas mais eficazes de alavancagem.

É como testar uma receita. Temos de testar e medir o resultado até encontrar a fórmula que nos parece adequada. Depois sistematizamos e estabelecemos um mecanismo de controlo. Este nunca pode falhar. Uma forma fácil de passar as funções de pessoa para pessoa é ter os guiões todos escritos. O guião pode ser adaptado a cada colaborador. Os indicadores devem estar explícitos. Quando o sistema estiver estabelecido, depois é só preciso operá-lo.

É preciso acompanhar o colaborador ao longo do processo, sobretudo no início, pois pode haver falhas de interpretação que o impedem de atingir os objetivos. Se tudo tiver sido testado anteriormente, é muito mais fácil corrigir.

O problema é quando o líder não sabe como as coisas se fazem ou se estas foram testadas e, quando começam a surgir as falhas, pode ficar receoso, inseguro e descrente do que está proposto para a função. Daí a importância de testar, medir, sistematizar e recrutar a pessoa certa; treiná-la no sistema e controlar os indicadores.

Os grandes líderes são aqueles que sabem delegar. Delegar implica ajudar as pessoas a executar a tarefa autonomamente até ao fim, mesmo que nas primeiras vezes cometam erros.

Se tentarmos salvar do erro os nossos dependentes, ou os punirmos, nunca teremos colaboradores de excelência por perto. Apenas formaremos inaptos que exigirão sempre a nossa presença ou conduzirão o negócio ao fracasso.

Numa empresa, deve ser sistematizado tudo o que for rotina. Tudo o que for normal não pode precisar de decisões humanas. Tem de ser o sistema a resolver.

Por exemplo, fechar a caixa não pode depender de decisões humanas. Se é algo que se faz diariamente tem de estar automatizado, assim como fazer compras ou vendas. O processo seguido tem de ser sempre o mesmo. Se tudo o que é rotina tem de estar sistematizado (e pelo menos 80 por cento das tarefas de uma empresa são rotina), a criatividade e as decisões humanas só são necessárias para as exceções.

Cada unidade do negócio deve ser estruturada como um protótipo, apresentando-se como um exemplo de ordem e excelência. Tudo deve ser documentado (por exemplo, através de roteiros e manuais) e a metodologia deve ser extremamente simples. Só assim poderemos passar a excelência e a responsabilidade aos nossos colaboradores.

> Temos de sistematizar a rotina e humanizar a exceção.

O negócio nunca pode depender do esforço das pessoas. Têm de ser os sistemas a operá-lo.

A McDonald's intitula-se o melhor pequeno negócio do mundo. É assim porque é um serviço consistente, que só depende de sistemas. Não pode acontecer as batatas fritarem demais ou os hambúrgueres passarem do ponto. A sistematização é levada ao limite. É um negócio em que não é necessária a criatividade das pessoas (voltamos a recordar que os colaboradores servem para operar os sistemas e estes nunca podem ser mais importantes do que as pessoas.)

Sem os sistemas, geramos inconsistência, o que é extremamente pernicioso nas empresas. O serviço até pode ser sempre bom, mas ser inconsistente deixa o cliente ansioso. O cliente precisa de consistência. Se é bom mas inconsistente, os clientes não sabem o que os espera e retraem-se.

A consistência é um valor incontornável numa empresa. Se não formos consistentes, a probabilidade de cometermos erros é elevada. Há um dia que pode não sair bem. Este é um risco que não podemos correr. O processo de desenvolvimento do negócio deve ser uma busca constante de maior qualidade e eficácia. O processo deverá ter como meta servir cada vez melhor todos os envolvidos: consumidores, colaboradores, fornecedores, gestores e investidores. Isso passa por assumir o processo de excelência como uma forma de pensar, de agir e também de viver a empresa.

Uma das melhores formas de sistematizar é usar a tecnologia. Devemos ter na empresa *hardsystems*, *softsystems* e sistemas de informação. São estes últimos que nos dão os indicadores que necessitamos para gerir a empresa. Estes sistemas de informação são indispensáveis para levar a cabo a sistematização empresarial. Os *softsystems* são tudo o que tenha que ver com *software* e os *hardsystems* são as máquinas que nos ajudam a fazer sempre bem e igual.

Outra boa ideia para criar sistemas consiste em usar *checklists*. Atul Gawande[21], na sua obra *The Checklist Manifesto*, explica como conseguiram baixar radicalmente o número de mortes nas urgências dos hospitais dos EUA, quando encabeçaram o manifesto *checklist*. Os médicos perceberam que perdiam muita gente nas urgências porque estavam preocupados com a gravidade da situação do paciente, e esqueciam-se de validar um detalhe. São situações de muito *stress* e basta esquecerem-se de confirmar um pormenor para acontecer o pior. Este grupo de

21. NA. Médico e jornalista norte-americano. É especialista em reduzir erros, aumentar a segurança e melhorar a eficiência dos procedimentos cirúrgicos.

médicos introduziu um conjunto de *checklists* que tinham de ser verificadas sempre. Como consequência disso, o número de mortos diminuiu consideravelmente.

Também tive a oportunidade de viajar de avião na cabina, a convite do piloto, e aquilo que pude constatar foi que o voo é uma confirmação de *checklists*. Pilotar um avião implica confirmar *checklists* do início ao fim. São dois pilotos, porque um confirma e o outro valida a primeira confirmação. Mesmo na aterragem, o comandante virou-se para o copiloto e explicou como estava a pensar fazer a abordagem. O outro fez algumas perguntas e concluíram que era a melhor forma. Trata-se sempre de uma confirmação de procedimentos. Alguns procedimentos são validados com a torre de controlo. Foram o tempo todo com manuais abertos para confirmar informações. Em nenhum momento conduziram o avião. É tudo automático e o processo consiste em confirmar *checklists*.

Concluindo, as *checklists* ajudam-nos muito a errar menos. Warren Buffett diz que gerir uma empresa e conduzi-la ao sucesso passa por evitar cometer erros.

Uma experiência que costuma funcionar é transformar a *checklist* num jogo. A dimensão lúdica é um fator muito interessante. Isto porque se o sistema não tornar as coisas mais fáceis de fazer do que sem um sistema, as pessoas não vão usá-lo. O sistema tem de tornar o trabalho mais fácil e divertido.

Devemos criar um ambiente no qual todas as tarefas fluem naturalmente, ou seja, em que seguir o que está registado no protótipo seja mais fácil do que qualquer outra alternativa possível.

A partir daqui estão criadas as bases para formar uma equipa de trabalho. É preciso clarificar objetivos comuns, planos de ação, suporte nas decisões arriscadas e inclusão de todos os elementos no projeto. É crucial para o sucesso colocar as pessoas certas nos lugares certos e ser capaz de comunicar com as mesmas de forma eficaz.

É comum os empresários apresentarem resistência à sistematização recorrendo a argumentos de que receiam que o negócio perca a flexibilidade, a espontaneidade e a humanidade. Temos de pensar se o seu contrário não será a falta de rigor e a ausência de disciplina e profissionalismo, mais desumanizadores do que o trabalho num contexto eficiente.

No entanto, mesmo que corrêssemos esse risco, não sistematizar não é uma alternativa se a finalidade é subir no organograma enquanto empresários.

Em síntese, a criação de um organograma e a sistematização constituem caminhos para a criação de uma empresa realmente funcional. Esta consiste numa organização na qual os proprietários, os clientes, os fornecedores e os colaboradores atingem os resultados que cada um deles pretende, sem conflitos ou esforços desnecessários.

Propostas de reflexão

1. Em que degrau se encontra na escada da independência financeira?
2. O que tenho de fazer para subir para o degrau seguinte?
3. Qual o organograma da sua atividade?
4. No que é que a minha equipa precisa de treino e formação?
5. Com a tecnologia poderia aumentar a nossa produtividade?
6. O que poderemos fazer melhor se usarmos *checklists* e guiões?

Desafio 10

Liderar a sua equipa na execução

Hoje em dia fala-se muito de liderança. No entanto, nem sempre se aprofunda a questão. A tendência é ficar-se pelo que designo por lado suave da liderança. Isto é, a capacidade de nos tornarmos atrativos e fazer com que as pessoas tenham vontade de nos seguir voluntariamente, ou seja, fazer com que escolham acompanhar-nos.

Esta é uma dimensão importante, mas não é suficiente. Precisamos também do lado duro da liderança. Não no sentido coercivo, mas no sentido da utilização de sistemas, ferramentas de gestão, indicadores e controlo.

Aprendi a dividir a minha abordagem de liderança em quatro áreas fundamentais:

1. Atrair as pessoas certas;
2. Pôr as pessoas certas no sítio certo;
3. Pôr as pessoas certas, no sítio certo, a fazer a coisa certa;
4. Saber lidar com as pessoas (certas).

Este último é o lado mais suave da liderança. Se o nosso trabalho fundamental como empreendedor consiste em liderar as nossas equipas na execução consistente do plano que criámos, precisamos de bons profissionais, alinhados com os nossos valores.

Assisto frequentemente nas minhas intervenções em empresas, sobretudo à medida que vão crescendo, à existência de um vazio entre as ideias da liderança e aqueles que operam. Dizendo de outra forma, entre as ideias do líder e a consistência de execução da equipa. Uma parte dessa consistência deve ser eliminar esse vazio. Uma empresa no apogeu não tem esse fosso. Precisamos de lideranças intermédias e de uma execução consistente.

Atrair as pessoas certas

Esta começou por ser uma aprendizagem conceptual até que, um dia, na prática, entendi a ideia em toda a sua amplitude, apesar de a aplicar anteriormente. Esta aprendizagem consiste em reconhecer que precisamos de boas pessoas do ponto de vista da competência profissional. E, claro, também precisamos de profissionais cujos valores se encontram alinhados com os nossos.

Jim Collins, no seu grande trabalho na área da liderança empresarial, *De Bom a Excelente*, diz que a primeira decisão de todas as empresas é: "Quem escolhemos?" Em primeiro lugar, trata-se de escolher os talentos pois, depois disso, tudo se torna mais fácil.

> Que tipo de pessoas é que precisamos?
> Precisamos dos melhores profissionais que possamos treinar em seguir os sistemas que desenvolvemos.

Nas referências que tive durante alguns anos, aprendi que recursos de baixo custo seriam suficientes desde que tivesse o sistema certo. Ensinaram-me que só precisava de alguém para operar o sistema e, por isso, era indiferente. Percebi com o tempo que não é bem assim.

Precisamos de bons profissionais. E, por vezes, mais vale pagar um pouco mais por um profissional de qualidade, porque vai acrescentar valor e justificar o preço que pagamos.

> Pela experiência que tenho em trabalhar com pessoas e empresas, sei que precisamos de profissionais viciados em crescimento. E quanto mais pequena for a empresa, mais isso me parece indispensável.

Quem apenas quer cumprir o horário e ganhar um salário dificilmente é o recurso certo. É importante quem queira estar acima da média, esteja envolvido com os resultados, e que sinta a empresa como sendo sua, tal como todas as suas "dores".

Quando temos profissionais a trabalhar que vão embora quando chega a hora de saída sem se preocuparem se as coisas estão ou não resolvidas, se está feito ou não, não conseguimos formar uma equipa. Quando o horário de trabalho é mais importante do que os resultados da empresa, algo está errado na cultura dessa equipa.

A minha experiência diz-me que precisamos de recursos com maturidade (o que não depende da idade) e de recursos resilientes. Recorde-se aqui que a resiliência é uma característica dos materiais que têm a capacidade de ser deformados e voltar à mesma forma. Quando aplicado às pessoas, pode considerar-se a capacidade de se levantar sempre, mesmo depois de cair. Ou seja, consiste na capacidade de não desistir.

Em todas as empresas há dias difíceis. Há dias em que as coisas não correm como o esperado e as emoções estão ao rubro. Mesmo quando isso acontece, precisamos que o colaborador volte sempre e esteja lá no dia seguinte, disponível para fazer o que for preciso. Precisamos que se automotivem.

Numa empresa também é importante existir uma energia positiva. Não é produtivo ter pessoas tóxicas dentro das empresas. Outra qualidade importante são talentos responsáveis, que são hábeis a dar uma resposta. Respons(abilidade) consiste na habilidade para dar respostas, pois é o mesmo que dizer recursos capazes de encontrar respostas para os desafios que acontecem.

Temos de recordar que não é aquilo que acontece que determina os resultados da empresa, mas sim as respostas que encontramos para aquilo que acontece.

Precisamos de pessoas íntegras. Ser íntegro é ser inteiro. Sabermos com o que podemos contar.

Uma das coisas mais difíceis de lidar numa empresa é um colaborador contar-nos uma coisa e nós não sabermos se podemos acreditar. Daí que, em todas as empresas que tenho, responsabilidade e integridade sejam os fatores número um e número dois dos pontos de cultura. O líder tem de poder escutar uma história e saber que foi exatamente assim. Temos de conseguir e poder confiar.

Obviamente, precisamos de profissionais inteligentes, com um QI (Quociente de Inteligência) elevado, mas também precisamos de quem tem um QE (Quociente Emocional) elevado. Profissionais inteligentes com capacidade de se relacionarem uns com os outros. A inteligência emocional passa por quatro aspetos, sendo dois internos e dois externos.

Os dois internos são:

1. Autoconsciência – capacidade de olharmos para nós e nos conhecermos. Saber quais são os pontos fortes e as nossas limitações.

2. Autorregulação – capacidade de condicionarmos os nossos comportamentos. Temos de controlar impulsos e outras características pouco adequadas ao trabalho em equipa.

Os dois fatores externos são:

1. Empatia – capacidade de nos colocarmos no lugar do outro. Ver o que está a ver e sentir o que está a sentir.

2. Competências sociais – capacidade de criar ligações sociais e emocionais com os outros.

A *performance* da equipa

Jack Welch, que liderou a mítica General Electric e abriu novos caminhos no universo empresarial, considera que o aspeto mais importante na gestão de uma empresa é entendermos que, no que respeita ao seu desempenho, os colaboradores se distribuem ao longo de uma curva normal e que devemos praticar um tratamento diferenciado a cada colaborador, de acordo com a sua *performance*, com a cultura que escolhemos para a nossa empresa, dependendo da sua *performance*. Pelo meu lado, considero que esta é uma ideia inquestionável.

Pensemos um pouco na *performance* da nossa equipa. Os colaboradores da nossa empresa distribuem-se por aquilo que, em estatística, se designa por curva normal. Nesta curva, temos uma franja que são os colaboradores de melhor *performance*. É um número relativamente pequeno, depois, no centro, temos a maior parte das pessoas e, no outro lado, os colaboradores de pior *performance*.

22. **Distribuição Normal dos Colaboradores por Desempenho**

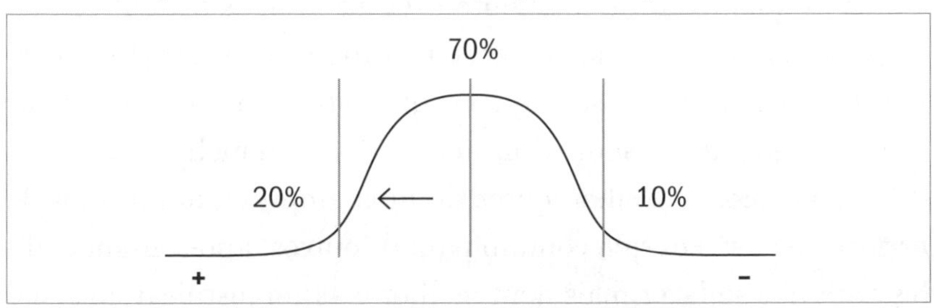

Fonte: Autor

Estamos a falar somente de *performance* profissional, avaliada nos critérios que entendemos que devem ser avaliados.

Segundo Jack Welch, para fazer crescer a *performance* da equipa temos de cuidar mais dos 20 por cento melhores, depois dedicar algum tempo aos 70 por cento da média e dar programas de treino aos dez por cento piores, para que os outros possam pelo menos tornar-se médios.

Existem pontos importantes sobre esta abordagem que quero comentar:

1. Para fazer crescer a *performance* da equipa e, em consequência, da empresa (uma vez que o crescimento desta depende sempre da *performance* dos que aí trabalham), é preciso deslocar a média do grupo para o lado dos colaboradores de alta *performance*;

2. A segunda noção que necessitamos é que há outro fenómeno da estatística que se chama convergência para a média. Isto significa que a média funciona como um íman. Ou seja, há pressão das duas pontas da distribuição normal para a média. Isto não deixa os dez por cento piores afastarem-se muito, mas também não deixa os 20 por cento melhores progredirem. Estes últimos são bloqueados pela média da equipa;

3. Se fizermos uma análise objetiva, somente matemática, sem recorrer a emoções, entendemos que a melhor forma, mais rápida, de deslocar a média para o lado dos 20 por cento de alta *performance* consiste em eliminar os dez por cento menos bons. Todos os que ficam rapidamente produzem mais e a cultura da empresa melhora. Isto acontece, em grande parte, porque as pessoas dos dez por cento são aquelas que estão sempre a encontrar justificações para os seus resultados não serem melhores;

4. Os piores colaboradores de uma empresa, em termos de *performance*, são os que contaminam os outros, apresentando álibis para não se fazer mais nem melhor e assim justificarem a sua zona de conforto. A questão é que estes se tornam ímanes, atraindo os outros à sua volta. Quanto mais forem, mais forte é o íman. Isto faz-nos compreender que não podemos ignorar os dez por cento;

5. Por outro lado, a liderança normalmente perde 80 por cento do tempo dedicada aos dez por cento de colaboradores com pior *performance*, porque precisam da nossa ajuda, uma vez que sozinhos não são capazes. Ora, esse é tempo que poderia estar a ser dedicado a cuidar dos restantes. Isto é comparável a um

camponês que tem dois lotes de terreno (um muito fértil e outro pouco) que conclui que o seu terreno fértil não precisa de ajuda, por isso irá dedicar todo o seu tempo ao terreno infértil. Quando o mesmo esforço aplicado aos nossos melhores colaboradores, que querem ir ainda mais longe, acabaria por arrastar os outros.

Esta é das lições mais importantes da liderança.

23. **Distribuição Normal dos Colaboradores por Desempenho**

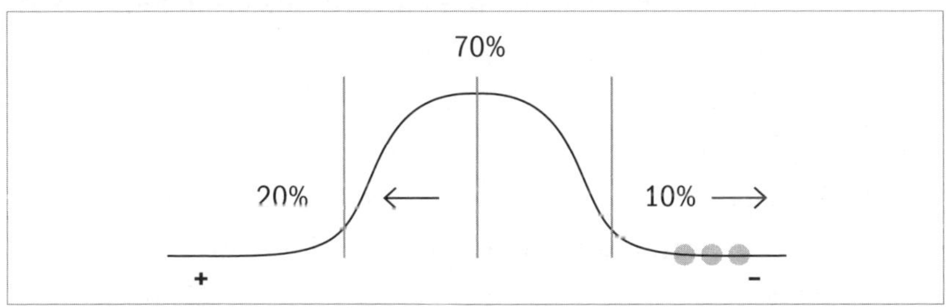

Fonte: Autor

A General Electric, a maior "escola de gestão" do mundo, é uma empresa de engenharia. Tudo gira em torno dos números. Os responsáveis fazem avaliações semestrais de todos os elementos da empresa e a cada dois anos as pessoas que se mantiveram nos dez por cento piores sabem que vão ser dispensadas. Os responsáveis avaliam por nível hierárquico. Os dez por cento menos bons em cada nível são convidados a sair da empresa. Se pensarmos que são cerca de 180 empresas no universo General Electric, isto significa que, em cada dois anos, saem cerca de 18 presidentes. O mais curioso é que estamos a falar de gestores fora de série.

Quem chega a presidente de uma empresa do grupo General Electric tem de ser um dos melhores gestores do mundo. Esse nível de pressão faz com que ninguém entre em estado de letargia e estão cientes de que é necessário deslocar a média para os 20 por cento melhores. Esta é a forma imediata de fazer isso. Além disso, tem de haver no nível hierárquico abaixo a consciência de que há sempre lugares a abrir em cima. Pode-se sempre progredir ou sair. Na General Electric não há uma exceção.

Saber como cada um, nas nossas empresas, vai gerir esta realidade matemática é uma opção. Porque não temos necessariamente de seguir o que a estatística nos ensina. Podemos ser mais suaves ou mais rigorosos nesta gestão. Não podemos é deixar de gerir a equipa em relação a este fenómeno da distribuição na *performance* dos colaboradores. Sempre que temos complacência temos de assumir os riscos, mas é um facto que devemos temperar todas as decisões, com a cultura que escolhemos para a nossa empresa.

Avaliações

Se este é o aspeto decisivo da liderança e da gestão, as avaliações semestrais são indispensáveis. A avaliação obriga-nos a ser objetivos. Considero que nunca podemos estar mais de seis meses sem dar *feedback* aos colaboradores. Um ano é demasiado tempo e a avaliação obriga-nos a ter uma conversa objetiva, perante uma grelha de critérios, com o nosso colaborador.

Este fica com o *feedback* e com um plano de desenvolvimento e sabe que vai ser avaliado passados seis meses.

Aconselho a existir sempre uma autoavaliação, que é comparada com a avaliação feita pelo superior. No meu caso, faço uma avaliação de todos por todos, 360°, inclusive uma avaliação do líder. Esta última faço questão que seja brutalmente objetiva. É claro que preferia não ter de me confrontar com isso, mas preciso de ouvir o que a minha equipa pensa sobre o meu desempenho. É muito duro!

> É importante termos avaliações o mais completas possível, porque é isso que nos permite progredir. E também haver planos de carreira na empresa.

Cada colaborador tem de ter claro como é avaliado e como pode progredir. Porque é crítico retermos o talento. Para isso é preciso ficar esclarecido como é que cada um vai subir. Quando a empresa não reconhece isso internamente, normalmente a concorrência reconhece.

Por vezes, as grandes empresas tornam-se preguiçosas na gestão da carreira das pessoas. Às vezes há colaboradores que estão num nível muito superior à remuneração e que têm um ritmo que exige que lhes seja dada a possibilidade de progredirem rapidamente. É importante reter as pessoas e recompensá-las. Sobretudo os que se encontram entre a percentagem dos colaboradores de alta *performance*.

Fazer a avaliação a cada seis meses também nos dá consciência de onde está o colaborador e como cuidar dele.

Alienação

Costumo dizer que um dos maiores flagelos económicos do final o séc. XX (princípio do séc. XXI) é o fenómeno da alienação. Trabalho alienado é o desempenho de uma tarefa pela tarefa, sem atenção ao resultado pretendido.

O alienado pretende, inconscientemente, apenas um álibi de que fez o que lhe pediram e que, se o resultado não foi o pretendido, ele não é o culpado.

Como gosto muito de culinária costumo dar o seguinte exemplo: imagine que me pede para cozinhar o jantar e me dá a receita. A receita diz-me para colocar um tacho ao lume, mas não refere a potência do lume, que aliás mudará de fogão para fogão. Depois diz-me para cobrir o fundo do tacho com azeite, mas não me dá detalhes exatos sobre a quantidade. Pede-me para picar uma cebola e alourá-la por dois minutos e eu cumpro rigorosamente, só que esses dois minutos, para serem exatos, já depende da potência do fogo e da quantidade do azeite. Depois pede-me que junte duas chávenas de arroz, mas não especifica que tipo de arroz, etc... Quando o jantar for servido e não estiver bom, tenho o perfeito álibi de que segui perfeitamente a receita que me foi dada. Esta é a história do funcionamento das empresas nos dias de hoje.

Por muito detalhada que a receita seja, o meu envolvimento e brio são fundamentais para que o prato saia perfeito. Usar o bom senso, pensar como sairá melhor, provar, retocar, afinar, prestar atenção a todos os detalhes. Tudo isso será decisivo para que possamos ter o melhor jantar.

Há uns anos, contratei um cozinheiro profissional que ia uma vez por semana a minha casa, cozinhar para toda a semana. Como sempre fui o responsável pela cozinha na minha casa, esta decisão contribuiu muito para a minha qualidade de vida. Ao fim de duas semanas percebi que nunca conseguia servir as coisas exatamente como ele as deixava. Porquê? Porque para mim era claro que dando cinco minutos de atenção e um toque final nos pratos era o suficiente para melhorar a experiência. Ou, como dizia, "vou colocar um pouco de amor no jantar e já o trago para a mesa".

Cada vez mais defendo que os que sobem rapidamente e são os melhores colaboradores devem ter a possibilidade de comprar quotas na empresa, ou seja, irem-se tornando sócios. Esta é a única maneira que temos de reter o talento de profissionais muito bons e ambiciosos. Este tipo de pessoas, se não é reconhecido, monta a sua própria empresa.

Normalmente as grandes empresas têm programas de *stock options* para reterem os melhores talentos e raramente uma empresa cresce para lá de uma determinada dimensão sem abrir o seu capital. Os colaboradores que sentimos que estão a puxar pelo crescimento não se podem ir embora. Se assim é, teremos de torná-los sócios.

Há um livro fantástico que me ajudou a entender este fenómeno de uma forma inequívoca. É o *Sonho Grande* de Cristiane Correa[22]. É um livro sobre três sócios que começaram com uma

22. NA. Jornalista e escritora brasileira, especializada na área da gestão.

empresa financeira e hoje são donos de um império gigantesco no Brasil. Estamos a falar de uma grande fortuna a nível mundial, e a lição do livro consiste em ir dando sociedade aos melhores colaboradores. Tem de estar bem definido e formalizado qual o plano de carreira: com todo o programa, a forma como é feito, as avaliações, o nível de classificação, o número de opções a que tem direito, a que preço compra, o que acontece se um dia quiser sair da empresa. Tem de estar tudo previsto para os profissionais saberem quando é que lá chegam. Também podemos atribuir prémios, se isso estiver considerado. Sugiro que seja feito trimestralmente. Do ponto de vista da *performance*, um ano é demasiado tempo para dar *feedback* aos seus colaboradores.

Não podemos esquecer que os melhores líderes fazem outros líderes. A dimensão da organização que conseguimos liderar depende da nossa capacidade para criar lideranças intermédias.

Criação de líderes

O crescimento da nossa organização, mesmo o volume de vendas, depende das lideranças intermédias. Porque se há só um líder, este consegue mandar num número de colaboradores muito reduzido. Precisamos de hierarquias. Nós lideramos os líderes, que lideram os demais. Criar líderes é um dos principais trabalhos dos líderes. O grande líder não é senão o que atinge resultados através do trabalho dos outros.

Jack Welch diz que o trabalho do líder consiste em fazer perguntas inteligentes, até ter a certeza de que a melhor decisão vai ser tomada. Mas já Henry Ford dizia, há cerca de cem anos, "as pessoas inteligentes contratam pessoas ainda mais inteligentes do que elas para todas as áreas".

Vamos debruçar-nos um pouco sobre o que o modelo de Jim Collins, apresentado em *De Bom a Excelente*, nos diz sobre pessoas e liderança. Como é que chegou ao seu modelo? O que este autor fez foi escolher um número elevado de empresas que eram boas e que a determinada altura se tornaram excelentes.

Para o seu estudo, reuniu uma equipa e fez investigação sobre essas empresas, para ver se havia um padrão. Jim Collins começou por concluir que existiam cinco níveis de liderança dentro das empresas:

1. O primeiro nível é o do profissional de alto desempenho. Este é um ótimo profissional, que contribui grandemente através das suas competências, talento, conhecimento e ética de trabalho;

2. No segundo nível, temos o elemento de equipa. Não apenas é um profissional de alto desempenho, mas também contribui para os resultados coletivos, integrando-se bem na equipa;

3. No terceiro nível, temos o gestor: o profissional de alto desempenho capaz de exercer algum nível de liderança. Demonstra capacidade para organizar pessoas e recursos no sentido de atingir determinados objetivos;

4. O nível 4 é o da liderança efetiva. Aqui estamos perante um profissional que consegue envolver a sua equipa em torno da sua visão inspirando os outros na caminhada e estimulando elevados padrões de desempenho;

5. O nível 5 é aquele em que encontramos o profissional de alto desempenho, que é ao mesmo tempo um líder detentor de humildade e determinação pessoal atingindo a grandeza duradoura.

No padrão que foi encontrado nestas empresas a equipa que se debruçou sobre o assunto, começou sempre por identificar, como gatilho do processo, a emergência de um líder de nível 5. Este líder, talvez por força da sua humildade, entende que o movimento seguinte passa por atrair os melhores profissionais possíveis para trabalhar com ele. Daí, a primeira decisão do líder de nível 5 ser: "Quem?"

"Quem é que vem trabalhar connosco?" Antes de decidir para onde vamos, como vamos, de que forma vamos e perceber quem é que está connosco. A expressão usada por Jim Collins é "as pessoas certas no autocarro".

Quando a liderança de nível 5 escolhe as pessoas certas e assume, como parte da cultura da empresa, dizer sempre a verdade sobre o que está a acontecer, ou nas palavras de Collins, confrontar os factos brutais, dá-se a inversão do caminho de bom a excelente.

Outro aspeto essencial é designado por Jim Collins como o conceito do "ouriço". Este ponto consiste em descobrir em que é que a empresa é muito boa e a concorrência não pode atacar. O ouriço é muito bom a proteger-se. Daí a imagem escolhida ter sido a deste animal. O ouriço fecha-se e ninguém consegue atacar. Trata-se, portanto, da vantagem competitiva da empresa.

"Em que é que somos tão bons que ninguém nos vai poder atacar?" Jim Collins descobriu, na sua pesquisa, que algo fundamental é, também, a defesa intransigente da cultura empresarial, como se fosse um *software* humano com que opera toda a organização.

E, a título de curiosidade, o modelo termina mencionando a utilização de aceleradores tecnológicos. Como forma de alavancar toda a estrutura humana anteriormente criada.

> Por isso acredito que, se queremos atrair as pessoas certas, temos de ser a pessoa certa. O mesmo sucede se queremos atrair pessoas competentes, grandes profissionais e honestos.

Temos de ser a pessoa que queremos atrair. Teremos de ser a pessoa sobre a qual os melhores profissionais do mercado na nossa área digam: "Eu quero ir trabalhar com aquela pessoa."

Como é que nos tornamos este talento? Através de um processo de desenvolvimento pessoal. É o que conseguimos com estudo e dedicação. Cada um de nós pode tornar-se uma pessoa melhor. Ou seja, alguém atrativo, com uma lista de qualidades atrativas.

O caminho da liderança é o caminho do desenvolvimento pessoal. O processo consiste em reunir essa lista de qualidades: a humildade, a determinação, a competência, a paixão, a integridade, a resiliência...

Ser o tipo de pessoa com quem os outros querem estar, com quem os outros querem trabalhar. Já Aristóteles nos falava do *logos*, do *pathos* e do *ethos*, ou razão (competência), paixão (determinação/emoção) e ética (integridade).

Um líder de nível 5 é sempre alguém íntegro. Só a integridade nos mantém no longo prazo. A falta de alinhamento ético faz cair qualquer liderança. Não pode haver uma liderança de nível 5 sem ética.

Os líderes de nível 5 são altamente ambiciosos, no sentido da empresa e não no seu interesse pessoal. Colocam sempre a empresa em primeiro lugar. Estes líderes, sempre que surgem em público, depois das vitórias, atribuem o mérito à sua equipa. Nas alturas em que as coisas correm mal tentam proteger a equipa assumindo a responsabilidade. Os líderes de nível 5, cujos exemplos Jim Collins apresenta, protegeram sempre as equipas nos momentos difíceis, assumindo a responsabilidade.

Os líderes de nível 5 preocupam-se em preparar a sucessão para que nunca se sinta a falta deles. Isto é, para que os seus sucessores sejam muito melhores do que eles. São talentos com um ego equilibrado, pessoas discretas, embora obcecadas pelos resultados da empresa.

> As pessoas certas têm de ser colocadas a fazer a coisa certa. Para que isso se consiga alcançar, é imprescindível os objetivos estarem muito claros.

Objetivos

Todos na empresa têm de saber onde se pretende chegar. Há muitas empresas em que os líderes sabem qual é o objetivo, mas os colaboradores não. E estes objetivos não são apenas de faturação.

Tem de haver objetivos para tudo: de margem, de ciclo de caixa, de eficiência, operacionais, etc... E todos têm de estar muito claros. Quanto mais os colaboradores souberem sobre o que deve ser atingido, mais se envolvem para o conseguir.

Depois de definidos os objetivos é crítico termos a capacidade de desenhar o plano. Decompor em tarefas o que acreditamos que deve ser feito para atingir o objetivo, e só depois de planear é que começamos a executar. Mas não queremos executar bem de vez em quando. Pretendemos executar bem de uma forma consistente.

Depois de executar não nos podemos esquecer de medir a execução. É aí que entram os KRI (Key Result Indicators) e os KPI (Key Performance Indicators). Sem que estejamos a monitorizar vários indicadores, não temos hipótese de saber se estamos alinhados com o plano ou não. Os indicadores têm de estar definidos à partida.

1. KRI, ou indicadores-chave de resultados, são os resultados intermédios que contribuem para um determinado resultado final. Por exemplo, num processo comercial, o número de transações e o valor médio de transação serão resultados intermédios a montante de um valor final de faturação.

2. Já KPI, ou indicadores-chave de desempenho, são indicadores do nível de execução de tarefas a montante dos KRI. Por exemplo, no mesmo processo comercial, o número de contactos efetuados, o número de reuniões feitas com potenciais clientes e o número de propostas apresentadas, monitorizariam a *performance* da equipa a montante e em cascata do número de transações e do respetivo valor médio.

Ao medir os indicadores temos a capacidade de ajustar a execução para alcançar os objetivos.

24. **Execução Consistente**

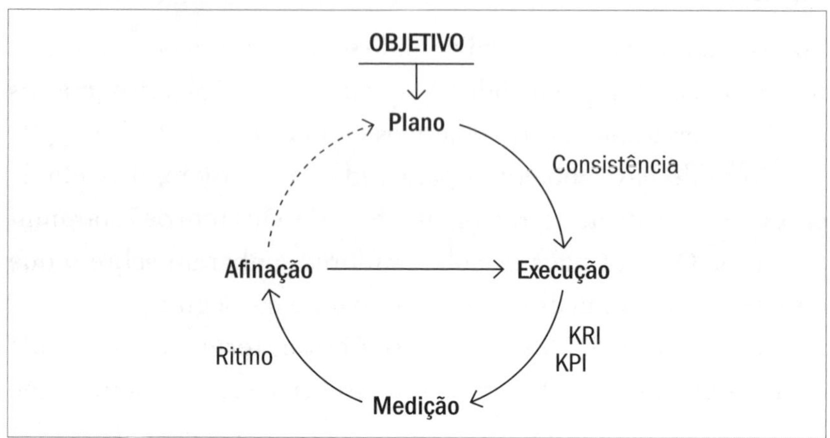

Fonte: Adaptado de Keith Cunningham

Pontualmente, podemos entender que é preciso rever o plano, mas isto não pode ser algo que aconteça frequentemente, sob o risco de perdermos o alinhamento da equipa.

Quando fazemos a medição, é extremamente importante pedir responsabilidades, dizer o que tem de ser dito. Se medirmos a *performance* e permitirmos a mediocridade, então ficamos com aquilo que toleramos. Se quando medimos não mantemos os colaboradores responsáveis, não temos hipóteses de ajustar. Se permitimos que não estejam a atingir os níveis que foram previstos, não podemos lamentar-nos por não conseguirmos cumprir o plano, pois tornaram-se comportamentos adquiridos. O *feedback* deve ser cândido e educado, mas frontal e assertivo. Temos aquilo que toleramos!

Nos últimos anos, na minha empresa, temos refinado um sistema de controlo da consistência da execução, que usamos não apenas internamente, mas que implementamos nas empresas com quem colaboramos com uma taxa de sucesso, até hoje e para quem toma o remédio até ao fim, de praticamente cem por cento. Chamamos-lhe as quatro disciplinas da execução.

As quatro disciplinas da execução

As disciplinas da execução são a concentração, a catalisação, o envolvimento e o ritmo.

25. **Execução Consistente**

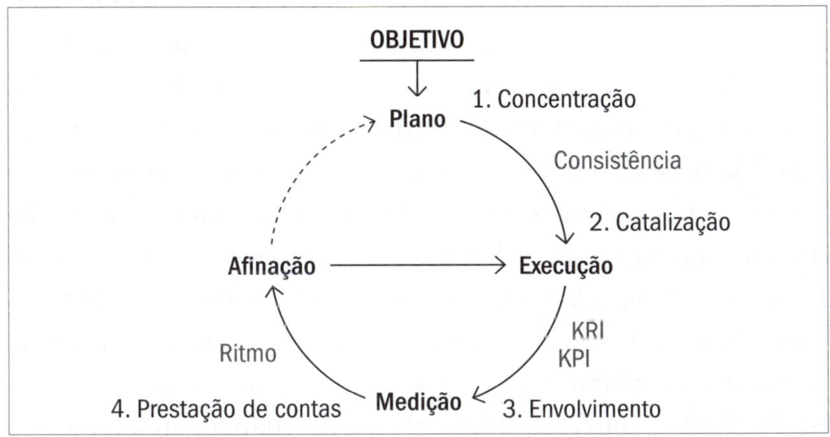

Fonte: Adaptado de Keith Cunningham

1. Concentração é a noção de que menos é mais. Está provado que quanto menor o número de objetivos que tivermos, maior é a probabilidade de os atingirmos. É por isso que todas as empresas com as quais colaboro têm um tema trimestral. A cada trimestre há um ponto que é selecionado em torno do qual toda a empresa se deve organizar. É um tema que no final do trimestre deve estar resolvido para depois nos dedicarmos a outro tema. Isto significa que, em cada trimestre, a empresa deve ter progredido, resolvido o aspeto que, depois de executado, maior impacto terá no crescimento da empresa. A concentração implica ter a noção de que as coisas mais importantes vêm em primeiro lugar.

Tem de existir um farol trimestral em torno do qual toda a empresa se organiza. Pode ser, por exemplo, implementar o funil de vendas, implementar um novo *software*, ou estabelecer um sistema de avaliação (aspetos que quando implementados podem ter um impacto gigantesco nos resultados da empresa). Como se escolhe esse tema? Refletindo sobre aquilo que, depois de conseguido, terá o maior impacto nos resultados da empresa. O mais importante é criar um hábito de planeamento estratégico na empresa, que contemple a clarificação das prioridades.

2. A catalisação passa pela implementação de ferramentas, regras e sistemas. Quando falamos de ferramentas, estamos a falar de tudo o que nos ajude a ter um melhor desempenho. Aliás, Buckminster Fuller, uma das maiores referências da minha vida, afirmava que, se queremos mudar o comportamento de alguém, não vale a pena preocuparmo-nos em explicar à pessoa o novo comportamento a adquirir. Em vez disso, devemos fornecer-lhe uma ferramenta cuja utilização conduza necessariamente à alteração do comportamento. São estas ferramentas que precisamos. Por exemplo, o funil de vendas é uma dessas ferramentas que catalisa o plano em execução. Outro exemplo são os guiões. Se desejarmos que uma pessoa faça uma chamada telefónica de uma forma diferente, podemos dar-lhe um guião para fazer a chamada telefónica. Um *software* obriga-nos muitas vezes a ter um comportamento diferente. Além dos anteriores podemos pensar em: *checklists*, regras, sistemas, etc.

3. O envolvimento consiste na existência de marcadores preenchidos em tempo real pelos colaboradores. Não é mais do que transformar o sistema num jogo. Nas minhas empresas, todos os colaboradores estão a registar em tempo real os KPI com que estão comprometidos. Trata-se de um jogo! Aquele que chega ao fim do dia e sabe se ganhou ou perdeu, percebendo também exatamente o que tem de conseguir fazer para ganhar. No nosso caso e por opção pessoal, também os indicadores financeiros da empresa estão sempre a ser marcados em tempo real. Então temos tudo e todos sabem tudo, todos os indicadores, apresentados em cascata: os KPI, os KRI e os resultados finais, o que nos permite saber no que é que temos de mexer para alcançarmos os resultados pretendidos. O que é preciso fazer a montante para

atingir os resultados a jusante. Assim garantimos o envolvimento e evitamos a alienação.

4. O ritmo é a quarta e a última disciplina. Precisamos de ir no caminho certo, mas no máximo de ritmo possível. Isto consegue-se essencialmente com dois tipos de atividade: reuniões ordinárias e avaliações.

No que respeita ao primeiro aspeto, é importante fazer três tipos de reuniões: trimestrais, semanais e diárias.

a) Reuniões trimestrais – o trimestre é o prazo ideal para maximizar a *performance* nas empresas. Treze semanas é uma pressão positiva muito forte. No final de cada trimestre, deve ser feita uma avaliação do que aconteceu e planear o que tem de acontecer a seguir. Todas as métricas são analisadas e redefinidas na última semana do trimestre. Prazos maiores do que o trimestre não funcionam do ponto de vista da execução, porque, ao serem muito largos acabam por estimular a complacência, principalmente no início dos prazos.

A única razão para que as empresas se organizem anualmente é porque o fisco se organizou dessa forma. Do ponto de vista do desempenho empresarial, um ano não faz sentido. Até as empresas cotadas em bolsa apresentam resultados trimestrais. Se por um lado isso se deve a uma responsabilidade de serem transparentes com o mercado e os seus investidores, por outro, ajuda-os a manterem uma pressão positiva e alinhamento com os resultados procurados.

b) Reuniões semanais – são reuniões de uma hora extensíveis a uma hora e trinta, pois é difícil manter os colaboradores entusiasmados e envolvidos em períodos temporais superiores, e também se quer que sejam o mais produtivas possível. Isso implica que se façam reuniões muito objetivas, com uma agenda clara. Deve haver uma discussão ideológica musculada, na qual devem ser tomadas decisões.

c) Reuniões diárias – são reuniões de dez minutos, de preferência tidas em pé. O que importa aqui é saber o que aconteceu no dia anterior e o que acontecerá nesse mesmo dia.

Rockefeller, na primeira hora da manhã, reunia com a sua equipa dez minutos em pé e nunca era à mesma hora, nem à hora certa. Por exemplo, em lugar de marcarmos uma reunião às 9:00, devemos agendar para as 8:48 e, no dia seguinte, às 8:52. Isto dá uma noção muito rigorosa da precisão temporal; a noção da importância do minuto. Cada minuto que passa já está perdido.

> Tratamos o tempo com demasiada ligeireza, quando o tempo é um fator crítico de sucesso. As escolhas que fazemos sobre a forma como aproveitamos o tempo são decisivas para alcançarmos os nossos objetivos.

O nível de sofisticação da agenda de alguém e o seu nível de mestria na gestão do tempo medem-se pela dimensão dos blocos de tempo alocados. Devemos reduzir os nossos períodos de tempo para uma hora, depois para 45 minutos, a seguir 30 minutos e depois 15 minutos. Colocar blocos de 15 minutos numa tarefa é a mestria total na gestão do tempo.

Gerir reuniões

Muitas empresas sofrem de "reunite". Reúnem-se a toda a hora, por tudo e por nada, e essas reuniões são desorganizadas, levam tempo a mais e daí saem muito poucas decisões. Muitas vezes os colaboradores saem sem a noção exata do que devem executar qualitativa e quantitativamente. Costumo ensinar que as reuniões têm três fases e cinco regras... As três fases são as seguintes:

a. A reunião deve começar sempre pelo *report* dos compromissos/indicadores para cada colaborador e/ou departamento. O que foi decidido na última reunião e se foram atingidos, ou não, os indicadores associados.

b. O que é que podemos aprender com isso?

c. Limpar o caminho, resolver o que tem de ser resolvido e estabelecer novos compromissos. E assim, na reunião seguinte, há resultados que são esperados.

Sugiro cinco regras para a gestão de reuniões:

1. Confrontar sempre os "factos brutais", temos de ter a capacidade de colocar a realidade como ela é. O que magoa mais é sempre a forma como as coisas são ditas. Por isso, devemos dizer o que tem de ser dito, de forma frontal e honesta, mas assertiva, cândida e sobretudo educada.

2. O diálogo deve ser ideológico, isto é, nunca se questionam as pessoas, mas sim as ideias. Este é um dos princípios básicos da liderança. É a execução que deve ser posta em causa e não o colaborador responsável pelo comportamento. Não há que ter medo do confronto ideológico. Na maior parte das empresas, há medo do confronto porque não é ideológico, é um confronto pessoal. Associa-se a ideia à pessoa e entra-se em conflito com ela. Ou começa-se a fugir das pessoas para não nos confrontarmos com elas, que não são más, mas às vezes fazem coisas que não são as mais adequadas.

3. O líder deve usar a metodologia das questões: perguntar, perguntar, perguntar. Principalmente como e porquê... Jack Welch costuma dizer que a tarefa de liderança é relativamente simples. Passa por trabalhar com colaboradores extremamente competentes e questioná-los constantemente de forma inteligente, para que testem as suas posições e melhorem as suas decisões.

4. Deve recorrer-se ao reforço positivo e análises sem atribuição de culpa.

5. Deve exigir-se a prestação de contas. Se algo não foi cumprido, tem de ficar claro que não foi cumprido. Da próxima vez não pode voltar a acontecer!

Liderar pessoas

O tema da responsabilização dos colaboradores e prestação de contas não deve nunca ser subavaliado nas empresas, sob pena de desalinhamento das equipas, perda de competitividade e, consequentemente, resultados fatais no longo prazo. Aprendi, também com Jim Collins, as três regras fundamentais para a gestão de pessoas. Sou o primeiro a reconhecer que não são fáceis de implementar e que sou muito melhor a falar acerca delas do que a executá-las. Mas confesso que me arrependo de cada vez que não as sigo.

1. Devemos contratar lento e despedir rápido. Isso significa que se deve ser muito criterioso nas contratações, porque um erro de contratação torna-se muito dispendioso. É preciso, sobretudo, contratar com rigor. Quando contratamos alguém só por ser amigo de um amigo porque está disponível na altura, a probabilidade de ser a pessoa certa é baixíssima. O custo de uma contratação e eventual respetivo despedimento é demasiado elevado para corrermos o risco de errar. Ser altamente criterioso é fundamental.

Muitos dizem que já foram criteriosos e que mesmo assim erraram e que por isso deixaram de ser. A minha perspetiva é exatamente a contrária: se mesmo sendo rigorosos nos enganamos muitas vezes, então temos é de encontrar mais formas de apertar a malha. Não gostaria de colocar rótulos negativos em nenhum setor, mas pessoalmente não tenho tido resultados fantásticos com empresas de recrutamento, que muitas vezes me parecem mais preocupadas em cobrar o seu *fee* com o mínimo de trabalho possível do que em ajudar a encontrar o profissional certo. Mas há de haver, como em todas as áreas de atividade, bons e menos bons profissionais e empresas.

Acredito que despedir rápido é uma questão de justiça para todos os envolvidos. No dia em que percebemos que aquela não é a pessoa certa, ela deve sair. É uma questão de justiça para a empresa, para o empresário, para os colegas e para o indivíduo em questão.

Se o colaborador não é apreciado naquele lugar, temos de lhe dar oportunidade de encontrar o sítio certo para trabalhar. Se perguntarmos "sabendo o que sei hoje, eu contratava esta pessoa?" e a resposta for não, nesse dia deve sair. Esta é uma tarefa difícil, mas necessária.

2. Na dúvida, não se contrata. Se no processo de recrutamento não estivermos seguros em relação a um candidato, mais vale chamarmos outro grupo e continuar a procura. Muitas vezes caí no erro de contratar o menos mau de um grupo ruim e arrependi-me sempre.

3. A terceira regra consiste em ter os melhores colaboradores nas operações mais importantes. Por vezes, os melhores talentos são colocados a resolver problemas. As pessoas de maior qualidade devem estar nos *drivers* de crescimento da empresa, pois são o reboque desse crescimento.

É relativamente fácil termos um tipo de liderança que passa por "espremer" os colaboradores exigindo resultados no curto prazo e tendo uma visão essencialmente tática da gestão. Também é relativamente fácil ter a abordagem do sonho, da inspiração, da visão olhando sempre para um futuro longínquo e ligando apenas às questões estratégicas. O que é difícil é manter os talentos inspirados e alinhados com uma visão estratégica de longo prazo, enquanto esprememos o limão no dia a dia.

De outro modo, o que é difícil é ser um líder inspirador, visionário, empreendedor e, ao mesmo tempo, focar as pessoas no que elas têm de fazer no momento: nos KPI, nos resultados, nas vendas, nas entregas, nas operações, etc.

Há muitos que têm uma visão tática e alguns uma visão estratégica. O que há mesmo muito pouco são aqueles que conseguem desenvolver uma capacidade para pensar de forma estratégica e tática ao mesmo tempo.

Por isso, nunca me canso de repetir que as principais orientações estratégicas da empresa devem estar escritas e ser conhecidas por toda a gente, da mesma forma que as questões táticas e operacionais, sendo que devem estar alinhadas umas com as outras. Todos devem saber para onde vai o barco, mas também saber onde ele está e o que devemos fazer para lá chegar.

Este é o grande desafio da liderança que, do meu ponto de vista, é o desafio do séc. XXI. Não depende de nós ser um líder. Não podemos exigir que as pessoas nos sigam. A decisão está sempre do lado de quem segue. O mais que podemos fazer é tornarmo-nos aquele que os outros querem seguir. O trabalho começa em nós e não nos outros. O grande desafio da liderança consiste em trabalhar no nosso desenvolvimento pessoal, para sermos a melhor pessoa que pudermos ser, a tal pessoa de qualidades atrativas que os outros escolhem seguir.

Podemos também afirmar que uma característica essencial da liderança consiste em estar um passo à frente da mediocridade. Isto é, não cuidar só de nós, mas tomarmos conta também dos outros.

> Ninguém segue alguém que está preocupado só com a sua própria agenda. Ninguém segue alguém que só quer saber dos seus resultados.

As pessoas que seguimos no longo prazo são aquelas que sentimos que se preocupam em cuidar de todos. Este é o caráter de altruísmo. O "vamos fazer juntos" é poderosíssimo.

Outro desafio da liderança consiste em aprender a ser ambicioso, mas ao mesmo tempo satisfeito. A maturidade filosófica consiste em estar contente, alegre, satisfeito, grato e orgulhoso pelo que se conseguiu, mas, ainda assim, querer mais. É fácil estar sempre insatisfeito e também é demasiado fácil estar sempre satisfeito ("O que eu tenho chega"). O que é difícil é juntar os dois sentimentos: sentir-se grato e mesmo assim querer mais.

Outra das grandes lições da liderança é a lição do poder duro e do suave. O poder duro é o poder da coação: "Vais fazer assim porque posso obrigar-te! Porque eu sou o chefe! Porque te pago o ordenado..." Mas coercivamente tiramos o mínimo das pessoas. Quando alguém faz por obrigação, só faz aquilo a que o obrigamos.

O poder suave dá-se quando o colaborador fica inspirado, envolvido. É o poder da atração, que o leva a optar por dar. Usando este poder suave o colaborador pode dar-nos tudo. Não há horário de trabalho, mas sim a preocupação de aparecer com o trabalho feito. Nesta situação, o indivíduo dá mais por um projeto do que por si próprio.

Mas atenção que isto não faz do poder duro um mau poder. O poder duro não é uma ferramenta dispensável, mas sim uma ferramenta de último recurso, que só deve ser usada quando mais nada funciona. Numa situação limite podemos dizer: "Faça-se assim!"

Quando abordo esta temática lembro-me sempre da mãe de um dos meus melhores amigos de infância, vamos chamar-lhe Fernando. A mãe do Fernando gritava o tempo todo: ou o Fernando não tinha feito a cama, ou tinha tido um mau resultado na escola, ou não tinha arrumado a loiça, ou trazíamos os pés sujos... sei lá!... A senhora simplesmente passava o dia a gritar.

Na primeira vez que lá entrei em casa confesso que me assustei, pois não estava habituado àquilo, ao fim de umas visitas já me entrava pelo ouvido e saía pelo outro. Aliás, o próprio Fernando fazia questão de, encolhendo os ombros, recordar-me pontualmente "Não ligues! A minha mãe é assim! Simplesmente grita o tempo todo." E como gritava a senhora... às vezes ainda íamos a subir no elevador e já a ouvíamos gritar. Hoje, fazendo uma reflexão mais madura sobre o assunto, pergunto: "Um dia que esta senhora precisasse de uma ferramenta de último recurso, o que utilizaria?" Se um dia a criança fosse atravessar a estrada e de repente surgisse um camião, a mãe gritava ou seria apenas mais um grito?

No meu caso, aprendi que quando uma mãe grita, o mundo para. Talvez porque nunca, até hoje, tenha ouvido a minha mãe gritar. Se um dia acontecer e espero que não, toda a gente vai saber que é grave. E porquê? Porque a minha mãe guardou a ferramenta de último recurso para uma situação em que pode mesmo precisar dela. Então a minha sugestão para os líderes é que não gastem as suas ferramentas de último recurso com assuntos menores. Não gastem o poder duro com assuntos suaves.

Como líderes devemos ainda seguir um dos principais ensinamentos da cultura ocidental, um ensinamento bíblico deixado pelo profeta e que os americanos apelidaram de a regra de ouro da vida. E qual é?

Muito simples ainda que frequentemente esquecida, e que passa por fazer aos outros o que gostávamos que nos fizessem a nós. Não podemos tratar um colaborador de uma forma que não gostávamos que nos tratassem a nós. Mas ainda iria mais longe...

Percebi com a experiência que aquilo que funciona comigo não funciona com toda a gente. Por exemplo, gosto de ser espicaçado e provocado e que me esfreguem as minhas incongruências na cara. Que me lembrem que não estou a fazer o suficiente, não de uma forma destruidora, mas de uma forma desafiadora.

Percebi com o tempo que aquilo que para mim é altamente motivador é, para muita gente, extremamente desmobilizador. Então a minha sugestão é de que conheça os seus colaboradores, entenda a sua individualidade e tente perceber como tirar o melhor de cada um deles.

Nas avaliações semestrais, e por mais desconfortável que seja, tenha a coragem de dar oportunidade à sua equipa de lhe dizer que coisas está a fazer que não estão a funcionar e/ou que eventualmente os incomoda. Não há como agradar a todos, mas depois de separar o verdadeiramente importante do resto, há sempre boas ideias para levar consigo.

> Um grande líder é alguém que se preocupa em servir a equipa, em ser um servo. O líder que serve a equipa fá-lo na ótica do que a equipa precisa e não daquilo que a equipa quer.

Está lá para dar tudo o que os colaboradores precisam para atingir os objetivos. É como um pai. Um pai não dá aos filhos tudo o que eles querem, mas não falta para dar o que eles precisam.

O verdadeiro líder tem de ser um mestre da comunicação, ou seja, ser capaz de fazer luz onde antes havia escuridão, trazer consciência às pessoas, ser capaz de levar os outros a verem o que não viam antes. Pelo uso das palavras tem de sensibilizar os outros para que vejam o que ainda não tinham visto. É como no *Génesis*: havia escuridão, a divindade falou e fez-se luz. A comunicação deve ser clara, emotiva, mobilizadora e íntegra. Acredito que uma das capacidades que os líderes devem trabalhar é exatamente a comunicação, pois esta pode ser o catalisador para o alinhamento da equipa.

As melhores equipas têm rituais. Já aqui mencionei que um amigo australiano em vez de rituais escreve "ricoais" ("*richuals*"), aludindo a que estes procedimentos nos fazem ricos. Os rituais que as melhores equipas desenvolvem funcionam como o cimento que mantém a equipa unida e que a mobiliza em torno dos resultados. Podem ser praxes, brincadeiras, a forma como se celebram realizações, ou qualquer outra coisa que fomente o relacionamento entre as pessoas. E o líder tem de ser a claque da equipa.

Outro fator importante da liderança consiste na escuta. Ouvir é a chave da influência e o processo de liderança é um processo de influência. Escutar é muito melhor do que ouvir. Escutar implica envolvimento, entendimento, ver de onde os outros estão a ver e sentir o que estão a sentir. Quando escutamos, percebemos que os nossos colaboradores nos trazem ideias muito importantes sobre como resolver algo que esteja a acontecer.

Um dos exercícios que faço nos meus cursos de liderança é a simulação de uma situação de sobrevivência. Descrevo uma situação em que as pessoas sofrem um acidente de helicóptero e peço-lhes para resolverem um desafio individualmente. A seguir, sugiro que resolvam o assunto em grupo e, salvo situações muito raras, de grupos que têm um funcionamento disfuncional, a solução grupal é praticamente sempre muito melhor do que a individual.

Além de que ouvir os outros reforça a sua autoestima e o sentido de contribuição e envolve-as na execução das tarefas, mesmo quando a solução não é aquela que, pessoalmente, subscreveriam, mas só o facto de terem participado no processo, as compromete com a execução.

Uma das principais lições de liderança aprendi-a com os meus filhos. A paternidade é o derradeiro desafio da liderança.

Percebi que dava comigo muitas vezes a fazer as coisas pelos miúdos, porque me dava menos trabalho do que lhes pedir que fizessem. Era mais fácil arrumar a roupa que o meu filho deixasse desarrumada em dois minutos do que pedir-lhe que interrompesse o seu jogo de vídeo, que resmungasse enquanto o fazia e depois fizesse tudo mal feito, quase de propósito, só para me lembrar de que não sabe fazer.

Depois percebi que fazia o mesmo na empresa. Sempre que um colaborador aparecia com um desafio era mais fácil dizer-lhe como resolver do que fazê-lo pensar. Talvez o meu ego se sentisse massajado por precisarem de mim para tudo, mas percebi que estava a treinar inúteis.

É claro que é mais fácil para os elementos das nossas equipas descarregarem os problemas no nosso colo do que os resolverem. Se o deixarmos, fá-lo-ão de forma alienada. Então criei um hábito: ninguém pode trazer-me um desafio sem ter pensado em três alternativas para o solucionar.

Quase sempre têm uma boa opinião sobre qual das alternativas é a melhor. Assim passei a treinar pessoas que se envolvem, pensam e resolvem as coisas. Todos sabem que prefiro que se atravessem e tomem decisões que mais tarde se revelem menos acertadas do que ficar à minha espera com medo de errar. Nunca tire o tapete aos seus colaboradores. Só não erra quem não faz nada e não decide, e ao punirmos os erros estamos a criar inúteis.

Depois de saber liderar pessoas, vamos ver como conseguimos aumentar a sua produtividade. Este é o tema do próximo desafio.

Propostas de reflexão

1. Temos um tema em que toda a equipa se concentra em cada trimestre?
2. Há objetivos de equipa e individuais?
3. Estamos a planear por escrito o trimestre, a semana e os dias?
4. Onde é que estamos a confundir "atividade" com produtividade?
5. O que precisa de ser medido (e com que regularidade) para garantir que estamos a executar os *drivers* críticos do nosso negócio?
6. O que estamos a fazer inconsistentemente bem?
7. O que estou a fazer consistentemente mal?
8. Todos os colaboradores têm entre quatro e seis indicadores-chave de desempenho mensuráveis?
9. Estamos a medir a nossa execução utilizando marcadores em tempo real?
10. Temos um sistema de reuniões bem definido?
11. Nas reuniões, pedimos contas a todos pela execução do que foi planeado?

Desafio 11

Aumentar a produtividade e gerir melhor o tempo

As escolhas que fazemos sobre a forma como utilizamos o nosso tempo são o fator decisivo do sucesso. O tempo é o aspeto mais crítico e, em simultâneo, mais democrático que existe. Todos temos 24 horas por dia e 365 dias por ano. A forma como utilizamos essas 24 horas e esses dias é o que faz a diferença entre obtermos mais ou menos resultados.

Não podemos dizer que Bill Gates é milionário porque teve o privilégio de lhe ser concedido um maior número de horas. Podemos é afirmar que tem uma maior rentabilidade à hora, porque, do ponto de vista financeiro, escolheu usar as suas horas de forma diferente. Este é o fator decisivo. As escolhas que fazemos em relação à utilização do tempo.

Uma das coisas que tendemos a fazer é confundir "esforço" com "produtividade". São aspetos totalmente diferentes. Não somos remunerados pelo esforço, mas sim pela produtividade. Somos remunerados pelos resultados que fazemos aparecer. Para ganhar mais não temos necessariamente de trabalhar mais horas, mas sim usar o nosso potencial mental para que o nosso trabalho tenha mais valor.

Por vezes, julgamos que o funcionário administrativo de uma empresa dá oito horas de esforço por dia e recebe o salário fixo no final do mês. Mesmo assim, nesta situação, o funcionário é pago pelo valor que põe na hora e não à hora. Se fôssemos pagos pela hora, ganharíamos todos o mesmo. Há pessoas que ganham dez, 20 ou até 30 vezes mais do que outras, não trabalham dez, 20 ou 30 vezes mais horas do que as demais, mas põem muito mais valor em cada uma das suas horas de trabalho.

> A remuneração não é a gratificação do esforço. Não somos pagos para estar ocupados. É fácil estar ocupado.

Isto pode, e deve, ser visto de uma forma positiva, pois temos de reconhecer que podemos multiplicar o valor da nossa hora de trabalho. Não há um limite para o valor pelo qual a podemos multiplicar. Podemos multiplicá-la por dez, 20, 50, cem, etc.

O nosso potencial mental é o responsável pelo aumento do valor de retorno que obtemos à hora. Trabalhar duro é decisivo, mas mais em nós próprios do que na nossa atividade. É o nosso potencial que deve ser trabalhado de forma focada, inteligente e árdua.

Há inúmeras formas de multiplicarmos o valor de uma hora de trabalho e têm que ver com tudo o que possamos empreender para apurar a capacidade de fazer melhores escolhas. Isto porque o valor da nossa hora de trabalho depende da qualidade das nossas decisões. Entre estas atividades temos:

- Estudo da própria vida;
- Estudo da vida dos outros;
- Estudo dos exemplos, mas também dos avisos;
- Leitura de livros;
- Realização de cursos;
- Conhecimento de outros com ideias diferentes das nossas, que nos permitem aprender alguma coisa de novo.

Numa empresa, que seja uma meritocracia, a presidência não é da responsabilidade de quem trabalha mais horas, mas sim daquele que toma as melhores decisões. Quem faz as limpezas na empresa pode trabalhar 14 horas por dia, sete dias por semana e isso não significa que chegue, necessariamente, a presidente, pois a sua capacidade de tomar decisões é limitada. Não possui competências diferenciadas. Qualquer um pode fazer o trabalho do funcionário das limpezas, mas nem todos possuem competências especializadas para tomar boas decisões quanto ao caminho que a empresa deve seguir.

As duas regras da sua produtividade

Quando nos meus cursos abordo este tema, costumo dizer que há apenas duas coisas que é preciso saber sobre a gestão do tempo. A brincar até digo que tenho duas versões de um curso sobre o tema: a versão de 30 segundos e a versão de 30 minutos (confesso que recentemente desenvolvi uma versão de seis horas).

A verdade é que em 30 segundos explico quais são as duas regras e, no resto do tempo, elaboro ideias e/ou ferramentas que nos permitem entender melhor ou aplicar as ideias referidas.

Então há duas decisões a tomar para aumentar a nossa produtividade:

- Distinguir o que fazer do que não fazer;
- Distinguir o que fazer primeiro do que fazer depois.

Distinguir o que fazer do que não fazer

Já algum dia lhe aconteceu chegar a casa estoirado depois de 10 ou 12 horas de trabalho e sem conseguir cumprir as tarefas que tinha decidido fazer nesse dia? Pois, já aconteceu a todos. A maior parte faz uma lista do que deve fazer, mas esquece-se do que não pode fazer.

Esquece-se de identificar os ladrões de tempo, que se vão meter, sem nos apercebermos, no meio das nossas tarefas e roubar-nos a nossa produtividade.

Costumo dar um exemplo sobre isso que talvez o possa ajudar: imagine que vai a um nutricionista que lhe dá um plano alimentar para emagrecer e lhe diz tudo o que deve comer. Mas por acaso este profissional esquece-se de lhe dizer o que não pode comer. Então vai comer tudo o que o nutricionista recomendou, mas vai comer também aquilo que ele se esqueceu de avisar que não podia. Como acha que vai correr esta dieta?

Agora imagine que vai a outro nutricionista que faz exatamente o contrário. Este diz-lhe apenas o que não pode comer e faz-lhe uma lista exaustiva sobre esses alimentos, e nada mais. Como acha que vai correr esta dieta? Esta terá uma probabilidade muito maior de dar um bom resultado, não é? Emagrecer, como gerir o tempo, tem muito mais que ver com o que não podemos fazer do que aquilo que temos de fazer. Vamos então à segunda regra que é, no fundo, priorizar. Sobre esta há muito mais a dizer. Vamos começar por plantar alfaces...

Distinguir o que fazer primeiro do que fazer depois

Para refletirmos de forma simples, mas profunda, acerca da questão da produtividade, vamos imaginar uma história: vamos supor que precisamos de plantar alfaces. Um canteiro só para consumo caseiro: dez alfaces.

Plantamos as alfaces e vamos imaginar que levam 30 dias a nascer. A nossa expetativa é que, passados 30 dias, conseguimos comer as alfaces. Isso significa que podemos plantar as alfaces num dia e aparecer lá 30 dias depois? Não! Temos de lá ir todos os dias e dedicar cinco minutos por dia a regar, tirar as ervas daninhas, uma ou outra lagarta, etc. Quando plantamos as alfaces, fazemo-lo com base na promessa da colheita. Não temos a garantia de que vamos colher, mas há uma probabilidade muito alta de que tal ocorra. Baseamo-nos na experiência de todos os camponeses que já semearam e colheram, o que acontece há milhares de anos. Se dedicamos cinco minutos por dia, durante 30 dias, isso dá 150 minutos. Poderíamos pensar que se quiséssemos as alfaces para o jantar, um dia dedicávamos os 150 minutos, todos de uma vez, às alfaces e ao jantar já estariam prontas para a refeição? Claro que não!

Há um ciclo de maturidade que temos de respeitar, tanto na natureza, como nas nossas empresas. Não podemos semeá-lo hoje e amanhã estar a tirar dividendos.

> Um dos maiores erros que se cometem na gestão da maior parte das PME consiste em querer colher de imediato.

Por vezes, a empresa ainda não gerou uma venda, ainda não tem um tostão de lucro, e os empresários já estão a "colher", comprometendo as vendas, o lucro e o fluxo de caixa futuros. Estes empreendedores estão a gastar por conta daquilo que acreditam que um dia irão lucrar.

Warren Buffett relembra constantemente que não podemos ter um filho num mês, engravidando nove mulheres ao mesmo tempo. Devemos ter a noção dos ciclos de amadurecimento e de crescimento, para colher na altura da apanha e não antes.

Tempo horizontal e tempo vertical

Ao tempo de fazer crescer algo chamo tempo horizontal: tempo de práticas simples que repetimos diariamente, de forma disciplinada. No final do ciclo, obteremos os resultados.

É assim que criamos uma empresa, construímos uma equipa comercial, formamos uma relação, cuidamos de uma conta bancária ou cuidamos da nossa saúde e forma física. Com práticas simples repetidas diariamente e de forma disciplinada.

Imaginemos agora outro cenário: vamos supor que temos uma quinta num lugar mais ou menos distante. Comprámos aquela propriedade por ter um encantador pinhal ao lado e gostamos de estar no alpendre a desfrutar dos aromas e dos sons do campo. Um verão, o pinhal começa a arder. Ligamos aflitos para os bombeiros a pedir ajuda, para ver se ao menos salvamos a casa. O comandante dos bombeiros simpaticamente responde-nos que tem duas alternativas.

– A primeira consiste em enviar dois dos seus melhores engenheiros, que lá irão uma hora por dia durante 30 dias e, no final desse tempo, entregam-nos um dossiê com todas as recomendações que devemos ter sobre a forma de manter a casa segura nestas situações: o modo como devemos fazer a manutenção do pinhal, limpar a zona circundante à casa, onde devemos instalar corta-fogos, colocar bombas de incêndio e instalar extintores. Se seguirem todas estas recomendações, dificilmente um dia terão problemas com incêndios, reiterou o comandante.

– Na segunda alternativa, o comandante dos bombeiros propõe-se enviar de imediato 200 homens, dez automóveis e dois helicópteros e eles só sairão do local quando tudo estiver resolvido.

Num caso destes, é claro que todos iríamos optar pela segunda hipótese. Isto apesar da importância que acabámos de atribuir ao tempo horizontal. É que se trata de uma situação de crise! E, numa situação de emergência, o tempo horizontal não serve. Temos de recorrer ao tempo vertical. Vamos atirar todos os nossos recursos para cima da situação até esta estar resolvida. A pergunta fundamental aqui é: "Porque é que vamos ter de usar o tempo vertical nesta altura?" A resposta é óbvia: "Porque não se fez o que devia ter sido feito no tempo horizontal." Por isso, costumo pensar, quando trabalho em algumas empresas, que muitos dos empresários que conheço funcionam mais como bombeiros do que como empresários.

Há sempre "fogos a arder" à sua volta e eles passam a vida a tratar das coisas urgentes, descurando as importantes. O problema é que não podemos fazer crescer uma empresa com tempo vertical: apenas "apagar fogos" e resolver crises.

Planear o tempo

Cada uma das funções de uma empresa exige um tempo específico de dedicação, desde a função de diretor-geral à de empregado da limpeza. Mesmo que a nossa empresa seja uma PME, na qual muitas funções são realizadas pela mesma pessoa, é necessário fazer o levantamento do tempo que é preciso dedicar a cada função, para que não se privilegiem umas, descurando outras.

Uma tarefa essencial quando se procura organizar o tempo deverá consistir em fazer uma lista de todas as responsabilidades correspondentes à função, tendo a noção rigorosa de quanto tempo deve ser reservado para cada uma dessas responsabilidades.

Além da noção clara do tempo que deve ser atribuído a cada atividade, quando se trata de planear a nossa agenda, temos de ter claramente definidos os nossos objetivos. Estes devem ser registados por escrito, pois a escrita funciona como um contrato que estabelecemos connosco mesmos.

Todos os pormenores devem ser visualizados quando estamos a projetar a realidade futura, que é o mesmo que afirmar, quando estamos a definir os nossos objetivos. Só esta visualização detalhada permitirá ver rigorosamente os caminhos para lá chegar. Esta deverá traduzir-se em tarefas concretas, com prazos que deverão ser cumpridos.

> Se os prazos não forem meticulosamente definidos, haverá tarefas que serão permanentemente adiadas. A cada objetivo deve corresponder uma lista de tarefas do que acreditamos ser necessário fazer para o alcançar. Por conseguinte, as listas têm de ser transformadas em ação.

É decisivo nunca iniciar um dia de trabalho sem começar por fazer um plano. Só a visão antecipada do dia permitirá que ele não se perca, mas antes seja um contributo para a concretização dos nossos objetivos de longo prazo. O hábito do planeamento deverá estar sempre presente e devemos poder dominá-lo em ambas as direções: desde o plano anual ao plano diário, passando pelo plano da semana e o do trimestre. Aliás, do ponto de vista do planeamento, como vimos no desafio anterior, devemos seguir a ordem inversa: trimestre, semana e dia.

Todos os nossos planos, com as suas listas de atividades, devem estar organizados sequencialmente e por prioridades. Esta listagem permite-nos assumir o controlo das nossas vidas, impedindo-nos de nos perdermos em atividades acessórias. O importante é manter o foco no que é fundamental a cada momento.

Planear é a forma mais eficaz de ser bem-sucedido na execução.

Brian Tracy[23], a partir dos seus estudos, concluiu que o simples ato de planear aumenta em dez vezes, ou seja, mil por cento, a probabilidade de atingir o objetivo proposto. O nosso nível de competência é correlativo da nossa capacidade de planear as atividades. Todos os planos devem ter em conta os nossos objetivos a longo prazo. Só assim teremos a garantia de estar a caminhar na direção do nosso sentido de vida.

Ter a perfeita noção deste rumo permite-nos responder mais facilmente à questão vital: "Qual será a melhor utilização a dar ao meu tempo neste momento?" Supondo que não teremos tempo de fazer tudo, pelo menos será claro o que é mais importante a ser concretizado.

O nosso tempo deve ser organizado em blocos, como se se tratasse de peças de Lego. Se surgir um imprevisto, devemos trocar

23. NA. Orador motivacional norte-americano e autor especialista em desenvolvimento pessoal.

os blocos assegurando que todas as tarefas a que nos propusemos são cumpridas. Mas nunca podemos deitar blocos fora.

Para sermos mais eficazes na gestão do tempo, devemos usar técnicas de definição de prioridades na organização da nossa agenda.

Técnicas de gestão do tempo

Um método que, segundo a minha experiência, é comprovadamente eficaz é o ABCD de Brian Tracy. A sua aplicação consiste em começar por fazer a lista de todas as tarefas que desejamos concretizar num determinado dia e depois classificá-las de A a D, por ordem de importância, sendo que as essenciais devem ser classificadas com um A, e às menos relevantes deverá ser-lhes atribuído um D. Muitas vezes existem tarefas com o mesmo nível de importância o que exige priorização dentro do A: A1, A2, A3...

Após esta classificação inicial, há decisões a tomar. Por exemplo, podemos olhar para as tarefas D e ponderar se não podemos delegá-las numa pessoa cujo valor de trabalho à hora seja mais baixo do que o nosso. Podemos até questionar se será mesmo imprescindível realizá-las. O mesmo tipo de questão poderá ser feito relativamente às tarefas de tipo C.

Devemos ter em mente a ideia de que a gestão da nossa produtividade pessoal implica tornar prioritárias as tarefas de maior valor acrescentado. Estas normalmente são mais difíceis e, por isso, são muitas vezes adiadas. Se receamos não ter tempo para tudo, devemos adiar as tarefas mais fáceis e menos importantes.

Frequentemente, as tarefas de maior valor acrescentado no longo prazo são aquelas que nos tiram da nossa zona de conforto. Quanto mais importantes são, mais fugimos delas. Muitas vezes isso acontece também pelo medo de falhar ou outro tipo de ansiedade associada.

Tal como os problemas, quanto mais adiamos a sua concretização, mais prementes e complexas se nos apresentam, aumentando consideravelmente o nível de ansiedade que as envolve. Neste caso, a estratégia eficaz consiste em dividir o grande desafio em tarefas pequenas, facilmente abordáveis. É muito fácil resolver pequenos desafios, antes de mais porque deixam de se apresentar como algo assustador. É extremamente exequível encarar uma tarefa complexa, dividindo-a em tarefas mais pequenas.

Um aspeto que não podemos descurar são as formas ligeiras como desperdiçamos o nosso tempo. Muitas vezes na ilusão de que estamos a ser muito produtivos. Na verdade, em muitos casos apenas estamos ocupados ou mesmo distraídos.

Uma das atividades em que o tempo é muito desperdiçado é no uso do telefone. Devemos ser disciplinados e ter regras claras relativamente às chamadas a atender e ao tempo que disponibilizamos ao telefone. Também deve haver disciplina idêntica em relação aos *emails*. Estes não devem ser vistos logo que entram na caixa de *emails*, mas apenas uma vez por dia. Além disso, se juntarmos o *email* profissional com o pessoal, a situação pode tornar-se dramática, com quebras de atenção e perdas de tempo desastrosas.

As redes sociais exigem também uma grande dose de disciplina no seu uso, senão fazem perder a concentração e têm um impacto negativo nos níveis de produtividade.

Há ainda uma questão que nos poderá ajudar a fazer uma utilização qualitativamente mais inteligente do nosso tempo. Trata-se de perguntar, quando vai desempenhar uma tarefa, o que é que sucederia se não a concretizasse.

Podemos colocar a mesma questão relativamente a informação guardada (o que sucederia se não a mantivéssemos), também responsável por imensas perdas de tempo.

Centremos a nossa atenção, de seguida, no alvo da gestão do tempo, desenhado pelo meu amigo Brad Sugars, que por sua vez se terá inspirado no trabalho de Stephen Covey em *First Things First*.

O alvo do tempo

Se imaginarmos um alvo, temos sempre uma zona que vale mais (o centro), que gosto de designar como "a zona". No alvo de gestão do tempo, ou de produtividade, estamos na zona quando estamos a fazer coisas que são importantes e não são urgentes.

26. **Alvo da Produtividade**

Fonte: Adaptado de Brad Sugars - ActionCOACH

O trabalho mais importante a fazer numa empresa nunca é urgente. Este tipo de tarefas são as que exigem pensar. É o tempo de definir objetivos, planear, monitorizar o nosso desempenho, pensar em estratégias e táticas, para atingir aquilo a que nos propomos, organizar a agenda, enfim, tudo o que implique pensar.

> Warren Buffett diz que a principal razão para os empresários e os executivos não serem bem-sucedidos é porque não passam tempo suficiente a pensar. Não passam para o lado de cima do organograma e passam todo o tempo a operar.

O tempo da zona é o tempo das tarefas mais importantes de todas, que não são urgentes. Isso leva a que muitas vezes não sejam realizadas. Metem-se sempre no caminho "fogos para apagar" e a planificação fica para o dia seguinte.

Aquilo que os gestores pensam é que, se não planearem naquela semana, têm a próxima, o que não é grave. Mas, quando se torna grave, é tarde demais. O tempo da zona é o tempo de criar a visão estratégica, de definir objetivos, monitorizar os indicadores, executar os gráficos, entre outras situações importantes.

Depois, no elo seguinte, é o tempo no qual estamos a fazer coisas importantes e urgentes, e gosto de classificá-lo como o tempo de trabalhar nas operações. Neste momento, devemos estar a assegurar as operações fundamentais da nossa empresa. Ou seja, a assegurar que o plano de *marketing* está a ser executado, que o departamento de vendas está a tratar os contactos ao longo do funil comercial que previmos, que estamos a fazer as compras ou os pagamentos, que o produto está a ser entregue, que pedimos referências, etc. Estamos a assegurar que as tarefas críticas relativas à nossa atividade estão a ser cumpridas. São as tarefas de execução, as que são importantes e urgentes.

Estamos a "apagar fogos" quando nos situamos no terceiro elo temporal. Isto é, quando estamos a fazer coisas que não são importantes, mas são urgentes. Este é o período da ilusão. Trata-se daqueles momentos nos quais trabalhamos dez ou 12 horas e chegamos ao fim do dia exaustos, com a sensação de não termos feito nada. São dias em que não concretizamos nada relevante porque apenas respondemos ao que é urgente.

O último elo é aquele no qual estamos em distração. É quando estamos a fazer coisas que não são importantes, nem urgentes. Aqui inscrevem-se a quantidade de cafés que tomamos, as horas que passamos no Facebook a socializar, as interrupções para um cigarro, o almoço que levou mais tempo do que devia, ou o drama de um ou outro colaborador a quem lhe apetece desabafar sobre os clientes ou a sua própria vida, por exemplo.

Se não são aspetos importantes nem urgentes, porque é que lhes damos atenção? No fim do dia descobrimos que passámos uma série de tempo com tarefas que não são minimamente importantes.

Isto só acontece, dar o nosso tempo a essas pessoas ou assuntos, porque temos esse tempo. Se a nossa agenda estivesse preenchida, não o poderíamos fazer.

Há duas leis indiscutíveis no universo: as leis da força centrífuga e as da força centrípeta. Embora sejam leis da física quase parecem funcionar no que respeita à nossa produtividade. A força centrífuga é aquela que nos expulsa para fora. Então, quando começamos o nosso dia a abordar o alvo a partir do exterior, a força centrífuga mantém-nos afastados do centro. Se começarmos o nosso dia a ler os *emails*, com um café, a ler o jornal e dedicando tempo aos problemas de alguns colaboradores, só nos movemos daí quando começam a surgir "fogos para apagar". Em resumo, o mau tempo expulsa o bom tempo. Se deixamos o mau tempo entrar na agenda é o caos.

Vamos imaginar que fazemos o contrário e começamos o nosso dia na zona. A força centrípeta não nos deixa sair do centro. Quer dizer, devemos começar o nosso dia a reequacionar os nossos objetivos, recordando o que aconteceu no dia anterior, comparando com o nosso plano, revendo os indicadores e preparando a agenda. Só após esta tarefa é que começaríamos a executar. Aqui é o bom tempo que expulsa o mau tempo e a força centrípeta mantém-nos na zona. Isto significa que vamos trabalhar nos dois elos do centro e só se sobrar tempo é que resvalamos para os restantes.

É necessária muita atenção ao longo do dia porque, assim que baixamos o nível de atenção, alguém nos atira para os elos exteriores e depois torna-se muito difícil regressar. Quando surgem os "fogos para apagar", desfocamo-nos do que é importante.

O problema dos "fogos para apagar" é que eles nos fazem sentir úteis. Sentimos que estamos a fazer a nossa obrigação, aquilo para que nos pagam. Mas não nos pagam para estarmos ocupados e sim para sermos produtivos.

O problema do mau tempo é que nos ilude, ao dar-nos a sensação de que estamos a fazer o que é certo. Além disso, este tipo de atividade faz-nos sentir na nossa zona de conforto. Os dois elos exteriores do alvo são reativos. Fazem-nos trabalhar sem nos termos de preocupar, enquanto nos elos do centro temos de ser proativos, tomar iniciativa e criar o nosso próprio trabalho. Então, é mais fácil e confortável vivenciarmos as atividades dos elos do exterior. Elas controlam-nos. Não somos nós que temos de controlar.

Nos elos exteriores o que acontece determina a nossa agenda, enquanto nos elos interiores, somos nós que criamos a nossa própria agenda. Os nossos álibis, os nossos porquês, normalmente atiram-nos para fora como, por exemplo, a justificação de que não podemos deixar de escutar o problema pessoal de um colaborador.

Quando ajudo os empresários a elaborar as suas agendas, estes querem sempre alocar tempo para os imponderáveis. Mas quando deixam tempo disponível para os imprevistos, estes acontecem e expulsam-nos para os elos exteriores, sendo muito difícil depois retomar a zona. Na minha opinião, considero que devemos estar disponíveis para os nossos colaboradores, mas em horas concretas, desde que o assunto seja importante e a nossa intervenção seja absolutamente indispensável. Mas, esta é uma opção pessoal. Cada empresário/empreendedor tem de decidir o que elege para a sua empresa e depois avaliar se para si é ou não eficaz.

Uma lei que tem um impacto brutal na gestão do nosso tempo é o princípio de Pareto. De acordo com esta lei, aplicada a gestão do tempo, 80 por cento do nosso esforço traz-nos apenas 20 por cento dos resultados. Tratando-se de uma lei, não a podemos alterar. Porém, temos de ter consciência de que 20 por cento das nossas horas de trabalho nos trazem 80 por cento dos resultados. Assim sendo, se conseguíssemos concentrar-nos só nesses 20 por cento de tarefas, os nossos resultados multiplicavam-se por quatro.

Passemos então ao nível seguinte: se nos dedicarmos só às atividades dos 20 por cento, passamos a ter novo equilíbrio 80/20. Significa que 20 por cento são novamente muito mais produtivos do que os outros 80 por cento. Ou seja, 4 por cento do nosso esforço corresponde a 64 por cento dos nossos resultados. Não se trata aqui de fazer menos, mas sim de recorrer a um esforço cada vez mais inteligente. É decisivo dedicarmo-nos às tarefas mais importantes. Recordo, mais uma vez, Keith Cunningham: "Trabalhar de forma mais dura só nos vai deixar cansados. Trabalhar de forma mais inteligente é que nos vai deixar ricos."

Podemos procurar os 20 por cento dos 4 por cento o que daria 0,8 por cento do que fazemos para 51 por cento dos nossos resultados, e ir decompondo isto a um nível cada vez mais básico até encontrar "a coisa", que, depois de resolvida, torna tudo o resto mais fácil ou até irrelevante. O importante é descobrir qual é o aspeto de maior valor acrescentado (a coisa), ao qual num determinado momento queremos dedicar a maior parte da nossa agenda. Este aspeto pode alterar-se com o tempo. Este é o centro do alvo que, desmultiplicado, vai ter um impacto decisivo na nossa produtividade. Trata-se do efeito dominó.

Como sabemos, uma peça de dominó pode derrubar outra de maior tamanho que, por sua vez, também poderá derrubar outra ainda maior. Em 2001, o físico de um exploratório de São Francisco, nos EUA, reproduziu as teorias do físico e engenheiro

Lorne Whitehead[24] através da criação de dominós, cada qual 50 por cento maior do que o anterior. Apesar de o 1.º ter apenas 5 cm, o 8.º já tinha quase um metro de altura. Tendo em conta a progressão geométrica, na queda dos dominós de Whitehead, o 23.º dominó seria bem maior do que a torre Eiffel, o 31.º quase mil metros mais alto do que o monte Everest e o 57.º teria praticamente o tamanho da distância entre a Terra e a Lua. Aquilo que temos de encontrar para a nossa empresa é a peça que, após ser derrubada, criará um efeito em cascata que vai ter um impacto gigantesco na nossa atividade. Isto exige uma procura constante mas, quando encontrado, o impacto será desmultiplicado nos resultados da empresa e na nossa atividade pessoal. Esta atividade é aquela à qual teremos de dedicar uma parte importante do nosso dia.

A execução

A nossa força de vontade não é ilimitada e funciona praticamente como um músculo. Tem mais resistência antes de se cansar e também se pode treinar para aumentar essa mesma resistência.

É crítico começarmos sempre pelas tarefas mais produtivas, enquanto a força de vontade está no auge e assim fazermos com a máxima capacidade tudo o que é mais importante.

Referimo-nos obviamente ao tempo horizontal, ao centro do alvo e ao topo 20 por cento das tarefas que trazem 80 por cento dos resultados. À medida que perdemos capacidade de disciplina e de execução, estaremos a passar também para tarefas menos impactantes da nossa produtividade.

Teremos mais *performance* enquanto desempenharmos as tarefas mais produtivas e, na eventualidade de não conseguirmos completar as nossas tarefas, serão também as menos relevantes que ficarão atrasadas. À medida que tivermos a disciplina de nos organizar e praticar esta forma de agir, exercitamos e consequen-

24. NA. Professor de Física na Universidade de British Columbia.

temente aumentamos a nossa força de vontade de maneira a conseguirmos ir aguentando mais tempo com níveis de concentração elevados e, assim, irmos elevando o nosso nível de desempenho.

> No momento da execução de qualquer atividade, também podemos rentabilizar muito o nosso tempo e ser mais produtivos.

Uma regra básica para alcançar bons resultados consiste em não iniciar uma tarefa sem pensar primeiro. Ou seja, devemos preparar a sua abordagem, disponibilizando só os materiais relativos a essa tarefa concreta, para não corrermos o risco da dispersão. Também devemos assegurar-nos de que não seremos interrompidos e que teremos ao nosso dispor toda a informação ou material necessário para concluir a tarefa com êxito.

Outro aspeto, que está diretamente relacionado com o funcionamento psicológico enquanto seres humanos, implica a visualização de pontos intermédios que nos permitem avaliar a progressão a caminho da realização das nossas metas.

Um dos erros que muitos cometem na organização do seu tempo consiste em proporem-se realizar diversas tarefas ao mesmo tempo, alcançar vários objetivos, gerir várias situações, etc. Ao não executarem uma tarefa de cada vez, não vivem o sentimento de concretização em cada momento e a noção de progressão esvai-se. É uma forma de trabalhar muito difícil porque não permite a automotivação.

A nossa motivação pessoal é correlativa da nossa autoestima, isto é, da reputação que vamos criando. Esta depende da comparação entre o que nos propomos e o que concretizamos. Os grandes líderes são indivíduos autónomos no que respeita à pressão que exercem sobre si mesmos para alcançar os seus objetivos. Segundo os investigadores na área do desempenho humano, apenas 3 por cento das pessoas conseguem trabalhar sem qualquer supervisão. Se é a excelência no desempenho que desejamos, o hábito de nos automotivarmos e exercermos pressão sobre nós deverá ser uma atitude a promover nas nossas vidas.

O sentido de urgência e a concentração total em cada objetivo a atingir são fatores decisivos na progressão do desempenho e produtividade, em direção à excelência.

Quando estamos perante uma tarefa vital como, por exemplo, se a vida de alguém que amamos estivesse dependente da sua realização, seguramente o nosso nível de urgência e concentração seria absoluto. Nesses momentos, somos capazes de encontrar recursos, energia e competência inimagináveis. Se na área profissional colocássemos o mesmo nível de urgência e concentração de poder, os nossos resultados seriam francamente superiores e com eles subiria a nossa autoestima e a reputação pessoal.

Esta fluidez no trabalho e com relativa sensação de realização depende da nossa capacidade de estar inteiramente presentes em cada tarefa que nos propomos concretizar.

Focar-se inteiramente no momento e não deixar a sua mente distrair-se no tempo. Apenas aquele momento existe e, se não formos intensos, ele passa e não é possível voltar a vivê-lo de forma diferente. O caminho mais fácil para a insatisfação e a frustração consiste em nunca estar no agora e deixar a vida passar, enquanto estamos "ocupados".

Recursos pessoais

A genialidade depende essencialmente do treino. À primeira vista esta afirmação poderá parecer estranha, pois aprendemos que alguns seres humanos nasciam geniais, enquanto a maior parte não passava da mediocridade.

As últimas investigações na área do comportamento revelam como as virtuosidades que destacam algumas pessoas da mediania estão diretamente dependentes do treino e dos caminhos neuronais que daí resultam. Estes tornam-nas incrivelmente mais rápidas e eficazes do que a maioria. Construir esses caminhos neuronais exige treino consistente (até milhares de horas em concentração absoluta), e resulta de uma decisão consciente, mas que depois se torna num hábito, e quando somos dominados por ele, será difícil escapar.

Aparentemente todos nascemos com uma ou outra área da nossa vida em que temos a capacidade de nos tornarmos geniais. Se aplicarmos dez mil horas de treino a uma dessas áreas, tornamo-nos foras de série nesse campo, e com vinte mil horas de treino seremos absolutamente geniais. Mas tudo depende do cruzamento da habilidade natural com a aplicação de um número absurdo de horas de prática.

Não só a vida dos génios, mas também as nossas vidas pessoais são comandadas por hábitos positivos (aqueles que são coerentes com os nossos planos de vida e valores) e por hábitos negativos (os que nos afastam dos nossos objetivos).

Até alcançarmos uma consciência de nível superior, as nossas vidas são marcadas pela aquisição de hábitos pouco produtivos. Quando temos a noção de que precisamos alterar comportamentos, somos frequentemente confrontados com dificuldades. É uma fase na qual temos consciência do que deveríamos fazer, mas sentimo-nos incompetentes. Quando chegamos a este nível já podemos regozijar-nos, pois estamos no caminho do desenvolvimento pessoal. Isto porque há quem viva na incompetência inconsciente. Ou seja, nem sequer tem noção do que não está a fazer para alcançar os seus objetivos.

Só quando temos consciência das competências envolvidas numa determinada tarefa é que nos disponibilizamos a aprender cada passo. Nos momentos iniciais da aprendizagem, cada aspeto precisa de ser pensado (consciência) para não cometer erros (competência). Ser competente, exigindo o recurso constante ao pensamento consciente de cada ato, pode ser desgastante.

É o que se passa quando iniciamos uma nova atividade: aprender a conduzir, a dançar tango, a esquiar, ou uma tarefa profissional. Os níveis de energia necessários à aprendizagem são elevados.

Se persistirmos na atividade, apesar do esforço, alcançaremos um nível de competência inconsciente. É preciso disciplina para chegar a esta fase, mas é assim que se alcança a proficiência em qualquer nova competência, a nível lúdico ou profissional. Todas as competências se automatizam com a prática, mas muitos desanimam com o esforço antes de lá chegar.

Adquirir competências novas ou aperfeiçoar as que já possuímos exige sair da zona de conforto. A tarefa não precisa de ser encarada como um monstro. O que é preciso é a dedicação a um aperfeiçoamento gradual. Se todas as semanas melhorarmos a nossa produtividade em 0,1 por cento, no final de um mês estaremos a produzir, pelo menos 2 por cento mais, mesmo sem contabilizar os fins de semana. O impacto que esta atitude terá no final de alguns anos de vida é surpreendente e apenas temos de nos comprometer a alterar hábitos comportamentais de forma lenta e consciente.

Ter consciência das nossas competências únicas é mais um fator decisivo na progressão da produtividade e na vivência fluida do tempo. Quem se dá ao luxo de trabalhar no âmbito em que reconhece que possui uma competência acima da média e pela qual é frequentemente elogiado, é muito mais rápido, eficaz e feliz na realização das suas tarefas.

Ninguém é perfeito em todas as áreas, e se insistirmos em dedicar-nos a atividades que realizamos com imenso esforço e nos são penosas, dificilmente iremos ser produtivos e alcançar níveis de excelência no nosso desempenho. Talvez possamos delegar este tipo de tarefa em alguém que a considere prazerosa, e dedicar-nos àquilo para que temos apetência e nos proporciona emoções positivas no trabalho.

As emoções são extremamente importantes na produtividade e temos de nos responsabilizar por elas. Pensar positivamente e subir na escala das emoções até atingir estados positivos, mesmo em momentos difíceis, é também um hábito. Todos conhecemos pessoas que estão constantemente descontentes e a assumir que vai acontecer o pior. Ativar os circuitos do medo e da ansiedade produz neurotransmissores que boicotam o nosso desempenho e o nosso bem-estar pessoal. Por seu lado, estes estados emocionais são contagiantes e afetam toda a equipa.

Modelar profissionais altamente competentes numa determinada área é também a forma mais rápida e mais eficaz de aumentar a produtividade. Muitas vezes, os profissionais de uma área não fazem a mínima ideia de como os seus pares realizam o trabalho. Quando há uma pessoa muito bem-sucedida na sua função, isso desperta desconfiança e inveja. No entanto, o que deveriam fazer era imitar as suas práticas para não terem de fazer tentativas no escuro até alcançar os mesmos resultados. Aprender com os melhores é a forma mais rápida de progredir na competência e produtividade em direção à excelência.

Propostas de reflexão

1. Utilizo listas de tarefas que classifico por prioridades?
2. Já listei as coisas que não posso fazer?
3. Estou a fazer coisas que podiam ser feitas por outras pessoas?
4. Tenho uma agenda por defeito?
5. Priorizo sempre das tarefas mais importantes para as menos importantes?

Desafio 12

Assegurar o resultado final: lucro, fluxo de caixa e valor

Se queremos desenvolver o nosso projeto empresarial, é indispensável adquirir e dominar competências em várias áreas, tais como a gestão de equipas, a comunicação interpessoal, o *marketing*, entre outras. Uma competência fundamental a desenvolver consiste em aprender a linguagem dos números.

Warren Buffett afirma que a linguagem dos negócios é a contabilidade. Mas muitos empresários estão a tentar gerir as empresas sem conhecerem a linguagem do negócio. Além disso, alguns até podem conhecê-la, mas poucos estão a usá-la. Estima-se que menos de 3 por cento dos empresários tenham os níveis mínimos de contabilidade para gerir uma empresa. Infelizmente, o número de empresários que estão a acompanhar a contabilidade das suas empresas, no sentido de os ajudar a tomar decisões, é muito reduzido.

Importância dos números

A função da contabilidade em relação à empresa é idêntica à das análises de sangue em relação à nossa saúde: dizem-nos o que está a acontecer. A contabilidade funciona como um marcador que nos mostra o resultado da empresa.

Se não soubermos ou conseguirmos acompanhar o marcador, não podemos jogar o jogo. Imaginemos que vamos assistir a um jogo e chegamos com dez minutos de atraso. A primeira pergunta que fazemos é como está o resultado do jogo, porque não faz qualquer sentido seguir o mesmo sem saber o resultado.

É difícil perceber as decisões que estão a ser tomadas dentro do campo se não as ligarmos a um resultado. A maior parte dos empresários está a tentar jogar o jogo dos negócios sem acompanhar o resultado. Mais ainda, sem entender como é que as suas tarefas vão ter impacto neste resultado.

> Na maior parte dos casos, os empresários não sabem como tudo o que fazem vai ter impacto no resultado.

Por outro lado, normalmente, recebem o resultado quase seis meses depois de o jogo terminar, ou seja, quando quase a meio do exercício seguinte a sua contabilidade lhes prepara, para fins fiscais, o fecho dos resultados do ano anterior. É como estar a pilotar um avião sem ter manómetros de cabina nem torre de controlo. A probabilidade de ir fora de rota, perder altitude e ir contra uma montanha é elevadíssima. E essa é uma das razões pelas quais 40 por cento das empresas fecham no primeiro ano de atividade, 80 por cento nos primeiros cinco anos, e 96 por cento nos primeiros dez anos.

Vamos supor que vamos ao médico e este manda-nos fazer análises. Depois chama-nos para discutir o resultado das mesmas e diz: "O seu nível de triglicerídeos é X, a sua pulsação em repouso é Y, a sua tensão arterial é Z. Não sei o que isto quer dizer, mas o senhor parece-me estar bem." É claro que nunca mais lá voltamos e consideramos que não passa de um incompetente. E, no entanto, como empresários estamos a fazer exatamente isso.

Anteriormente falámos da estatística em relação à durabilidade das empresas. Às vezes, as empresas duram dez anos porque a economia cresce em ciclos, e os ciclos de expansão tendem a ser de aproximadamente dez anos. E, quando a maré sobe, todos os barcos que estão dentro da água sobem também. O mesmo acontece quando a maré desce: os barcos também descem.

Os negócios não podem andar ao sabor da maré. Quando a economia desce, todas as ineficiências da empresa aparecem. Nesta altura, desaparecem do mercado as empresas que não conseguiram desenvolver padrões de qualidade quando a maré estava de feição. Por seu lado, as empresas que sobrevivem devido à sua qualidade são favorecidas, herdando os clientes das empresas que não se aguentam.

Isto serve para nos alertar que não é possível jogar o jogo sem estar a acompanhar os marcadores. Há três marcadores principais que temos de analisar frequentemente:

1. O primeiro marcador que temos de acompanhar é o balanço. Ele constitui uma fotografia da empresa num determinado momento.

27. **O Balanço**

Fonte: Autor

Do lado esquerdo do balanço, temos a lista de todas as "coisas" que estão na empresa. São os ativos. Do outro lado, encontramos uma lista da percentagem dessas "coisas" que devemos. Isto é o que os contabilistas designam por passivo. Trata-se da percentagem de bens da empresa que não nos pertencem. Todas as empresas possuem um passivo. Ainda no nosso lado direito, o balanço mostra-nos qual a percentagem dos bens que são, de facto, nossos, aquilo a que os contabilistas, e bem, chamam de capital próprio.

> Fazer crescer uma empresa consiste em aumentar o capital próprio ao longo do tempo. Ou seja, o excedente daquilo que possuímos relativamente àquilo que devemos.

De vez em quando, é importante olhar para o balanço para ver em que ponto a empresa está. Esta análise, numa PME, deverá ser feita, pelo menos, de três em três meses. Se for mensalmente não faz mal nenhum, evidentemente. Mas, na pior das hipóteses, deveremos fazê-la com uma periodicidade trimestral. Não podemos olhar para o balanço apenas no final do ano ou de meio em meio ano.

Os empresários tendem a olhar para este balanço a 31 de dezembro, porque é a altura em que somos obrigados, devido ao apuramento do pagamento de impostos. Mas o balanço pode ser tirado em qualquer momento. Designa-se por balanço justamente porque os dois lados têm de ser iguais: o ativo é sempre igual ao capital próprio mais o passivo. Imagine que na lista dos ativos temos cem e que devemos 120. Isso significa que o capital próprio é -20. Ou seja, estaríamos tecnicamente falidos.

28. **Ativo = Capitais Próprios + Passivo**

Ativo	Capitais próprios
	Passivo

A = CP + P

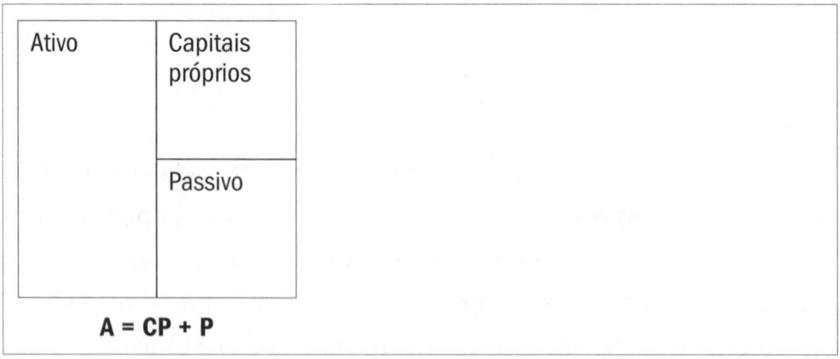

Fonte: Autor

2. O segundo marcador designa-se por demonstração de resultados. Este dá-nos dados completamente distintos do anterior. Diz-nos quais são os nossos custos e quais os nossos proveitos num determinado período. Funciona como um filme, enquanto o anterior funciona como uma fotografia. Para verificarmos como a empresa está, temos de ir ao balanço; para entendermos como lá chegou, vamos à demonstração de resultados e vemos o filme que corresponde a um período temporal, ou seja, temos de analisar como chegámos aos resultados que se encontram no balanço.

29. **Demonstração de Resultados**

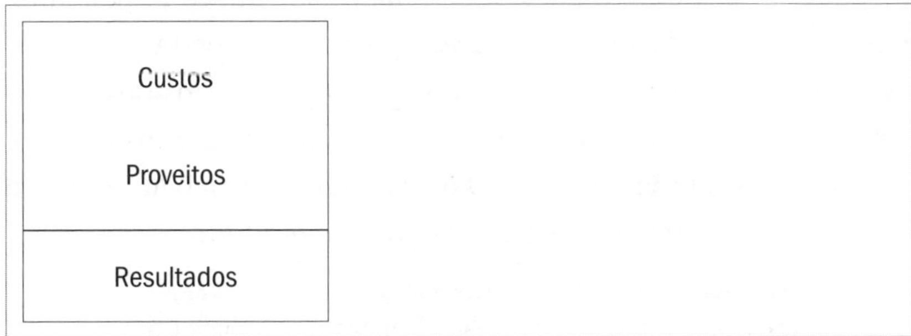

Fonte: Autor

Nos custos da empresa temos o que gastamos com pessoal, mercadorias, matérias-primas e fornecimento de serviços externos (contabilidade, luz, água, gás, *royalties*, *franchising*, advogados), amortizações (trata-se da depreciação dos ativos que compramos, tais como um automóvel, por exemplo) e custos financeiros (o preço que pagamos pelo dinheiro que nos emprestaram, ou seja, os juros que pagamos sobre esse dinheiro).

Do lado dos proveitos, temos a venda de mercadorias e a prestação de serviços. Vamos imaginar que temos custos de seis e proveitos de dez. O lucro é de quatro. Se tivermos custos de 996 e proveitos de mil, o lucro também é de quatro. Porém, não podemos afirmar que os dois negócios são iguais. Pelo contrário, são completamente diferentes, apesar de o resultado final ser o mesmo. Não podemos analisar o negócio só pela demonstração de resultados. Perceber como chegamos aqui, ou como se gera o lucro de uma empresa, é essencial.

A maioria dos empresários recorre aos números apenas para fins fiscais, uma vez por ano. Grande parte, como afirmámos anteriormente, nem sequer sabe interpretá-los. Assim, limitam-se a olhar para os resultados e a festejar ou preocupar-se. Os resultados finais, ainda que possam dar-nos motivos para festejar, são muito pouco reveladores. Não passam de um número abstrato, que não revela inteiramente o estado do negócio.

Chamo frequentemente a atenção para o facto de o lucro de uma empresa ser uma teoria. Uma teoria muito importante, mas não passa de uma abstração, porque não podemos pagar as contas com lucro. Não podemos pagar os salários dos nossos empregados com os lucros, por isso ter lucros fabulosos não é suficiente para uma empresa. O lucro é a diferença contabilística entre as faturas que emitimos e as que nos emitem.

Só há uma razão para as empresas fecharem: não haver dinheiro para pagar as contas e, por incrível que pareça, há empresas a acumular lucros e a não terem dinheiro para pagar as contas, por falta de fluxo de caixa.

Lucros

Passemos então a analisar os lucros da empresa.

Na empresa, temos uma curva de vendas. Vamos ter outra curva na empresa que é a curva dos custos variáveis. Os custos variáveis são os custos das vendas. Ou seja, numa empresa temos vendas e custos, mas se não tivermos vendas, ele não existe. As comissões sobre as vendas são o exemplo de um custo variável; as mercadorias tendem a ser vistas dessa forma também.

Depois temos custos fixos e estes são aqueles que temos independentemente de vendermos, ou não. Por exemplo, a eletricidade, apesar de ter um valor que oscila a cada fatura, tende a ser um custo fixo, da mesma forma que as rendas que pagamos.

> Como regra básica, costuma ser uma boa decisão evitar o mais possível os custos fixos e privilegiar os variáveis. Normalmente, o que mata as empresas são os custos fixos.

Temos ainda outra curva que é a dos custos fixos mais os variáveis. Ou seja, os custos totais. Ao desenhar a linha dos custos encontra-se um dos pontos mais importantes da gestão sem a consciência do qual é praticamente impossível gerir a empresa. É o ponto em que a nossa linha de vendas é intercetada pela nossa linha de custos. Este ponto crítico, em inglês, designa-se por *break-even point*.

Este é o ponto a partir do qual temos lucro e abaixo do qual temos prejuízo. A nossa preocupação deverá consistir em alargar o mais possível a distância entre a nossa curva de vendas e a nossa curva de custos, depois de encontrado este ponto.

30. ***Break-Even Point***

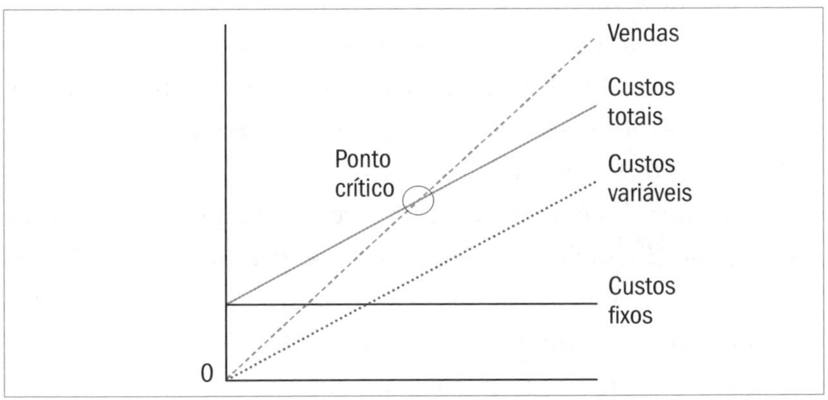

Fonte: Autor

Todas as decisões que tomamos na empresa afetam este ponto, fazendo-o deslocar-se para um lado ou para o outro. Isto porque todas as decisões que tomamos vão ter impacto, ou nas vendas ou nos custos. Não há nada que seja inócuo para o *break-even*. A questão é que isso nem sempre acontece de uma forma linear.

> O objetivo de uma empresa consiste em gerar lucro.
> Do ponto de vista filosófico, podemos definir lucro como agir sobre algo e acrescentar-lhe valor, deixando-o melhor do que se encontrava inicialmente. Do ponto de vista contabilístico e mais prático, consiste na diferença entre os custos e os proveitos da nossa empresa.

Na minha perspetiva, e da forma como a sociedade está organizada, o lucro é a razão de ser das empresas. O lucro está para uma empresa como o oxigénio estará para um ser humano. Muitas vezes, na nossa sociedade, há quem assuma que o lucro é algo de pernicioso. Vejo o lucro como algo positivo, mas a forma de lá chegar é que muitas vezes pode assumir contornos negativos. Não será o lucro que está em questão mas sim os valores do empreendedor que o procura.

Com o lucro podemos criar mais postos de trabalho e melhores condições sociais para os colaboradores existentes. O lucro permite reinvestir na empresa e na sua proposta de valor para melhor servir o seu mercado, ou seja, os seus clientes. Também possibilita fazer crescer outros empresários que interagem connosco, como os fornecedores.

Permite viver com uma maior segurança e ajudar a melhorar a sociedade (financiar escolas, hospitais, tribunais), através dos impostos. E remunerar o risco e o investimento do empresário, dono do capital, estimulando outros projetos.

No caso do lucro, só temos duas alavancas para o estimular: aumentar as vendas ou reduzir os custos. Teoricamente, o desafio é aumentar as vendas numa proporção maior do que aumentamos os custos. É isto que todas as empresas deviam procurar.

Para saber em que ponto estamos, é crítico o controlo mensal da conta de exploração. Se tivermos um negócio com muitas vendas por dia, devemos controlar diária ou semanalmente. Na pior das hipóteses, devemos fazê-lo mensalmente até ao dia 15 de cada mês. Precisamos de ter condições de atuar sobre o negócio enquanto o jogo está em curso e não meses após o jogo ter terminado.

> Para fazer crescer o lucro é mais fácil e imediato cortar os custos, embora o que tenha mais potencial seja aumentar as vendas.

Não devemos trabalhar só numa parte. A maioria dos empreendedores preocupa-se em atuar através do aumento das vendas. Devemos, no entanto, usar as duas alavancas. Não vale a pena atirar vendas para cima do problema, se os custos estão fora do controlo, como acontece muitas vezes. Precisamos de um plano de negócios que seja mensalmente revisto. Não devemos querer receber apenas a conta de exploração. Temos de ter antecipadamente o plano para o compararmos mensalmente com a conta de exploração.

Viver e morrer por um plano de negócios

Como é que se faz um plano de negócios? Aos meus planos chamo-lhes "plano de negócios – lucro primeiro".

A maior parte dos empreendedores que faz um plano de negócio faz uma projeção de vendas, depois projeta os custos no seu orçamento e o lucro é o que sobra.

Chamo-lhe lucro primeiro e, para a máxima eficiência operacional, a primeira coisa que devemos decidir é quanto vamos lucrar e não quanto vamos vender. Porque o lucro é o que conta.

Vamos supor que decidimos que o nosso lucro no fim do ano vai ser de cem mil euros, o que fazemos a seguir é projetar a margem de lucro *premium* da indústria. Ou seja, quanto é que têm de lucro as melhores empresas da nossa indústria. Vamos supor que elas têm dez por cento de margem líquida. Nesse momento, percebemos que temos de vender 1 milhão e o orçamento de custos é 900 mil. Depois disto estabelecido, os custos vão ter de caber nos 900 mil.

O diferencial entre as vendas e o lucro projetado vai dar-nos os limites para a construção do nosso orçamento. A monitorização rigorosa do plano deve privilegiar sempre os lucros. Daí que, se por algum motivo as vendas baixarem, temos de reduzir também os custos para manter o lucro.

Um truque que tenho utilizado de forma eficaz consiste em criar uma conta bancária, chamo-lhe a conta dos lucros, na qual são creditadas as maiores percentagens que for possível em cada venda.

A ideia é criar uma enorme pressão para a eficiência operacional, extraindo a maior liquidez possível da conta bancária que correntemente usamos. Só fica na conta o que se mostrar essencial para o fundo de maneio. Todos na empresa devem sentir que terão de prestar contas e defender o lucro que é, no fundo, a colheita da nossa sementeira.

O fluxo de caixa

3. O terceiro marcador que temos é o da demonstração ou mapa de fluxo de caixa. Os outros dois mapas só nos dão uma teoria. Este mapa fala de factos, é o único desenhado para nos dizer a verdade.

Este mapa transmite uma lição muito importante. Ao contrário dos seres humanos, que têm uma declaração de direitos que diz que todos os seres humanos são iguais, o dinheiro não tem essa declaração de direitos. O dinheiro não é todo igual! E se ele não é todo igual, não pode ser tratado da mesma forma.

Temos de discriminar o dinheiro de acordo com a sua origem. Só quando vemos o mapa de fluxo de caixa é que percebemos isto.

31. **Três Tipos de Dinheiro**

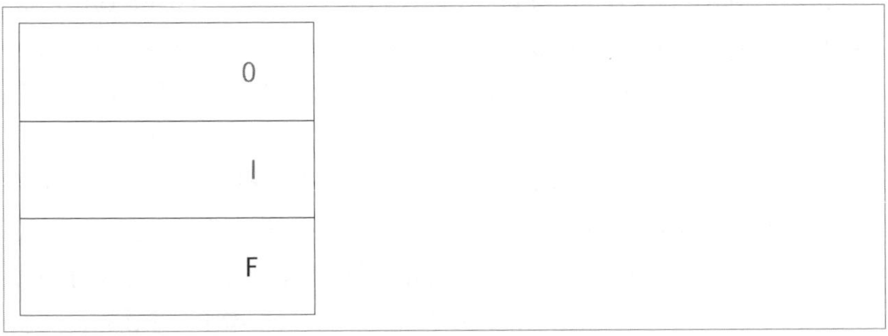

O
I
F

Fonte: Autor

Há três tipos de dinheiro numa empresa:

a) O dinheiro que advém da atividade operacional da empresa, e que designo por "dinheiro O", é aquele que, em rigor, surge da sua atividade económica, ou, de uma forma simplista, das nossas vendas. Se comprarmos matéria-prima, a transformarmos e vendermos, ou se prestarmos um serviço e faturarmos esse serviço, geramos dinheiro O. Este é o único tipo de dinheiro que atesta a saúde da nossa empresa.

b) O segundo tipo de dinheiro que temos nas nossas empresas é o "dinheiro I". Este é dinheiro que resulta das atividades de investimento. Por exemplo, se alienamos um ativo da nossa empresa, que não seja uma mercadoria, geramos dinheiro I. Supondo que a empresa possui um imóvel, e o negócio não é comprar e vender imóveis, e em determinada altura o gestor decide alienar aquele imóvel. Com essa atividade a empresa gerou dinheiro I. Desinvestimos num ativo e geramos dinheiro desse desinvestimento. Este dinheiro não comprova a saúde financeira da empresa, apesar de ficarmos com dinheiro na conta bancária disponível para pagar algumas contas.

c) O terceiro tipo de dinheiro é o "dinheiro F". É dinheiro de atividades de financiamento da nossa empresa, o que é o mesmo que dizer que se trata de todo o tipo de dinheiro gerado fora da empresa. O capital social e qualquer tipo de dívida fazem parte desta tipologia. O dinheiro F exige uma atenção particular, pois tem de ser usado para as coisas certas. É muito perigoso para a empresa usar o dinheiro F da forma errada, pois esse montante que ali se encontra e que nem sempre o empresário distingue do outro não pode ser usado para alimentar o estilo de vida do empresário.

"Comprar um bom automóvel" ou "ir beber bebidas azuis com guarda-sóis", como a brincar gosto de dizer, serão usos altamente perniciosos para o dinheiro da empresa, especialmente se este dinheiro for dinheiro F. Este é um tipo de dinheiro que não foi gerado pela empresa e não certifica a sua saúde, tendo lá sido colocado de fonte externa, frequentemente a banca. Devemos assegurar que é usado para comprar ativos que estimulem as vendas. Em Portugal, por exemplo, quando se abre uma empresa é relativamente fácil aceder ao crédito e os bancos colocam alguns valores à disposição dos empresários. Por vezes, os montantes disponíveis são muito elevados e os empresários caem na tentação de os usar em seu benefício pessoal, secundarizando resultados e a saúde das suas empresas.

Os marcadores são todos importantes e devemos analisá-los regularmente em conjunto, pois uns dados ajudam-nos a clarificar outros e a perceber a realidade do nosso negócio.

32. **Os Três Marcadores**

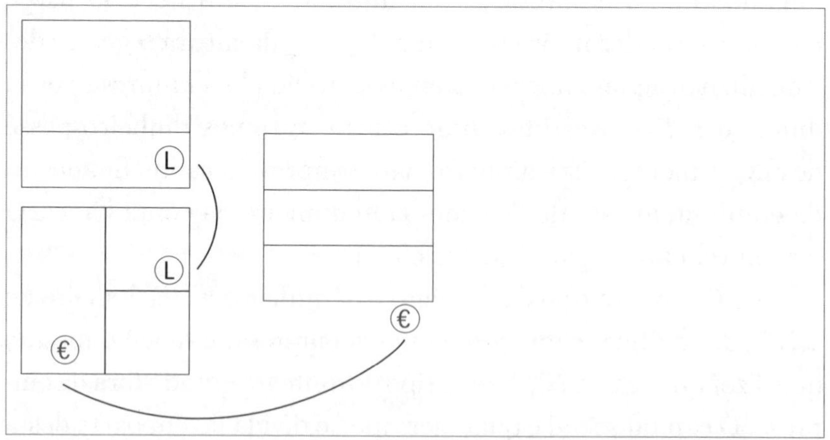

Fonte: Autor

Os três marcadores são imprescindíveis, pois vamos buscar um tipo de informação diferente a cada um deles. Mas sem olhar para os três, não sabemos qual é a verdade, não conseguimos saber o que aconteceu na nossa empresa e a situação em que ela se encontra.

Deve saber-se o impacto das nossas decisões no resultado, se não estivermos a olhar para os três manómetros. O trabalho do nosso contabilista consiste em pegar nos nossos números e preencher os marcadores. O nosso trabalho, enquanto gestores, consiste em ler os marcadores e transformar os números em palavras. Ou seja, saber contar a história.

O chassis para uma empresa altamente saudável

O primeiro nível de decisão de um gestor consiste em saber que ativos deve comprar. Qual o critério para comprar os ativos? Devemos comprar ativos na medida em que estes geram vendas.

> Temos de assegurar que qualquer ativo que adquirimos para a empresa tem um impacto positivo nas vendas.

Depois temos de assegurar que as nossas vendas geram lucro. É fácil vender sem gerar lucro. Trata-se apenas de baixar o preço até alguém comprar. É crítico assegurar que as nossas vendas geram o máximo de lucro possível e, de preferência, que essa margem vá crescendo no longo prazo.

De seguida, teremos de garantir que o lucro se transforme em dinheiro O. Lembre-se de que este é o único que atesta a saúde do seu negócio. Se estamos a transformar o nosso lucro em dinheiro F, por exemplo, isso significa que estamos a pôr dinheiro na empresa em vez de tirar, ou estamos a ir à banca buscar dinheiro para pagar as contas. Então, temos de assegurar que o nosso lucro gera dinheiro O.

Se este é o chassis para o negócio rentável, deveremos monitorizar como transformar ativos em vendas. No final de um trimestre, temos de saber se os nossos ativos continuam a ter a mesma capacidade de gerar vendas. Para saber quais são os ativos que temos na empresa, temos de analisar o balanço. O mesmo se passa com o total de vendas. Dividindo este valor pelos ativos deparamo-nos com o valor da eficácia da nossa empresa. O valor da eficácia difere muito consoante a tipologia do negócio.

Devemos também medir a nossa capacidade de transformar vendas em lucro. Essa seria a medida da nossa eficiência.

O lucro encontramo-lo no balanço e, depois, dividindo o lucro pelas vendas, estamos perante a nossa medida de eficiência. O que é importante é comparar os dados com os de momentos passados para ver se o rácio está a progredir. Para progredir devemos precisar de cada vez menos vendas para atingir o mesmo nível de lucro. Isto significa que a nossa margem está a aumentar, que dos mesmos ativos tiramos cada vez mais vendas e das vendas cada vez mais lucro.

> Quanto à medida da produtividade da nossa empresa, esta consiste na nossa capacidade de transformar lucro em dinheiro operacional.

O montante de dinheiro O da nossa empresa está na demonstração de fluxo de caixa. Agarramos nesse montante de dinheiro O, dividimos pelo lucro e controlamos o índice de produtividade. Ou seja, vemos como é que a nossa empresa vai evoluindo, de trimestre para trimestre.

Estes três tipos de cálculo medem, de uma forma geral, a saúde da empresa. É claro que aqui temos a base e podemos fazer inúmeros cálculos além destes. Apenas estes três rácios representam faróis que nos dão sinais muito fortes acerca da saúde da nossa empresa.

O ciclo de caixa de uma empresa calcula-se pelo número de dias que esta leva desde a compra da mercadoria, ou da matéria-prima, até ao dia em que o dinheiro entra na caixa.

33. **Fluxo de Caixa**

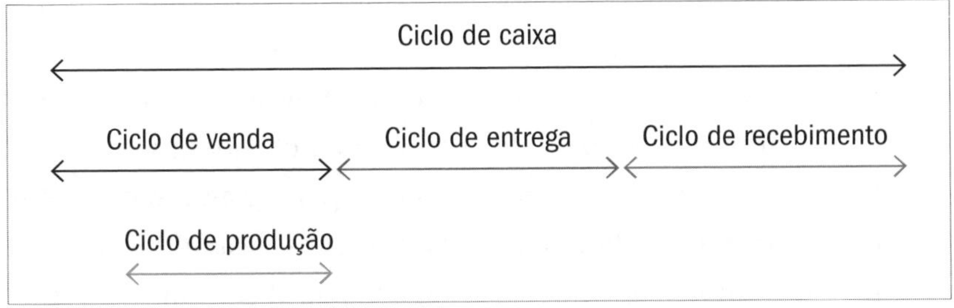

Fonte: Autor

No interior do ciclo de caixa podemos encontrar outros ciclos como, por exemplo, o ciclo de produção, que diz respeito ao tempo que medeia a aquisição da matéria-prima e a transformação desta num produto vendável, assim como o ciclo da entrega e o ciclo do recebimento.

Atentemos agora em algumas regras relativas ao fluxo de caixa. Temos cinco alavancas importantes a considerar:

- Reduzir os custos e aumentar proveitos: estas duas primeiras alavancas são muito simples, derivam da demonstração de resultados e são as mesmas que têm impacto no lucro.
- As outras três provêm do balanço, e antes de as explicar peço que não mate o mensageiro.

Há uns anos, fiz um vídeo na Internet a explicar as ferramentas do fluxo de caixa e fui alvo dos comentários mais odiosos. Será o mesmo que alguém partir a perna e vir outra pessoa explicar-lhe a lei da gravidade, ficando a primeira a odiar a segunda por lhe ter dado a explicação. Não fui eu que organizei o mundo pelo que se tiver de ficar zangado com alguém, sou o alvo errado. Estou apenas a explicar as regras, tecnicamente, para saber que tem de as considerar, tal como os seus parceiros de negócios devem estar a fazê-lo.

- Os prazos médios de recebimento são a terceira alavanca: há que ter em mente que é preciso receber o mais cedo possível. O cenário ideal seria receber antes de entregar. Quanto mais rápido conseguir receber, mais aumentará o seu ciclo de caixa.
- A quarta alavanca relaciona-se com prazos médios de pagamento: estes devem ser o mais longos possível. Isto não significa que não cumpramos os nossos compromissos. Acredito profundamente no valor económico da nossa reputação. Quando combinamos, devemos cumprir, mas temos de ter em conta esta realidade para não sermos destruídos por ela. Se pudermos negociar para pagar a 60 dias, devemos usar essa alavanca e não pagar a 30. Devemos cumprir escrupulosamente o que prometemos e, como vimos anteriormente, não podemos esquecer o valor económico da reputação, mas temos de negociar para não cair no buraco de tesouraria. Temos de avaliar muito bem quando é possível pagar e fazer uma negociação realista.
- A quinta alavanca consiste no prazo médio do inventário ou *stock* da empresa. Ou seja, em termos médios, quanto menos tempo tiver a sua mercadoria em armazém, ou na prateleira, maior a sua capacidade de gerar fluxo de caixa.

Vamos analisar o seguinte exemplo prático.

Vamos supor que compramos mercadoria e pagamos, em média, a 30 dias (prazo médio de pagamento). Suponhamos que recebemos a mercadoria e, em média, a mantemos em inventário durante 60 dias. Por outro lado, vendemos a mercadoria e cobramo-la, mais uma vez em média, a mais 60 dias (prazo médio de recebimento). Independentemente da nossa margem de lucro, e por muito boa que esta seja, se pagamos a 30 dias, temos inventário de 60 e um prazo médio de recebimento de 60, temos o problema de conseguir arranjar dinheiro para colmatar a brecha financeira que geramos com as vendas.

34. **Buraco da Tesouraria**

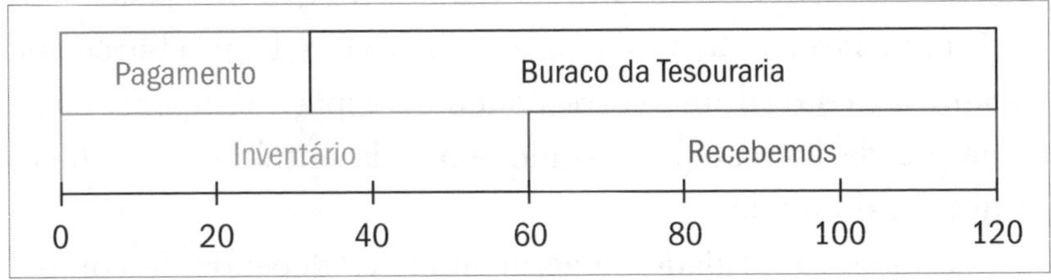

Fonte: Autor

Mesmo comprando com uma margem elevada, o dinheiro não estará nunca disponível e, no entanto, estamos a pagar impostos sobre esse dinheiro que não se encontra em caixa. O dinheiro estará sempre no armazém ou na conta bancária dos clientes. O pior é que, nesta situação, quanto mais vendermos maior é o buraco.

Se começamos a reconhecer que temos um problema e decidirmos fazer mais vendas para resolver o problema, é como se resolvêssemos apagar fogo com gasolina. Este é o tipo de obstáculo que não conseguimos detetar claramente se não estivermos sempre a medir o nosso ciclo de caixa. Este tipo de situação surge muitas vezes nas empresas porque é comum associar-se falta de dinheiro a problemas com vendas. A questão aqui consiste em saber onde é que se vai buscar o dinheiro para tapar a falha: ou ao dinheiro O, que desaparece e eliminando o dinheiro O, temos de ir buscar dinheiro F. Alguém vai ter de colocar dinheiro na empresa. Os empresários não criam uma empresa para colocar lá dinheiro, mas sim para gerar dinheiro.

Lembre-se de que a única razão para uma empresa fechar não é a falta de lucro, mas sim a falta de dinheiro.

Muitos empresários gerem o negócio a partir da análise da conta bancária e esta, por si só, é um péssimo indicador da saúde do negócio. Muitas vezes é importante reduzir o lucro para poder aumentar o fluxo de caixa. É necessário reduzir-se inventários, reduzir-se prazos médios de pagamento e, até, usar financiamento para ultrapassar buracos de tesouraria. Não ter noção destes processos pode conduzir uma empresa à morte.

Quanto mais conseguirmos reduzir o ciclo de caixa, mais fácil será converter as vendas em dinheiro e reduzir o buraco na tesouraria. Este último corresponde ao espaço temporal entre a compra da mercadoria e o momento da entrada do dinheiro resultante da venda.

A nossa capacidade de gerar dinheiro depende da competência para gerir as cinco alavancas. Nenhuma delas pode ser ignorada.

Avaliar a sua empresa

Avaliar uma empresa é um processo extremamente complexo e neste livro pretendo apenas sensibilizá-lo para os fatores mais relevantes a ter em conta. Obviamente, na vida real deverá, se quiser avaliar o seu negócio, encontrar um profissional verdadeiramente qualificado para o fazer.

Por razões culturais, não existe em Portugal o hábito de vendermos empresas. Quando por alguma razão um empresário de uma PME vende a sua empresa, a primeira pergunta que lhe fazem é: "Mas o negócio não ia bem?" E a resposta certa devia ser: "Ia muito bem e por isso é que o vendi."

Na cultura anglo-saxónica, onde têm emergido economias muito mais fortes do que a nossa, a principal razão para se montar um negócio é para um dia poder vendê-lo. Não quer dizer que se esteja depois obrigado a fazê-lo, mas temos essa opção. Temos essa escolha, e ter escolhas dá-nos liberdade.

Por isso, esses negócios são montados preparando-se para a eventualidade de serem vendidos. Quando se prepara um negócio para ser vendido, podemos depois obter mais do que alcançaríamos se ele não estivesse preparado. E, por isso, devemos começar por perceber quanto vale um negócio... A definição pacífica entre os financeiros é de que um negócio vale os *cash flows* futuros descontados para o presente.

Ou seja, um euro hoje vale menos do que um euro no futuro, porque no futuro valerá um euro mais a rentabilidade a que for capaz de o aplicar durante esse período. Assim, um euro num momento futuro valerá hoje um euro menos essa taxa de rentabilidade.

Mas vamos tornar as coisas mais simples. Aquilo que acontece com mais frequência é que os agentes, o comprador e o vendedor da empresa procuram um atalho para fazer esta avaliação e dessa forma determinar um preço justo. O que normalmente se faz é escolher um múltiplo a pagar sobre os lucros anuais do negócio. E esse múltiplo é ajustado para o risco percebido de esses lucros se materializarem.

Em termos médios o múltiplo a que as PME se transacio nam por esse mundo fora, segundo os últimos dados a que tive acesso, é de 2,8. Dito de outra forma as pessoas tendem a pagar, em média, o lucro anual de um negócio vezes 2,8.

Mas esta é apenas a média, pois o desvio-padrão pode ser grande. Quer dizer, este múltiplo é o múltiplo médio, mas pode haver negócios vendidos por menos do que o seu lucro anual e outros por muitas vezes este valor. Como é então feito esse ajustamento? Esse ajustamento é feito para o risco.

> Quanto mais seguro estiver da materialização desses lucros, maior o múltiplo que estarei disposto a pagar e quanto menos seguro estiver, menor o múltiplo que vou oferecer.

Mas a grande questão das finanças é a de como é que meço esse risco e como é que o quantifico. Se os financeiros encontraram uma forma de o fazer, eu não me revejo na forma como o fazem. Os financeiros usam cálculos extremamente sofisticados para medirem com precisão o risco, mas partindo de pressupostos discutíveis, acabam por aparecer com uma medida de volatilidade, que eu não entendo como precisa para medir o risco.

Os financeiros entendem que quanto maior é a volatilidade, maior o risco e eu entendo que muitas vezes o risco baixa por força da volatilidade. E não estou só neste pensamento. A abordagem que hoje partilho teve origem nos maiores gestores de activos financeiros do mundo, como Warren Buffett e Peter Lynch. Mas este não será seguramente o fórum para discutir este assunto. Até porque quando o comum empreendedor vai transacionar a sua empresa, terá dificuldade em efetuar e mesmo compreender esses cálculos.

Por isso, sugiro que partamos da média e usemos o nosso bom senso para ajustar o múltiplo a pagar. A questão a avaliar será qual a previsibilidade de que esses lucros se materializem no futuro, sendo que perceber a sua consistência no passado pode, eventualmente, dar-nos algumas pistas para isso. Ou seja, qual é a probabilidade de que, depois de transacionada a empresa, se materializem os lucros que esta vinha a demonstrar no passado.

Para concluir, não há outra escolha senão fazer uma apreciação dos riscos. Nas empresas, temos então vários tipos de risco. Teremos riscos que são internos e outros que serão externos, teremos riscos que são controláveis e outros que serão incontroláveis.

Começando pelos riscos internos, podemos classificá-los como os que decorrem diretamente da forma como nos organizamos e gerimos o nosso negócio. Nestes riscos, os principais serão a dependência de pessoas-chave, fornecedores-chave ou clientes-chave.

Muitas vezes os negócios dependem de determinado indivíduo para funcionarem. Esse indivíduo é o próprio empreendedor, pois é um especialista no trabalho técnico subjacente ao negócio. Pode ter organizado toda a empresa à sua volta, dependendo de si para todas as decisões importantes, ou mesmo por nunca ter formado ninguém a quem pudesse delegar as tarefas fundamentais do funcionamento operacional.

O empreendedor limitou o crescimento da empresa por ter seguido essa linha e também reduziu significativamente o valor da sua empresa, do seu ativo.

> Se a empresa depende de si para funcionar e consequentemente materializar os lucros e até para crescer, terá muito pouco valor quando o empreendedor se afastar por força da venda.

Mesmo que ele ficasse depois da venda, continuaria a valer muito menos, pois ao estar dependente de alguém, dependeria da sua capacidade e motivação para continuar a trabalhar. Se por alguma razão, nalguma altura, esse indivíduo parasse de trabalhar, o negócio deixaria de ter condições para funcionar da mesma forma.

Se este raciocínio é verdadeiro no que respeita ao empreendedor, também o é no que respeita a qualquer outro colaborador. Ou pela sua capacidade técnica ou pela sua capacidade comercial há colaboradores que, muitas vezes, assumem um peso decisivo em determinadas empresas. O facto de essas empresas dependerem desses colaboradores diminui o seu valor no mercado, pelas mesmas razões que antes vimos.

Frequentei, durante algum tempo, um restaurante que apreciava bastante. A *chef* era muito reputada e o marido geria a sala. Um dia, e depois de umas férias, chegámos ao restaurante e reparámos que havia mudado o nome. Mas tudo o resto parecia igual. Os mesmos empregados, a mesma decoração... mas notámos a ausência da *chef* e do marido. Perguntámos por eles e um dos empregados de mesa, muito simpático, explicou-nos que tinham saído por discordâncias com os proprietários, mas que estava tudo igual uma vez que o pessoal de cozinha e de sala eram os mesmos, que até a lista permanecia igual e que, por isso, nem iríamos notar a diferença. Foi a última vez que lá fomos! E se bem me recordo não terá durado nem três meses depois da saída destas pessoas. Este casal abriu, passado pouco tempo, um outro restaurante que voltou a ser um sucesso.

Há também negócios que dependem de um determinado fornecedor. Se por alguma razão perdem o fornecedor, as coisas complicam-se.

Tenho um amigo que era distribuidor de um determinado tipo de produtos. E um dos maiores produtores nacionais contratou-lhe a distribuição dos seus produtos em regime de exclusividade. Ao meu amigo esta pareceu a oportunidade da vida. Tanto que fez investimentos colossais em imobilizado para poder estar à altura das expetativas do produtor.

Este negócio tornou-se tão importante que rapidamente passou a representar cerca de 80 por cento do seu volume de negócios. Por outro lado, em poucos anos a sua empresa experimentou o maior crescimento da sua história. Até que de repente e sem que o meu amigo pudesse prever, o produtor retirou-lhe não só a exclusividade, mas a próprio a distribuição. E tudo isto antes de o *payback* do investimento realizado estar feito.

Muito rapidamente os clientes souberam que tinha perdido a representação e que estaria a atravessar dificuldades, e estes começaram a atrasar-se ou até a faltar com os pagamentos. Foi muito rápido até que entrasse em insolvência e passasse por dificuldades na sua vida pessoal.

No que respeita aos riscos externos diria que há uma questão principal: a concorrência. Há que ter em atenção duas situações:

1. Em primeiro lugar, defendo que devemos estudar sistematicamente a concorrência a ponto de a conhecermos tão bem como nos conhecemos a nós próprios. Tudo para podermos assegurar que o mercado se decide em nosso favor;

2. O outro fator é o de desenvolvermos uma vantagem competitiva que assegure que essa concorrência não ameaça o nosso negócio, ou seja, os nossos lucros futuros.

Imagino uma vantagem competitiva como um fosso em volta de um castelo medieval. Quanto mais largo for o fosso e mais crocodilos tiver, maior é a nossa vantagem competitiva. Quanto mais difícil for à concorrência ameaçar a nossa posição competitiva, maior a nossa vantagem. Essa é a melhor forma de defendermos os nossos lucros futuros e, como tal, de aumentarmos o valor da nossa empresa.

Por fim, temos os riscos controláveis que se prendem com as decisões que tomamos. Todos os investimentos que decidimos fazer no negócio, o nosso *marketing*, as contratações que fazemos, os contratos que assinamos.

São tudo decisões que representam um risco no sentido em que podem comprometer os resultados do negócio no longo prazo, e podem ter influência nos lucros do mesmo. No entanto, são controláveis pois dependem exclusivamente de decisões tomadas, que podem resultar como acertadas ou erradas.

Por último, temos riscos incontroláveis, que dependem apenas do que acontece à nossa volta e no ambiente que nos rodeia. No que respeita a estes riscos, gostava de fazer uma nota remetendo para a primeira parte deste livro, pois acredito que estes riscos são sobrestimados. Não argumento que aquilo que acontece não tenha, de todo, influência nos nossos resultados.

> A forma como respondemos é muito mais importante do que o que acontece. Os sobreviventes não são os mais fortes, mas sempre aqueles que se adaptam.

Os riscos incontroláveis são o que acontece na economia, na legislação, na política, etc., etc. Em relação a isso não há nada que possa ser feito. Mas há seguramente muito que se pode fazer na forma como respondemos.

Estes riscos podem ter um impacto nos nossos lucros e consequentemente alterar o valor do nosso negócio e o nosso papel é desenhar a empresa e o respetivo modelo de negócio para serem o mais adaptáveis possível a eventuais alterações no ambiente. De forma a torná-la talvez não imune, mas pelo menos altamente resistente a tudo o que possa acontecer e que não controlamos.

Negócios como a Coca-Cola, a Gillette, e a American Express, por exemplo, são altamente resistentes ao que se possa passar no ambiente que lhes é exterior e porquê? Porque foram trabalhados e afinados para isso.

Como última nota no que respeita ao risco do negócio, sugiro que seja conservador em termos de dívida. Quando não há dívida, não há falência. Em tempo de prosperidade económica, o acesso ao crédito é facilitado e quando a maré está a subir torna-se relativamente fácil ir na cheia e obter ótimos retornos alavancados em níveis de dívida elevados. Mas quando a maré baixa, há que lidar com essa dívida e nessas alturas muitas vezes é ela que nos afunda.

Lembre-se de que a quarta forma de fazer crescer a sua empresa é aumentar o seu valor, para que tenha a opção de a vender um dia e assim remunerar o seu esforço e o seu risco. Entenda que essa empresa vale mais quanto maior forem os seus lucros futuros bem como a sua previsibilidade. Para aumentar a previsibilidade dos seus lucros, deve tentar diluir o mais possível o impacto dos riscos de eles se materializarem e isso far-se-á essencialmente gerindo os fatores controláveis e preparando a empresa para ser resistente e adaptável aos incontroláveis.

Propostas de reflexão

1. Recebe as suas demonstrações financeiras mensalmente e procede à análise da sua eficiência, eficácia e produtividade?
2. Desenha o seu plano de negócios, operacional e financeiro a partir dos lucros?
3. Compara as suas demonstrações financeiras ao seu plano de negócios mensalmente, fazendo os ajustamentos necessários?
4. Está atento às tendências das principiais contas?

Conclusão

Está a terminar de ler *Os 12 Desafios do Empreendedor*. Foi para si que o escrevi, pelo que espero que tenha gostado. Mas ainda mais do que isso, espero sinceramente que lhe seja útil.

Escrever um livro é uma das mais gratificantes experiências que há. É qualquer coisa que nos sobrevive e, por isso, não deixa de ser um legado para a sociedade. Por vezes imagino que, muito depois de eu já cá não estar, alguém, por alguma razão, encontra um dos meus livros e com ele algumas das minhas ideias que, quem sabe, nessa altura possam fazer a diferença na sua vida.

Gosto de pensar que os livros que escrevo são intemporais. Pelo menos escrevo-os com essa preocupação. Procuro colocar neles essencialmente ideias fundamentais que, no longo prazo, não deixem de fazer sentido. Sem querer comparar-me, mas da mesma maneira que, na minha vida, acabaram por fazer a diferença inúmeras pessoas que nunca tive a oportunidade de conhecer, algumas delas já tinham mesmo falecido antes de eu nascer, quem sabe eu poderei, quer agora quer depois, também contribuir para melhorar a vida de alguém. Pelo menos é esse o meu grande propósito.

Muitas vezes penso que um dia será inevitável que alguém interrompa um dos meus filhos ou netos na rua e lhes resolva falar de mim. Tenho muita preocupação com o que essa pessoa lhes irá dizer. E, por isso, trabalho muito e com o máximo empenho, para assegurar que tenho o impacto mais positivo possível na vida das pessoas com quem tenho o privilégio de me cruzar. Tenho a noção de que nem sempre o consigo, mas o cuidado e o envolvimento estão sempre lá.

Nos meus cursos e palestras, faço sempre apelos à ação. Não vale de muito ler os livros, ouvir os áudios e fazer os cursos se não aplicarmos o que lá aprendemos. Então aqui não poderia deixar de fazer o mesmo. Escrevi este livro da forma mais prática possível e adicionei propostas de reflexão para que, pelo menos as mais básicas, sejam aplicadas. Mas peço-lhe por favor que aplique, porque sem ação não haverá resultados.

Quem sabe se este livro não o inspira também a vir estudar comigo!? Além do livro há várias formas de o fazer. Pode seguir o trabalho magnífico da minha equipa na PV Business Exceleretors, que coloca conteúdos perfeitamente gratuitos nas redes sociais para que se mantenha atualizado sobre os temas que, com tanto carinho, preparamos para si. Pode acompanhá-los no nosso *site* em paulodevilhena.com, no nosso canal de YouTube, ou seguir-nos em todas as redes sociais. Pode até inscrever-se para que lhe façamos chegar diretamente toda a informação. Pode também vir frequentar um dos meus cursos e tratar estes e outros temas diretamente comigo. Ou até a derradeira forma de colaboração, ter um dos nossos *business coaches* a acompanhá-lo diretamente na sua atividade e, utilizando estes conteúdos, ajudá-lo a fazer crescer a sua empresa. As opções são muitas, só precisa de vontade e de acreditar que o posso ajudar.

Por vezes penso que sou como um camponês, cujo trabalho é semear algo que há de germinar e dar frutos adiante. O que eu semeio são ideias e estas, se forem aplicadas, também germinam e dão frutos que serão os seus resultados empresariais. Felizmente, com os anos que levo nesta atividade, são muitos os empreendedores que já ajudei a passar para o nível seguinte.

É com humildade, mas com um enorme sentimento de gratificação, que vou recebendo os seus testemunhos de forma constante, seja de viva voz, de pessoas com quem me cruzo na rua, ou mensagens que nos chegam por *email* ou nas redes sociais, e em vídeos que alguns se dão ao trabalho de fazer. Assim e através das minhas ideias, há um pouco de mim que fica consigo depois de terminar de ler este livro e eu, mesmo que não tenha tido ainda o privilégio de o conhecer pessoalmente, ficarei a torcer pelo seu máximo sucesso profissional, pois foi a pensar nisso que me dediquei à tarefa de escrever este livro.

Bibliografia

Anderson, Chris, *A Cauda Longa*, Actual Editora, fevereiro de 2007

Buffett, Warren, *Berkshire Hathaway Letters to Shareholders*, Max Olson, janeiro de 2016

Cialdini, Robert, *Influência - A Psicologia da Persuasão*, Sinais de Fogo Publicações, abril de 2008

Collins, Jim, *De Bom a Excelente*, Casa das Letras, janeiro de 2007

Correa, Cristiane, *Sonho Grande*, Marcador, dezembro de 2013

Covey, Stephen e A. Roger e Rebecca Merrill, *First Things First*, Simon&Schuster, janeiro de 1999

Covey, Stephen, *Os Sete Hábitos das Pessoas Altamente Eficazes*, Gradiva, julho de 2014

Cunningham, Keith, *Keys to the Vault: Lessons From the Pros on Raising Money and Igniting Your Business*, fevereiro de 2006

Fuller, Buckminster, *Manual de Instruções para a Nave Espacial Terra*, Via Optima, abril de 1998

Gawande, Atul, *The Checklist Manifesto*, Profile Books

Gerber, Michael E., *The E Myth Revisited*, HarperCollins, 1994

Godin, Seth, *A Vaca Púrpura*, Editorial Presença, março de 2009

Holmes, Chet, *A Verdadeira Máquina de Fazer Dinheiro*, Caleidoscópio, março de 2008

Hsieh, Tony, *Satisfação Garantida*, SmartBook, abril de 2011

Kiyosaki, Robert, *Pai Rico, Pai Pobre*, Vogais, julho de 2016

Levinson, Jay Conrad, *Guerrilla Marketing Cutting-Edge Strategies For The 21st Century*, Little, Brown Book Group, maio de 2007

Mauborgne, Renée e W. Chan Kim, *A Estratégia Oceano Azul*, Actual Editora, março de 2016

Papasan, Jay e Gary Keller, *A Única Coisa*, Sabedoria Alternativa, março de 2015

Porter, Michael, *Estratégia Competitiva - Técnicas para análise de indústrias e da concorrência*, Editora Campus (2ª Edição), janeiro de 2004

Reichheld, Fred, *NPS: The Ultimate Question*, Bain & Company, setembro de 2011

Sugars, Brad, *Instant Advertising* (eBook), McGraw-Hill Education, janeiro de 2006

Tracy, Brian, *No Excuses! - The Power of Self-Discipline*, março de 2011

Vilhena, Paulo, *O Livro Secreto do Crescimento de Negócios*, SmartBook, março de 2012

Vilhena, Paulo, *O Mapa da Independência Financeira*, Sabedoria Alternativa, março de 2018

Welch, Jack e Suzy Welch, *Vencer*, Actual Editora, abril de 2005

CURSOS MINISTRADOS POR PAULO DE VILHENA

CURSO
PSICOLOGIA DO SUCESSO EM VENDAS

O modo como se prepara diariamente para as suas vendas e como interage dita os seus resultados! Atinja os seus objetivos aprendendo a psicologia por trás das vendas. Ao participar neste curso, vai tornar-se num campeão da área comercial!

CURSO
ALTA PRODUTIVIDADE EM VENDAS

As pessoas mais bem-sucedidas focam-se nos resultados e nas soluções e não perdem tempo a "remoer" nos problemas. Nesta formação, aprenda a ultrapassar os desafios e aumente a sua produtividade!

CURSO
ESTRATÉGIAS NEGOCIAÇÃO E VENDAS

Esforça-se imenso, mas não consegue alcançar as suas metas? Então, talvez precise de delinear uma boa estratégia para dar a volta aos resultados. Venha fazer este curso e descubra as melhores ferramentas para se transformar num verdadeiro estratego da negociação!

CURSO
VENDAS PARA CONSULTORES IMOBILIÁRIOS

Como o próprio nome indica, esta é uma formação dirigida especialmente a pessoas que trabalham em vendas no setor imobiliário. Ao realizar este curso vai munir-se de ferramentas e estratégias para enfrentar os desafios diários que existem especificamente neste ramo, para que possa alcançar mais e melhores resultados!

Este é um curso altamente vocacionado para o impulso no crescimento de negócios e o incremento dos seus resultados comerciais, preparado a pensar em quem quer atingir a mestria na arte das vendas. Em dois dias de grande imersão irá aprender e aprofundar tudo aquilo que precisa de saber sobre vendas.

De forma essencial, é um espaço para desenvolver planos de trabalho, estudo de técnicas de negociação, e apreensão de conhecimentos relacionados com o processo de influência e dinâmica da relação comercial.

paulodevilhena.com
facebook.com/vilhena.paulo
instagram.com/paulo.de.vilhena
linkedin.com/in/paulodevilhena
youtube.com/paulodevilhenatv
(+351) 913 619 540